PROBLÈMES D'APPLICATION

DE

L'ALGÈBRE A LA GÉOMÉTRIE

AUTORISATION UNIVERSITAIRE.

Extrait de la lettre adressée à M. Ritt pour lui notifier la décision du Conseil de l'Instruction publique, relative à ses PROBLÈMES D'APPLICATION DE L'ALGÈBRE A LA GÉOMÉTRIE.

Paris, le 31 janvier 1857.

« MONSIEUR,

« Le Conseil de l'Instruction publique a examiné, dans sa séance du 30 décembre dernier, l'ouvrage intitulé *Problèmes d'application d'Algèbre à la Géométrie*, que vous avez présenté à l'adoption universitaire.

« Le Conseil a décidé que l'usage de cet ouvrage est autorisé pour l'enseignement dans les colléges.

« Cette décision sera notifiée incessament à MM. les recteurs des diverses académies.

« Recevez, Monsieur, l'assurance de ma parfaite considération.

« Pour le Ministre de l'Instruction publique,
« Le conseiller, vice-président,
« VILLEMAIN. »

Ch. Lahure, imprimeur du Sénat et de la Cour de Cassation,
rue de Vaugirard, 9, près de l'Odéon.

PROBLÈMES D'APPLICATION

DE

L'ALGÈBRE A LA GÉOMÉTRIE

AVEC LES SOLUTIONS DÉVELOPPÉES

PAR GEORGES RITT

INSPECTEUR GÉNÉRAL DE L'INSTRUCTION PUBLIQUE

OUVRAGE AUTORISÉ

PAR LE CONSEIL DE L'INSTRUCTION PUBLIQUE

DEUXIÈME ÉDITION

PARIS

LIBRAIRIE DE L. HACHETTE ET Cie

RUE PIERRE-SARRAZIN, N° 14

(Près de l'École de médecine)

1857

PROBLÈMES
D'APPLICATION DE L'ALGÈBRE
A LA GÉOMÉTRIE.

PREMIÈRE SECTION.

DISTANCES ET DROITES.

PROBLÈME I.

1. *Sur la droite qui joint deux points donnés trouver un troisième point tel, que le carré de sa distance au premier soit dans un rapport donné avec le rectangle construit sur sa distance au second et une longueur donnée* (fig. 1).

Soit a la distance des deux points donnés, l la longueur, $\frac{m}{n}$ le rapport, x la distance du point cherché au premier, l'équation de condition sera

$$\frac{x^2}{(a-x)l}=\frac{m}{n};$$

et si l'on fait $\frac{m}{n}l=k$, on obtiendra

$$x^2+kx=ak,$$

d'où

$$x=-\frac{k}{2}\pm\sqrt{\left(\frac{k}{2}+a\right)^2-a^2}.$$

Sur $AB=a$ portez $AL=\frac{l}{2}$; menez par le point A, sous un angle quelconque, la ligne AV, sur laquelle vous prendrez $AN=n$,

$AM = m$, de sorte que, menant MK parallèle à NL, AK sera égal à $\frac{1}{2}\left(\frac{m}{n}l\right)$, et par conséquent à $\frac{k}{2}$; portez AK en AK', et sur K'B décrivez une demi-circonférence; prenez $BI'' = BA$, et joignez K'I'', qui sera évidemment égal à $\sqrt{\left(\frac{k}{2}+a\right)^2 - a^2}$; enfin, du point K' comme centre et avec le rayon K'I'', décrivez une circonférence; qui coupera en I et I' la droite indéfinie AB : I et I' seront les points demandés.

2. Si $m = n$, ce qui répond à l'énoncé :

Trouver sur la droite qui joint deux points donnés un troisième point tel, que le carré de sa distance au premier soit équivalent au rectangle construit sur sa distance au second et une longueur donnée;

AK se change en AL, et la construction s'achève comme précédemment.

3. Enfin, quand on a à la fois $m = n$ et $k = l = a$, la construction, modifiée d'après cette nouvelle condition, fournit la solution du problème :

Diviser une droite en moyenne et extrême raison.

4. Si l'on substitue, dans la valeur précédente de x, $k = a$, on trouve

$$x = -\frac{1}{2}a \pm \sqrt{a^2 + \frac{a^2}{4}},$$

d'où l'on déduit la construction donnée dans les éléments de géométrie (fig. 3).

Comme il est souvent utile de pouvoir reconnaître dans une formule algébrique l'expression d'une construction facile, nous écrirons de la manière qui suit la plus grande partie d'une longueur divisée en moyenne et extrême raison :

$$x = a\left(\frac{-1+\sqrt{5}}{2}\right).$$

Le coefficient numérique constant de a fait voir que, si l'on divise deux longueurs quelconques en moyenne et extrême raison, les deux plus grands segments seront proportionnels aux longueurs.

PROBLÈME II.

5. *Construire un carré, connaissant la différence de la diagonale au côté.*

Soient d et x la différence donnée et le côté demandé; $d+x$ sera la diagonale, et l'on aura $(x+d)^2=2x^2$; d'où, extrayant la racine carrée,

$$d=x\left(\sqrt{2}-1\right):$$

donc le rapport de la différence de la diagonale d'un carré à son côté est une quantité constante.

Il suit de là que ces différences sont proportionnelles aux côtés eux-mêmes.

De là cette construction facile (fig. 2) : Construisez un carré quelconque AXYZ, menez la diagonale AY, portez YX en YH, et prenez AI égale à la différence donnée de la diagonale au côté du carré cherché; menez HX et IB sa parallèle, et le côté demandé sera AB.

PROBLÈME III.

6. *Étant donnés trois points sur une même droite, trouver un quatrième point tel, que le rectangle fait avec sa distance au premier point et une longueur donnée soit dans un rapport donné avec celui qui aurait pour côtés ses distances aux deux autres points.*

Soient a et b les distances des deux derniers points au premier, et x la distance du point cherché, l et $\frac{m}{n}$ étant la longueur et le rapport donnés, on aura pour équation du problème

$$\frac{lx}{(a-x)(b-x)}=\frac{m}{n}.$$

Soit fait $\frac{n}{m}l=h$, l'équation deviendra

$$\frac{hx}{(a-x)(b-x)}=1,$$

et le problème est ramené à trouver sur la droite des trois points un quatrième point tel, que le rectangle fait avec sa distance au premier et une longueur donnée soit équivalent à celui qui aurait pour côtés ses distances aux deux autres.

Développant l'équation précédente, on obtient

$$x^2-(a+b+h)x+ab=0.$$

Si de cette équation l'on tire les deux racines, dont on connaît la somme et le produit, on les construira comme il suit :

(Fig. 4.) A, B et C, étant les points donnés, on portera AC en BD, et ensuite $DK=h$, quatrième proportionnelle à m, n et $DL=l$; de sorte que $AK=a+b+h$. Sur AC on décrira une demi-circonférence, et, élevant BV perpendiculaire, on aura $\overline{AV}^2=ab$. Sur AK, élever une nouvelle demi-circonférence; au point A élever la perpendiculaire AV′, sur laquelle on prendra $AV'=AV$, et par le point V′ on mènera HV′H′ parallèle à AK; enfin, abaisser HI et H′I′; les points I et I′ seront les deux points du problème.

Quand $m=n$, ce qui est le cas du problème réduit, on n'aura qu'à porter $DK=l$, et l'on achèvera la construction.

PROBLÈME IV.

7. *Étant donnés trois points sur une même droite, trouver un quatrième point tel, que le carré de sa distance au premier soit équivalent au rectangle de ses distances aux deux autres.*

Si l'on suppose que le point cherché tombe entre les deux premiers, les données étant les mêmes que précédemment, on aura

$$x^2=(a-x)(b-x),$$

d'où

$$x=\frac{ab}{a+b}$$

et

$$a-x=\frac{a^2}{a+b},$$

par conséquent

$$\frac{x}{a-x}=\frac{b}{a}.$$

De là cette construction : Diviser AB en deux parties proportionnelles à AC et AB : le point de division I sera le point cherché (fig. 5). Deux manières d'opérer cette division.

Mais il peut se faire que le point cherché tombe entre B et C : alors l'équation de condition serait

$$x^2 = (x - a)(b - x),$$

d'où l'on obtient

$$x = \frac{1}{2}\left(\frac{a+b}{2}\right) \pm \sqrt{\left(\frac{1}{2}\cdot\frac{a+b}{2}\right)^2 - \frac{ab}{2}}.$$

Cette valeur peut se mettre sous la forme

$$2x - a = \frac{b-a}{2} \pm \sqrt{\left(\frac{b-a}{2}\right)^2 - ab} :$$

donc, entre B et C (fig. 6), chercher un point I tel, que $BI \times IC = AB \times AC$: le point O, milieu de AI, sera le point demandé. Le problème est susceptible de deux solutions, à moins que

$$\left(\frac{b-a}{2}\right)^2 = ab.$$

PROBLÈME V.

8. *Étant donnés trois points sur une même ligne droite, trouver un quatrième point tel, que le carré de sa distance au premier soit dans un rapport donné avec le rectangle de ses distances aux deux autres.*

Si le point demandé doit se trouver entre le premier et le second des points donnés, l'équation de condition

$$\frac{x^2}{(a-x)(b-x)} = \frac{m}{n},$$

développée et ordonnée, devient

$$x^2 - \frac{m}{m-n}(a+b)x + \frac{m}{m-n}ab = 0;$$

et le problème est ramené à trouver entre deux points faciles à déterminer un troisième point tel, que le rectangle de ses distances à ces points soit équivalent à un rectangle donné.

Si l'on demandait que le point cherché se trouvât entre les deux derniers points, il faudrait changer comme précédemment $(a-x)$ en $(x-a)$, et l'équation ainsi modifiée,

$$\frac{x^2}{(x-a)(b-x)}=\frac{m}{n},$$

donnerait

$$x^2-\frac{m}{m+n}(a+b)x+\frac{m}{m+n}ab=0,$$

équation qui se construit par une méthode analogue à la précédente.

PROBLÈME VI.

9. *Étant donnés quatre points sur une même droite, en trouver un cinquième tel, que le rectangle de ses distances aux deux premiers soit dans un rapport donné avec le rectangle de ses distances aux deux autres.*

Si a, b, c, représentent les distances des trois derniers points au premier, et x la distance du point cherché, en supposant qu'il tombe entre le second et le troisième, on aura pour équation

$$\frac{x.(x-a)}{(b-x)(c-x)}=\frac{m}{n};$$

développant et ordonnant, on trouvera

$$x^2-\left[\frac{m}{m-n}(b+c)-\frac{n}{m-n}a\right]x+\frac{m}{m-n}bc=0.$$

Si $m=n$, on n'a plus qu'une seule valeur de x, qui est

$$x=\frac{bc}{b+c-a}.$$

Nous laissons au lecteur le soin de construire ces valeurs, et de discuter les cas particuliers du problème général.

PROBLÈME VII.

10. *Étant donnés quatre points sur une même droite, trouver un cinquième point tel, que le rectangle de ses distances aux deux*

points extrêmes soit dans un rapport donné avec le rectangle de ses distances aux deux points moyens.

Les données étant les mêmes que celles du problème précédent, on trouvera pour équation de condition

$$\frac{x(c-x)}{(x-a)(b-x)}=\frac{m}{n},$$

qui donne, par son développement,

$$[1] \quad x^2-\left[\frac{m}{m-n}(a+b)-\frac{n}{m-n}c\right]x+\frac{m}{m-n}ab=0.$$

On construira les racines de cette équation du second degré comme il a été indiqué précédemment.

11. Il est facile de trouver la valeur minimum du rapport $\frac{m}{n}$, qui correspond à la plus petite valeur de x : en effet, si l'on résout l'équation précédente, on trouvera

$$x=\frac{1}{2}\left[\frac{m}{m-n}(a+b)-\frac{n}{m-n}c\right]$$
$$\pm\sqrt{\frac{1}{4}\left[\frac{m}{m-n}(a+b)-\frac{n}{m-n}c\right]^2-\frac{m}{m-n}ab};$$

or cette valeur de x devient minimum si

$$\left[\frac{m}{m-n}(a+b)-\frac{n}{m-n}c\right]^2=4\frac{(m-n)m}{(m-n)^2}ab;$$

divisant tous les termes par n^2, après avoir chassé le dénominateur commun, on aura

$$\left[\frac{m}{n}(a+b)-c\right]^2=4\frac{m}{n}\left(\frac{m}{n}-1\right)ab,$$

d'où

$$\left(\frac{m}{n}\right)^2(a+b)^2-2\frac{m}{n}(a+b)c+c^2-4\left(\frac{m}{n}\right)^2ab+4\frac{m}{n}ab=0;$$

et, toute réduction faite,

$$(b-a)^2\left(\frac{m}{n}\right)^2-2[a(c-b)+b(c-a)]\frac{m}{n}+c^2=0,$$

d'où

$$\frac{m}{n}=\frac{a(c-b)+b(c-a)}{(b-a)^2}\pm\sqrt{\left[\frac{a(c-b)-b(c-a)}{(b-a)^2}\right]^2-\frac{c^2}{(b-a)^2}}.$$

Égalant à zéro le radical, on aura

$$[a(c-b)+b(c-a)]^2=c^2(b-a)^2;$$

et mettant dans la valeur minimum $\frac{m}{n}=\frac{a(c-b)+b(c-a)}{(b-a)^2}$ la valeur de $(b-a)^2$, on obtiendra enfin, après réduction,

$$\frac{m}{n}=\frac{c^2}{a(c-b)+b(c-a)},$$

valeur minimum cherchée.

Lorsque $m=n$, on a $x=\frac{ab}{a+b-c}$, quatrième proportionnelle facile à construire.

PROBLÈME VIII.

12. *Inscrire un carré déterminé dans un carré donné.*

Soient a le côté du carré donné, c le côté du carré à inscrire, x la distance d'un des sommets du carré inscrit au sommet du carré donné, on aura pour équation

$$x^2+(a-x)^2=c^2,$$

d'où

$$x^2-ax+\frac{a^2-c^2}{2}=0;$$

et le problème est ramené à diviser le côté du carré donné en deux segments dont le rectangle soit équivalent à une surface donnée (fig. 7). On trouvera par la discussion que le côté du carré à inscrire ne peut être plus petit que la moitié de la diagonale du carré donné; dans ce cas particulier, le carré s'inscrit en joignant les milieux des côtés du carré donné.

13. En général, si l'on divise successivement les quatre côtés d'un carré dans un même rapport, il est facile de démontrer qu'en joignant les quatre points de division, on forme un nouveau carré inscrit au premier. Il s'agit de chercher la relation qui existe entre les côtés et les surfaces de ces deux figures.

Et d'abord il est facile de voir que, si $\frac{m}{n}$ désigne le rapport donné, c le côté du carré donné, et x_1 le côté du carré inscrit, on aura

$$x_1^2 = \frac{m^2 + n^2}{(m+n)^2} c^2.$$

Et par conséquent, si un troisième carré est inscrit de la même manière dans le second, un quatrième dans le troisième, un cinquième dans le quatrième, on aura successivement

$$x_2^2 = \left(\frac{m^2 + n^2}{(m+n)^2}\right)^2 c^2,$$

$$x_3^2 = \left(\frac{m^2 + n^2}{(m+n)^2}\right)^3 c^2,$$

$$x_4^2 = \left(\frac{m^2 + n^2}{(m+n)^2}\right)^4 c^2, \text{ etc.}$$

La somme de tous ces carrés sera donc exprimée par

$$\frac{m^2 + n^2}{(m+n)^2} c^2 \left[1 + \frac{m^2 + n^2}{(m+n)^2} + \left(\frac{m^2 + n^2}{(m+n)^2}\right)^2 + \left(\frac{m^2 + n^2}{(m+n)^2}\right)^3 + \text{etc.}\right];$$

et, après N inscriptions, la formule de la somme des carrés deviendra

$$S = \frac{m^2 + n^2}{(m+n)^2} c^2 \left\{ \frac{1 - \left(\frac{m^2 + n^2}{(m+n)^2}\right)^N}{1 - \frac{m^2 + n^2}{(m+n)^2}} \right\}.$$

Il serait facile, d'après cette formule, de résoudre le problème suivant : *Après combien d'inscriptions la somme de tous les carrés sera-t-elle équivalente à une surface donnée?*

Mais, sans s'arrêter à ce problème général, on peut se demander de trouver la limite vers laquelle tend la somme des carrés inscrits; or la formule connue $L = \frac{a}{1-q}$ devient, pour la progression décroissante qui précède,

$$L = \frac{1}{1 - \frac{m^2 + n^2}{(m+n)^2}} = \frac{1}{2} \frac{(m+n)^2}{mn},$$

et la limite cherchée

$$S_l = \frac{1}{2}\frac{m^2+n^2}{mn}c^2 = \frac{1}{2}\left(\frac{m}{n}+\frac{n}{m}\right)c^2.$$

Si $m=n$, la limite de la somme de tous les carrés inscrits, en divisant successivement en deux parties égales les côtés des carrés, est égale au carré primitif (fig. 8).

Quant aux côtés, on a

$$x_1 = \frac{\sqrt{m^2+n^2}}{m+n}c,$$

$$x_2 = \left(\frac{\sqrt{m^2+n^2}}{m+n}\right)^2 c,$$

$$x_3 = \left(\frac{\sqrt{m^2+n^2}}{m+n}\right)^3 c, \text{ etc.}$$

Ce qui est vrai aussi pour les contours : par conséquent

$$S = \frac{\sqrt{m^2+n^2}}{m+n}c\left[1+\frac{\sqrt{m^2+n^2}}{m+n}+\left(\frac{\sqrt{m^2+n^2}}{m+n}\right)^2+\text{etc.}\right].$$

A la limite

$$S_l = \frac{\sqrt{m^2+n^2}}{m+n}c\left\{\frac{1}{1-\frac{\sqrt{m^2+n^2}}{m+n}}\right\} = \frac{\sqrt{m^2+n^2}}{m+n-\sqrt{m^2+n^2}}c;$$

et si $m=n$, $\quad S_l = \frac{\sqrt{2}}{2-\sqrt{2}}c = \frac{1}{\sqrt{2}-1}c = c(1+\sqrt{2})$;

la limite de la somme des contours des carrés inscrits est donc égale à la somme des contours du carré donné et du carré construit sur sa diagonale.

PROBLÈME IX.

14. *Par un point donné mener à deux circonférences concentriques une sécante telle que la partie comprise dans la couronne soit d'une longueur donnée.*

Soient (fig. 9) $OA=r$, $OB=r'$, PBAA′B′ la sécante cherchée,

$AB = 2l$ la longueur donnée, et $x = OR$ la perpendiculaire abaissée du centre commun sur la sécante. On devra avoir

$$BR - AR = 2l \quad \text{ou} \quad \sqrt{r'^2 - x^2} - \sqrt{r^2 - x^2} = 2l;$$

d'où l'on tire facilement, après avoir élevé deux fois au carré,

$$[(r'^2 + r^2) - 2x^2 - 4l^2]^2 = 4(r'^2 - x^2)(r^2 - x^2);$$

développant et réduisant,

$$16l^2x^2 = 4r^2r'^2 - [(r'^2 + r^2) - 4l^2]^2;$$

d'où

$$x^2 = \frac{(r' + r + 2l)(r' + r - 2l)(r' + 2l - r)(r + 2l - r')}{16l^2},$$

d'où l'on conclut que cette valeur est constante pour toute sécante telle, que la partie comprise dans la couronne soit égale à $2l$.

De là cette construction très-simple : D'un point quelconque M portez par une ouverture de compas $ML = 2l$, prolongez cette sécante et abaissez OR' perpendiculaire; du point O, avec le rayon OR', décrivez une circonférence, et les deux tangentes menées du point donné P à cette circonférence seront les sécantes demandées.

15. Remarquez que $2l$ et x étant la base et la hauteur du triangle OAB, dont les côtés sont r', r et $2l$, on a

$$\text{surf OAB} = \frac{2lx}{2} = \sqrt{\frac{(r'+r+2l)(r'+r-2l)(r'+2l-r)(r+2l-r')}{16}};$$

et si l'on fait

$$r' + r + 2l = 2p,$$

d'où

$$r' + r - 2l = 2(p - 2l),$$
$$r' + 2l - r = 2(p - r),$$
$$r + 2l - r' = 2(p - r'),$$

on retrouve la formule connue

$$\text{Surf OAB} = \sqrt{p(p - 2l)(p - r)(p - r')}.$$

16. Si l'on fait $r = r'$ dans la valeur de x^2, on trouve

$$x = \sqrt{r'^2 - l^2};$$

ce qui démontre que, si du centre O avec un rayon égal à $\sqrt{r'^2 - l^2}$ on décrit une circonférence, toutes les tangentes à cette circonférence seront telles, que la partie comprise dans la circonférence OR' sera égale à $2l$, construction analogue à la précédente (fig. 10).

On peut donc facilement résoudre le problème suivant, qui n'est qu'un cas particulier du problème qui précède :

Par un point donné mener à une circonférence donnée une sécante telle, que la partie comprise soit d'une longueur donnée.

PROBLÈME X.

17. *Par un point M donné sur la droite qui divise un angle donné A en deux parties égales, mener une sécante : 1° la plus petite de toutes celles qu'on peut mener par ce point ; 2° telle que le triangle intercepté soit le plus petit en surface.*

1° Soient XMY une sécante quelconque passant par le point A, $AY = y$, $AX = x$, $YAX = k$ (fig. 11), on aura généralement

$$XY = \sqrt{x^2 + y^2 - 2xy\cos k},$$

$$XY = \sqrt{x^2 + y^2 - 2xy + 2xy - 2xy\cos k},$$

$$XY = \sqrt{(x-y)^2 + 2xy(1 - \cos k)};$$

et à cause de la formule

$$\frac{1 - \cos k}{2} = \sin^2 \frac{1}{2} k,$$

$$XY = \sqrt{(x-y)^2 + 4xy\sin^2 \frac{1}{2} k}.$$

Si l'on mène MN parallèle à AY, on aura AY : AX :: MN : NX ; et, si $AN = a$, $MN = b$, $y : x :: b : x - a$,

d'où

$$y = \frac{bx}{x - a}.$$

Mais, puisque AM divise l'angle A en deux parties égales, AN = MN et $y = \frac{ax}{x-a}$; substituant cette valeur dans la formule précédente, on trouvera

$$XY = \frac{x}{x-a}\sqrt{(x-2a)^2 + 4a(x-a)\sin^2\frac{1}{2}k};$$

développant la quantité sous le radical, réduisant et remplaçant x^2 par

$$x^2\sin^2\frac{1}{2}k + x^2\cos^2\frac{1}{2}k,$$

on obtiendra

$$XY = \frac{x}{x-a}\sqrt{x^2\sin^2\frac{1}{2}k + (x-2a)^2\cos^2\frac{1}{2}k},$$

expression générale de la partie comprise d'une sécante quelconque passant par M.

Or il est évident que la quantité sous le radical aura la plus petite valeur possible si $(x-2a)=0$, d'où $x=2a$, et par conséquent $y=2a$ et $x=y$.

Il suffit donc, pour trouver cette sécante minimum, de mener par le point M, XMY perpendiculaire à AM.

Cette valeur minimum est $XY = 4a\sin\frac{1}{2}k$.

18. 2° Pour résoudre la seconde question, il faut rendre minimum la quantité $\frac{xy\sin k}{2}$, qui est l'expression du triangle intercepté XAY.

Substituant à y sa valeur trouvée précédemment, et égalant à une nouvelle inconnue z l'expression résultante, on aura

$$\frac{ax^2\sin k}{2(x-a)} = z,$$

d'où

$$x = \frac{z \pm \sqrt{z^2 - 2a^2z\sin k}}{a\sin k};$$

d'où l'on voit que la plus petite valeur de z est $z = 2a^2\sin k$. On a de plus $x = 2a$, d'où $y = 2a$ et $x = y$.

La ligne trouvée précédemment a donc la double propriété d'être la plus courte sécante comprise, et d'intercepter la plus petite surface triangulaire.

La surface du triangle

$$AXY = \frac{1}{2} XY . AM ;$$

et comme

$$AM = 2a \cos \frac{1}{2} k \quad \text{et} \quad XY = 4a \sin \frac{1}{2} k,$$

$$AXY = 4a^2 \sin \frac{1}{2} k \cos \frac{1}{2} k.$$

Si on compare cette expression avec la valeur de z,

$$z = 2a^2 \sin k,$$

on trouvera, comme vérification, la formule connue

$$\sin k = 2 \sin \frac{1}{2} k \cos \frac{1}{2} k.$$

D'après ce qui précède, on peut facilement résoudre ce problème :

Mener au travers de deux droites données, qui se coupent une sécante minimum qui détermine un triangle d'une surface donnée.

PROBLÈME XI.

19. *De tous les triangles de même base et de même hauteur, trouver celui du plus petit contour.*

Soient $2b$ la base donnée, h la hauteur, et x l'un des deux segments de la base formée par la perpendiculaire abaissée du sommet, la somme des deux autres côtés du triangle étant représentée par $2s$, on aura évidemment

$$\sqrt{x^2 + h^2} + \sqrt{(2b - x)^2 + h^2} = 2s;$$

faisant passer le premier radical dans le second membre, puis élevant au carré et réduisant, on trouvera d'abord

$$(s^2 - b^2) + bx = s\sqrt{x^2 + h^2}.$$

Élevant une seconde fois au carré, et ordonnant par rapport à x,

$$x^2(s^2-b^2)-2b(s^2-b^2)x=(s^2-b^2)^2-s^2h^2,$$

d'où

$$(s^2-b^2)(x-b)^2=s^2(s^2-b^2-h^2),$$

et enfin

$$x=b\pm s\sqrt{\frac{s^2-(b^2+h^2)}{s^2-b^2}}.$$

On voit, par cette dernière expression, que la plus petite valeur de s est

$$s=\sqrt{b^2+h^2},\quad \text{d'où}\quad x=b.$$

C'est-à-dire que la perpendiculaire abaissée du sommet du triangle cherché doit tomber au milieu de la base. Le triangle sera donc isocèle. Donc

De tous les triangles de même base et de même hauteur, le triangle minimum en contour est celui dans lequel les deux côtés inconnus sont égaux.

PROBLÈME XII.

20. *De tous les triangles qui ont même base et même angle du sommet, déterminer le maximum en surface.*

k étant l'angle du sommet, $2b$ la base, x et y les côtés inconnus, on a les deux équations

$$[1]\qquad 4b^2=x^2+y^2-2xy\cos k,$$

$$[2]\qquad \frac{xy\sin k}{2}=s,\ \text{surface du triangle.}$$

L'équation [1] prend la forme

$$(x-y)^2+4xy\sin^2\frac{k}{2}=4b^2;$$

et à cause de l'équation [2]

$$x=y\pm\sqrt{4b^2-\frac{8s\sin^2\frac{1}{2}k}{\sin k}}.$$

La plus grande valeur de s sera donnée par la relation

$$4b^2 - \frac{8s\sin^2\frac{1}{2}k}{\sin k} = 0\,;$$

d'où, à cause de $\sin k = 2\sin\frac{1}{2}k\cos\frac{1}{2}k$,

$$s = \frac{4b^2}{4\operatorname{tang}\frac{1}{2}k} = \frac{b^2}{\operatorname{tang}\frac{1}{2}k},$$

et de plus

$$x = y.$$

Le triangle maximum est donc encore le triangle isocèle.

PROBLÈME XIII.

21. *Étant donnés deux côtés et la ligne qui divise l'angle compris en deux parties égales, construire le triangle.*

Si a, b et l représentent les deux côtés et la ligne donnée, et x et y les deux segments formés sur la base par la ligne qui divise l'angle du sommet en deux parties égales, on aura (Legendre, 3e livre, prop. XXXI) les deux relations

$$\frac{x}{y} = \frac{a}{b} \quad \text{et} \quad xy = ab - l^2.$$

Connaissant le rapport et le rectangle de deux lignes, on déterminera aisément ces lignes, et par suite leur somme, qui sera la base du triangle demandé : le problème sera donc ramené à construire un triangle dont on connaît les trois côtés.

22. Seconde solution. — Ce problème peut se résoudre d'une manière plus élégante en faisant entrer pour inconnue l'angle compris par les côtés donnés. En effet, les données étant les mêmes que pour la première solution, et β l'angle compris, on aura évidemment

$$x = \sqrt{a^2 + l^2 - 2al\cos\frac{1}{2}\beta},$$

$$y = \sqrt{b^2 + l^2 - 2bl\cos\frac{1}{2}\beta};$$

et comme $\frac{x}{y}=\frac{a}{b}$, on obtiendra pour équation unique

$$\frac{\sqrt{a^2+l^2-2al\cos\frac{1}{2}\beta}}{\sqrt{b^2+l^2-2bl\cos\frac{1}{2}\beta}}=\frac{a}{b}.$$

On tire de là, en chassant les dénominateurs et élevant au carré,

$$l^2(a^2-b^2)=2abl(a-b)\cos\frac{1}{2}\beta,$$

d'où

[F] $$\cos\frac{1}{2}\beta=\frac{l}{\frac{ab}{\left(\frac{a+b}{2}\right)}}.$$

Le problème est donc ramené à construire un triangle rectangle dont on connaît un des côtés de l'angle droit l, et l'hypoténuse $\frac{ab}{\left(\frac{a+b}{2}\right)}$, que l'on construira (fig. 12) ainsi qu'il suit : on portera $BC=b$ de B en G, et l'on cherchera un point K tel que $\frac{AK}{GK}=\frac{a}{b}$; BK sera l'hypoténuse demandée.

Après avoir construit le triangle rectangle KBL, on achèvera le triangle cherché.

PROBLÈME XIV.

23. *Étant donnés l'angle du sommet, la hauteur et la ligne qui joint le sommet au milieu de la base, construire le triangle.*

x, y et z étant les trois côtés inconnus, z représentant la base, l la ligne qui joint l'angle du sommet A au milieu de la base, et h la hauteur, on aura (A étant aigu ou obtus) les trois équations

[1] $$z^2=x^2+y^2\mp 2xy\cos A,$$

[2] $$\frac{xy\sin A}{2}=\frac{hz}{2},$$

[3] $$x^2+y^2=2\left(l^2+\frac{z^2}{4}\right).$$

Si l'on substitue la valeur de x^2+y^2 tirée de l'équation [3], celle de xy de l'équation [2], dans l'équation [1], on trouvera, toute réduction faite,

$$z^2 \pm 4\frac{h}{\tang A}z = 4l^2.$$

On tirera facilement de cette équation la valeur de z, et le problème sera ramené à construire un triangle dont on connaît la base, l'angle du sommet et la hauteur.

PROBLÈME XV.

24. *Étant donnés un angle, l'un des côtés adjacents, et la somme ou la différence des deux autres côtés, construire le triangle.*

1° Soient A l'angle donné, a le côté adjacent, m la somme des côtés inconnus x et y, on aura, pour déterminer ces côtés, les équations

$$[1] \qquad x+y=m,$$

$$[2] \qquad y^2=x^2+a^2 \mp 2ax\cos A,$$

d'où

$$y^2-x^2=a^2 \mp 2ax\cos A,$$

et à cause de l'équation [1],

$$m(m-2x)=a^2 \mp 2ax\cos A,$$

d'où enfin

$$x=\frac{m^2-a^2}{2(m \mp a\cos A)}.$$

Il ne reste plus qu'à construire cette quatrième proportionnelle mise sous la forme

$$x=\frac{(m+a)(m-a)}{2(m \mp a\cos A)}$$

pour résoudre le triangle.

25. Seconde solution. — On tire de la valeur de x,

$$m-x=\frac{m^2 \mp 2ma\cos A+a^2}{2(m \mp a\cos A)}$$

et

$$(m-x)=\frac{(m \mp a\cos A)^2+a^2\sin^2 A}{2(m \mp a\cos A)},$$

d'où

$$m-x=\frac{\sqrt{(m\mp a\cos A)^2+a^2\sin^2 A}\times\frac{1}{2}\sqrt{(m\mp a\cos A)^2+a^2\sin^2 A}}{m\mp a\cos A}$$

ce qui fournit cette construction bien simple (fig. 13) :

BAI étant l'angle donné, et $AB=a$, on prendra $AI=m$, somme donnée des côtés inconnus; on joindra BI, et menant par H, milieu de BI, HX perpendiculaire à BI même, on aura $IX=m-x$, et $AX=x$, d'où le triangle cherché ABX.

En effet,

$$BK=a\sin A,\quad AK=a\cos A,$$

d'où

$$IK=m-a\cos A$$

et

$$IB=\sqrt{(m-a\cos A)^2+a^2\sin^2 A}.$$

Et les deux triangles semblables BKI et HIX donnent

$$IK:IH=\frac{1}{2}IB::IB:IX,$$

$$IX=\frac{IB\times\frac{1}{2}IB}{IK}.$$

2° On trouvera une solution analogue pour le cas de la différence donnée.

PROBLÈME XVI.

26. *Déterminer le rapport entre l'excès du carré de la somme des côtés d'un angle d'un triangle sur le carré du troisième côté et la surface du triangle.*

1° A, B, C, a, b, c étant les angles et les côtés opposés du triangle, on aura, d'après la formule connue,

$$a^2+b^2-2ab\cos C=c^2, \tag{A}$$

d'où

$$(a+b)^2-4ab\cos^2\frac{C}{2}=c^2. \tag{1}$$

Si p désigne le demi-contour du triangle, on tire de cette dernière équation la formule connue

$$\cos\frac{1}{2}C=\sqrt{\frac{p(p-c)}{ab}}.$$

On a d'ailleurs, pour la surface du triangle,

$$\text{[2]} \qquad \text{surf}=\frac{ab\sin C}{2}$$

d'où, en vertu de l'équation [1],

$$\text{[1]} \qquad \frac{(a+b)^2-c^2}{\text{surf}}=\frac{4ab\cos^2\frac{C}{2}}{\frac{ab\sin C}{2}}=\frac{4ab\cos^2\frac{C}{2}}{\frac{2ab\sin\frac{C}{2}\cos\frac{C}{2}}{2}}.$$

Et, désignant par R_1 le rapport cherché,

$$R_1=\frac{4}{\text{tang}\frac{1}{2}C}.$$

D'où l'on peut conclure que ce rapport est constant pour tous les triangles qui ont le même angle, quels que soient la base et les côtés qui comprennent cet angle.

Dans tous les triangles rectangles ce rapport est égal à 4.

2° Si l'on désigne par R_2 le rapport de l'excès du carré d'un côté sur le carré de la différence des deux autres et la surface du triangle, on aura

$$R_2=\frac{c^2-(a-b)^2}{\text{surf}}=4\,\text{tang}\frac{1}{2}C,$$

car l'équation [A] donne

$$(a-b)^2+4ab\sin^2\frac{C}{2}=c^2,$$

d'où

$$\sin\frac{1}{2}C=\sqrt{\frac{(p-a)(p-b)}{ab}}.$$

Multipliant ces deux rapports,

$$R_1R_2=\frac{[(a+b)^2-c^2][c^2-(a-b)^2]}{\text{surf}^2}=16,$$

d'où l'on tire encore, p désignant le demi-contour,

$$\text{surf} = \sqrt{p(p-a)(p-b)(p-c)};$$

divisant ces rapports,

$$\frac{R_2}{R_1} = \tang^2 \frac{C}{2} = \frac{c^2 - (a-b)^2}{(a+b)^2 - c^2},$$

d'où

$$\tang \frac{1}{2} C = \frac{\sqrt{(p-a)(p-b)}}{\sqrt{p(p-c)}}.$$

PROBLÈME XVII.

27. *Construire un triangle équilatéral dont les trois sommets reposent sur trois circonférences concentriques données* (fig. 14).

Soient $AO = r_1$, $OB = r_2$, $OC = r_3$, et x le côté du triangle équilatéral ABC ou A'B'C' (car le triangle demandé peut avoir l'une et l'autre de ces deux positions); si l'on considère l'angle A et son correspondant A', on aura évidemment

$$\cos BAC = \cos(OAC + OAB)$$

et

$$\cos B'A'C = \cos(OA'C' - OA'B').$$

Or les triangles OAC, OAB, OA'C', OA'B', donnent

$$\cos OAC = \frac{\overline{AC}^2 + \overline{OA}^2 - \overline{OC}^2}{2AC.OA} = \frac{x^2 + r_1^2 - r_3^2}{2r_1x},$$

$$\cos OAB = \frac{\overline{AB}^2 + \overline{OA}^2 - \overline{OB}^2}{2AB.OA} = \frac{x^2 + r_1^2 - r_2^2}{2r_1x},$$

$$\cos OA'C' = \frac{\overline{A'C'}^2 + \overline{OA'}^2 - \overline{OC'}^2}{2A'C'.OA'} = \frac{x^2 + r_1^2 - r_3^2}{2r_1x},$$

$$\cos OA'B' = \frac{\overline{A'B'}^2 + \overline{OA'}^2 - \overline{OC'}^2}{2A'B'.OA'} = \frac{x^2 + r_1^2 - r_2^2}{2r_1x};$$

et comme

$$\cos BAC = \cos B'A'C' = \cos \frac{200^0}{3} = \cos\left(100 - \frac{100}{3}\right) = \sin \frac{100}{3} = \frac{1}{2},$$

l'équation de condition, d'après la formule connue, sera

$$[A]\quad \left\{\begin{aligned} \frac{1}{2} = & \left(\frac{x^2+r_1^2-r_3^2}{2r_1x}\right)\left(\frac{x^2+r_1^2-r_2^2}{2r_1x}\right) \\ & \pm\sqrt{1-\left(\frac{x^2+r_1^2-r_3^2}{2r_1x}\right)^2}\sqrt{1-\left(\frac{x^2+r_1^2-r_2^2}{2r_1x}\right)^2}. \end{aligned}\right.$$

Avant de résoudre cette équation, qui doit donner la valeur du côté du triangle équilatéral en fonction des trois rayons, on remarquera que, si sur une ligne quelconque MN, inscrite dans la couronne des cercles r_2 et r_3, on construit les deux triangles équilatéraux MIN, MI'N, on aura, après avoir mené les lignes OM, ON, OI, OI',

$$\cos \text{MIN} = \frac{1}{2} = \cos(\text{OIN} + \text{OIM}),$$

$$\cos \text{MI'N} = \frac{1}{2} = \cos(\text{OI'N} - \text{OI'M});$$

et si $\text{MN} = l$, et OI ou $\text{OI'} = y$, les valeurs de y dépendront de l'équation

$$[B]\quad \left\{\begin{aligned} \frac{1}{2} = & \left(\frac{y^2+l^2-r_3^2}{2ly}\right)\left(\frac{y^2+l^2-r_2^2}{2ly}\right) \\ & \pm\sqrt{1-\left(\frac{y^2+l^2-r_3^2}{2ly}\right)^2}\sqrt{1-\left(\frac{y^2+l^2-r_2^2}{2ly}\right)^2}, \end{aligned}\right.$$

équation qui devient identique avec l'équation [A] si $l = r_1$; d'où l'on peut déduire cette construction : inscrivez dans la couronne des cercles r_2 et r_3 une longueur MN égale au plus petit rayon r_1; construisez sur cette ligne les deux triangles équilatéraux MIN, MI'N, et le côté du triangle équilatéral cherché sera représenté par OI ou OI'.

On peut déduire de l'équation [A] une valeur facile à construire ou à calculer en nombres. En effet, après avoir isolé le radical, et élevé les deux membres au carré, on trouve, toute réduction faite,

$$\begin{aligned} & \left(\frac{x^2+r_1^2-r_3^2}{2r_1x}\right)^2 + \left(\frac{x^2+r_1^2-r_2^2}{2r_1x}\right)^2 \\ & - \left(\frac{x^2+r_1^2-r_3^2}{2r_1x}\right)\left(\frac{x^2+r_1^2-r_2^2}{2r_1x}\right) - \frac{3}{4} = 0; \end{aligned}$$

développant et ordonnant par rapport à x, on a l'équation finale

$$x^4-(r_1^2+r_2^2+r_3^2)x^2+r_1^4+r_2^4+r_3^4-r_1^2r_2^2-r_1^2r_3^2-r_2^2r_3^2=0,$$

d'où l'on tire

$$[C]\quad \left\{ \begin{aligned} x^2 = &\left(\frac{r_1^2+r_2^2+r_3^2}{2}\right) \\ &\pm\sqrt{3\left[r_1^2r_2^2+r_1^2r_3^2+r_2^2r_3^2-\left(\frac{r_1^2+r_2^2+r_3^2}{2}\right)^2\right]} \end{aligned} \right\}$$

Cette valeur, facile à calculer en nombres, peut se construire aussi facilement, en la mettant sous la forme qui suit :

$$x^2=\left(\frac{r_1^2+r_2^2+r_3^2}{2}\right)$$

$$\pm r_1\sqrt{3\left\{r_2^2+r_3^2+\left(\frac{r_2r_3}{r^1}\right)^2-\left(\frac{\left[\frac{r_1^2+r_2^2+r_3^2}{2}\right]}{r_1}\right)^2\right\}}.$$

On se souviendra qu'une expression de la forme $\frac{M^2}{2}$ représente le carré dont M est la diagonale, comme $3K^2$ est le carré du côté du triangle équilatéral inscrit au cercle dont le rayon est K.

Si, au lieu de considérer l'angle A et son correspondant A', on considérait l'angle B et son correspondant B', on aurait

$$\cos ABC=\cos(OBC+OBA)=\left(\frac{x^2+r_2^2-r_3^2}{2r_2x}\right)\left(\frac{x^2+r_2^2-r_1^2}{2r_2x}\right)$$

$$-\sqrt{1-\left(\frac{x^2+r_2^2-r_3^2}{2r_2x}\right)^2}\sqrt{1-\left(\frac{x^2+r_2^2-r_1^2}{2r_2x}\right)^2},$$

$$\cos A'B'C'=\cos(OB'C'-OB'A')=\left(\frac{x^2+r_2^2-r_3^2}{2r_2x}\right)\left(\frac{x^2+r_2^2-r_1^2}{2r_2x}\right)$$

$$+\sqrt{1-\left(\frac{x^2+r_2^2-r_3^2}{2r_2x}\right)^2}\sqrt{1-\left(\frac{x^2+r_2^2-r_1^2}{2r_2^2x}\right)^2};$$

et par conséquent l'équation du problème serait

$$[A']\quad \left\{ \begin{aligned} \frac{1}{2}=&\left[\frac{x^2+r_2^2-r_3^2}{2r_2x}\right]\left[\frac{x^2+r_2^2-r_1^2}{2r_2x}\right] \\ &\pm\sqrt{1-\left[\frac{x^2+r_2^2-r_3^2}{2r_2x}\right]^2}\sqrt{1-\left[\frac{x^2+r_2^2-r_1^2}{2r_2x}\right]^2}, \end{aligned} \right.$$

équation qui ne diffère de l'équation précédente [A] qu'en ce que r_2 y remplace r_1. Il est facile de voir que si dans la couronne des cercles r_1 et r_3 on inscrit une longueur égale à r_2, et si sur cette ligne on construit deux triangles équilatéraux, les deux valeurs de x seront égales, comme précédemment, aux distances du centre commun aux sommets intérieur et extérieur de ces triangles.

D'ailleurs le changement de r_1 en r_2 dans la valeur de x ne changeant pas cette valeur, fonction symétrique des rayons r_1, r_2 et r_3, la valeur de x tirée de l'équation [A'] sera la même que l'expression [C].

Enfin, si l'on considère l'angle C et son correspondant C', on obtiendra une équation analogue aux équations [A] et [A'], et l'on en conclura sans peine, comme ci-dessus, que, si dans la couronne des cercles r_1 et r_2 on inscrit une longueur égale à r_3, les deux valeurs de x seront les distances du centre aux sommets intérieur et extérieur des triangles équilatéraux construits sur cette longueur.

Ces trois valeurs de x étant égales, on en déduit ce théorème :

Trois circonférences concentriques étant données, si l'on inscrit dans la couronne formée par deux d'entre elles une longueur égale au rayon de la troisième, et que sur chacune des trois longueurs ainsi inscrites on construise deux triangles équilatéraux, les trois sommets intérieurs et extérieurs se trouveront sur deux circonférences concentriques entre elles et aux trois circonférences données.

PROBLÈME XVIII.

28. *Étant donnés un cercle* O, *et un point* D *sur le diamètre* AC, *faire passer par ce point* D *un cercle* X *tel, que, si de l'extrémité* C *du diamètre on lui mène une tangente* CTB, *la partie* BT *soit égale à* AD (fig. 15).

Soit X le centre du cercle cherché sur le diamètre AC. Si $AO = r$ et $OD = d$, on aura

$$AD = r + d, \quad CD = r - d;$$

et enfin, si l'on représente par ρ le rayon inconnu DX, on aura

$$AX = (r + d) + \rho, \quad CX = (r - d) - \rho, \quad CY = (r - d) - 2\rho.$$

Le problème étant supposé résolu, et CTB la tangente demandée, les lignes AB et TX seront évidemment parallèles, et par conséquent

$$CT : BT = AD :: CX : AX;$$

or

$$CT = \sqrt{CD.CY} = \sqrt{(r-d)[(r-d)-2\rho]}:$$

remplaçant donc les quatre termes de la proportion précédente par leurs valeurs, on trouvera

$$\sqrt{(r-d)[(r-d)-2\rho]} : (r+d) :: [(r-d)-\rho] : [(r+d)+\rho],$$

d'où l'on déduit, après avoir élevé au carré,

$$[(r-d)-\rho]^2(r+d)^2 = [(r+d)+\rho]^2[(r-d)^2-2\rho(r-d)].$$

Si l'on effectue les calculs indiqués, on trouvera, toute réduction faite, l'équation ordonnée par rapport à ρ

$$\rho^2 + 2\left[\frac{rd}{r-d} + (r+d)\right]\rho - (r+d)(r-d) = 0,$$

d'où enfin

$$\rho = -\left[\frac{rd}{r-d} + (r+d)\right] \pm \sqrt{\left[\frac{rd}{r-d} + (r+d)\right]^2 + (r+d)(r-d)}.$$

Cette valeur se construit facilement ainsi qu'il suit :

Soient pris, sur le diamètre, $CF = OD = d$, et sur DI, perpendiculaire à AC, $DG = OD = d$; si l'on mène CG et sa parallèle FH, on aura

$$DH = \frac{rd}{r-d},$$

et par conséquent, si

$$DE = DH, \quad AE = \frac{r-d}{rd} + (r+d).$$

Or $\overline{DI}^2 = (r+d)(r-d)$: donc AK représente le radical. Les deux valeurs de ρ sont par conséquent KL et KM ; si l'on porte ces deux longueurs l'une à droite, l'autre à gauche du point D, les points X et X' seront les centres des cercles demandés.

On discutera sans peine cette double valeur de ρ, et l'on trouvera qu'elle se réduit à une seule lorsque $d = \pm r\sqrt{2}$, auquel cas $\rho = r$. Passé cette limite, le problème est impossible.

Lorsque $d=0$, la valeur de ρ est la différence ou la somme de la diagonale et du côté du carré construit sur r.

PROBLÈME XIX.

29. *Étant donnés un demi-cercle* AB, *et une perpendiculaire* CD *en un point donné* C *du diamètre, on décrit sur* AC *et* CB *deux demi-circonférences; trouver l'expression des rayons des cercles* X *et* Y, *tangents à la fois à la grande demi-circonférence, à la perpendiculaire et à la demi-circonférence décrite sur le segment correspondant* (fig. 16).

1° Pour le cercle X, soit

$$OC=d,\quad OP=\alpha,\quad XP=\beta,\quad XT=\rho,$$

et

$$OB=R,\quad O'C=r,\quad O''C=r'.$$

La condition de tangence entre la circonférence X et la grande demi-circonférence sera

$$OX=OT-TX,$$

ou

$$[1]\qquad \sqrt{\alpha^2+\beta^2}=R-\rho.$$

On exprimera de même que X et O' sont tangents, par la condition

$$O'X=r+\rho.$$

Or

$$O'X=\sqrt{\overline{XP}^2+\overline{O'P}^2}=\sqrt{\overline{XP}^2+(OO'-OP)^2}=\sqrt{[(r+d)-\alpha]^2+\beta^2},$$

donc

$$[2]\qquad \sqrt{[(r+d)-\alpha]^2+\beta^2}=r+\rho.$$

Enfin, si le cercle X et la droite CD sont tangents,

$$Xt=\rho;$$

et comme $Xt=CP=OP-OC=\alpha-d$, la troisième équation de condition sera

$$[3]\qquad \alpha-d=\rho.$$

Les équations [1], [2] et [3], serviront à déterminer α, β et ρ.

A cause de l'équation [3], l'équation [2] devient

$$\sqrt{(r-\rho)^2+\beta^2}=r+\rho,$$

d'où

$$\beta^2=4r\rho.$$

Substituant pour α sa valeur tirée de [3], et la valeur de β^2 dans l'équation [1], on trouve

$$(\rho+d)^2+4r\rho=(R-\rho)^2;$$

et à cause de $OC=d=R-2r$,

$$[(R+\rho)-2r]^2+4r\rho=(R-\rho)^2$$

et, toute réduction faite,

$$\rho=r\frac{(R-r)}{R},$$

ou en fonction de d,

$$\rho=\frac{R^2-d^2}{4R}.$$

2° Pour le cercle Y, soit

$$OP'=\alpha',\quad YP'=\beta',\quad YT'=\rho'.$$

On verra de même que les conditions de tangence de ce cercle avec le cercle donné, avec le cercle du segment et avec la perpendiculaire, sont exprimées par les trois équations,

$$\sqrt{\alpha'^2+\beta'^2}=R-\rho',$$
$$\sqrt{[r'-(d-\alpha')]^2+\beta'^2}=r'+\rho',$$
$$d-\alpha'=\rho';$$

d'où l'on tire par élimination

$$\rho'=\frac{r'(R-r')}{R}.$$

On remarquera que ces deux valeurs de ρ et ρ' sont égales; en effet de ce que $2r + 2r' = 2R$, on a, pour la valeur de r', $r' = R - r$; et la valeur de ρ' devient, comme la précédente,

$$\rho' = \frac{r(R - r)}{R}.$$

Donc les deux cercles tangents sont également éloignés du centre du grand cercle donné.

Il sera d'ailleurs très-facile en construisant la quatrième proportionnelle, qui représente la valeur du rayon, de déterminer la position des centres des cercles cherchés.

On discutera facilement les divers cas particuliers du problème. On trouvera, entre autres choses, que, si la perpendiculaire passe par le centre du cercle donné, les cercles tangents auront chacun pour rayon le quart du rayon du grand cercle (fig. 17); par conséquent la somme des quatre circonférences inscrites sera égale à la circonférence donnée, et la somme des surfaces au quart de la surface du grand cercle, ou à la surface du cercle décrit sur le rayon de ce cercle comme diamètre.

PROBLÈME XX.

30. *Étant donnée dans un cercle* O *une corde* DD' *perpendiculaire sur le diamètre* AB, *déterminer le centre et le rayon des cercles tangents à la fois au cercle donné, au diamètre et à la corde* (fig. 18).

On voit d'abord qu'il y a quatre cercles, symétriques deux à deux, qui répondent à la question; en ne considérant que le demi-cercle supérieur, si l'on désigne par R le rayon du cercle donné, par d la distance OC, par α la distance au centre du point où le cercle demandé touche le diamètre, par β la hauteur à laquelle il touche la corde donnée; et, enfin, par ρ le rayon inconnu, les deux solutions du problème seront exprimées par l'ensemble des trois équations

$$\alpha = \rho \pm d, \quad \beta = \rho, \quad \sqrt{\alpha^2 + \beta^2} = R - \rho;$$

d'où l'on tire par une élimination facile

$$\rho = -(R \pm d) \pm \sqrt{2R(R \pm d)};$$

et, séparant les valeurs, pour le segment de droite,

$$\rho_1 = \pm\sqrt{2R(R + d)} - (R + d);$$

pour celui de gauche,

$$\rho_2 = \pm\sqrt{2R(R-d)} - (R-d).$$

En ne prenant que le signe supérieur du radical, chacune de ces valeurs représente la différence de la corde au segment *correspondant;* ce qui fournit la solution du problème particulier dont il s'agit : AD — AC pour ρ_1, et BD — BC pour ρ_2.

Le signe *moins* correspond à un énoncé plus général, dans lequel on considére le diamètre et la corde comme deux lignes indéfinies perpendiculaires entre elles, dont une seule passe par le centre du cercle donné; alors les valeurs

$$\rho_1 = -\left(\sqrt{2R(R+d)} + R + d\right),$$
$$\rho_2 = -\left(\sqrt{2R(R-d)} + R - d\right),$$

représentant la somme de la corde et du segment, et les cercles touchent extérieurement la grande circonférence.

Si $d=0$ (fig. 19), les cercles sont égaux, et le problème est ramené à inscrire un cercle dans chacun des triangles XOY.

PROBLÈME XXI.

31. *Déterminer les côtés d'un triangle connaissant les angles et la surface.*

Soient A, B, C, les angles du triangle, s sa surface; a, b, c, les côtés opposés. D'après la formule connue de la surface du triangle, on a

$$ab \sin C = 2s;$$

et comme

$$\frac{\sin A}{\sin B} = \frac{a}{b},$$

on trouve pour la valeur de a

$$[1] \qquad a = \sqrt{\frac{2s \sin A}{\sin B \sin C}},$$

et pour les deux autres côtés

$$[2] \qquad b = \sqrt{\frac{2s \sin B}{\sin A \sin C}},$$

$$[3] \qquad c = \sqrt{\frac{2s \sin C}{\sin A \sin B}}.$$

Chacune de ces valeurs peut servir à calculer la surface du triangle lorsqu'on connaît un côté et les deux angles adjacents; en effet on en déduit

$$s = \frac{a^2}{2} \frac{\sin B \sin C}{\sin (B + C)},$$

$$s = \frac{b^2}{2} \frac{\sin A \sin C}{\sin (A + C)},$$

$$s = \frac{c^2}{2} \frac{\sin A \sin B}{\sin (A + B)}.$$

32. Si l'on retranche l'une de l'autre les deux premières équations, après les avoir élevées au carré, on obtient

$$a^2 - b^2 = 2s \left(\frac{\sin A}{\sin B \sin C} - \frac{\sin B}{\sin A \sin C} \right),$$

$$a^2 - b^2 = 2s \left(\frac{\sin^2 A - \sin^2 B}{\sin A \sin B \sin C} \right);$$

et comme

$$\sin^2 A - \sin^2 B = \sin (A + B) \sin (A - B) \quad \text{et} \quad \sin C = \sin (A + B),$$

il en résulte

$$s = \frac{a^2 - b^2}{2} \; \frac{\sin A \sin B}{\sin (A - B)},$$

formule de la surface du triangle dont on connaît deux côtés et les angles opposés.

33. D'après les valeurs générales [1], [2], [3], si a_0, b_0, c_0 et s_0 représentent les côtés et la surface d'un triangle semblable au proposé, on aura

$$a_0 = \sqrt{\frac{2s_0 \sin A}{\sin B \sin C}},$$

$$b_0 = \sqrt{\frac{2s_0 \sin B}{\sin A \sin C}},$$

$$c_0 = \sqrt{\frac{2s_0 \sin C}{\sin A \sin B}},$$

et par conséquent

$$\frac{a^2}{a_0^2} = \frac{s}{s_0} \quad \text{et} \quad \frac{a}{a_0} = \frac{b}{b_0} = \frac{c}{c_0}.$$

On pourra donc construire facilement un triangle dont on connaît la surface et les angles; car, ayant construit un triangle quelconque dont les angles soient A, B et C, on déterminera sans peine sa surface; et si k_0 est le côté du carré équivalent, et k le côté d'un carré équivalent à la surface proposée, la proportion

$$\frac{a}{a_0}=\frac{k}{k_0}$$

fera connaître a; le triangle s'achèvera sans difficulté.

34. Le produit des équations [1], [2] et [3] donne

$$abc=s\sqrt{\frac{8s}{\sin A \sin B \sin C}};$$

mais, R désignant le rayon du cercle circonscrit (Legendre, liv. III, prop. XXXII), on aura

$$abc=s\,.\,4R,$$

d'où

$$4R=\sqrt{\frac{8s}{\sin A \sin B \sin C}},$$

et

[M] $$s=2R^2 \sin A \sin B \sin C;$$

formule qui fera connaître la surface lorsqu'on connaîtra les angles et le rayon du cercle circonscrit.

35. Si l'on fait la somme des mêmes équations, on trouvera successivement

$$a+b+c=\sqrt{2s}\left[\sqrt{\frac{\sin A}{\sin B \sin C}}+\sqrt{\frac{\sin B}{\sin A \sin C}}+\sqrt{\frac{\sin C}{\sin A \sin B}}\right],$$

$$a+b+c=\sqrt{2s}\left[\frac{\sin A+\sin B+\sin C}{\sqrt{\sin A \sin B \sin C}}\right];$$

or, d'après la même proposition,

$$s=(a+b+c)\frac{r}{2},$$

r étant le rayon du cercle inscrit :

donc

$$s=\sqrt{2s}\left[\frac{\sin A+\sin B+\sin C}{\sqrt{\sin A \sin B \sin C}}\right]\frac{r}{2}$$

$$=\frac{r\sqrt{s}}{\sqrt{2\sin A \sin B \sin C}}[\sin A+\sin B+\sin C],$$

et, par suite de la valeur précédente de s,

[N] $$s=(\sin A+\sin B+\sin C)\,Rr.$$

36. En divisant [M] par [N], on trouve ce résultat assez curieux :

$$\frac{R}{r}=\frac{\sin A+\sin B+\sin C}{2\sin A \sin B \sin C};$$

c'est-à-dire que :

Dans tout triangle, le rapport du rayon du cercle circonscrit à celui du cercle inscrit est égal au rapport de la somme des sinus des angles au double de leur produit.

On peut vérifier cette formule en en faisant l'application à un triangle quelconque, au triangle équilatéral pour plus de facilité : dans ce cas,

$$A=B=C=\frac{200^\circ}{3} \quad \text{et} \quad \sin A=\sin B=\sin C=\sin\frac{200^\circ}{3}=\frac{\sqrt{3}}{2},$$

d'où il résulte

$$R=2r,$$

ce qu'il est facile de reconnaître *à priori*.

DEUXIÈME SECTION.

DROITES ET CIRCONFÉRENCES.

THÉORÈME I.

37. *Dans un cercle quelconque, la somme des carrés des segments formés par deux cordes perpendiculaires est constante et égale au carré du diamètre.*

En quelque lieu que soit le point de section des cordes, si on les prend pour axes des coordonnées, l'équation du cercle sera

[1] $$(x-a)^2+(y-b)^2=R^2,$$

a et b étant les coordonnées du centre et R le rayon.

Les deux segments formés par la première corde, prise pour axe des x, se trouvent en faisant $y=0$ dans l'équation du cercle, ce qui donne

$$S_1=a+\sqrt{R^2-b^2},\quad S_2=a-\sqrt{R^2-b^2}.$$

De même, en faisant $x=0$ pour obtenir la valeur des segments formés par la deuxième corde prise pour axe des y, on trouve

$$S_3=b+\sqrt{R^2-a^3},\quad S_4=b-\sqrt{R^2-a^2};$$

et, faisant le carré de chaque valeur, puis ajoutant, on obtient

$$S_1^2+S_2^2+S_3^2+S_4^2=4R^2=D^2.$$

Ce résultat, étant indépendant des coordonnées a et b du centre, fait voir qu'il en sera de même de tout autre système de deux cordes perpendiculaires, en quelque point du cercle qu'elles se coupent.

THÉORÈME II.

38. *Si l'on mène une sécante quelconque à deux circonférences concentriques, les deux parties comprises dans la couronne sont égales.*

En effet, si dans l'équation précédente [1] on fait $y=0$, on trouve l'équation du second degré

$$[2] \qquad x^2-2ax+a^2+b^2-R^2=0,$$

dans laquelle le coefficient du second terme, pris en signe contraire, représente la somme algébrique des deux racines, c'est-à-dire des distances des points de rencontre de l'axe des x et de la circonférence à l'origine des coordonnées.

S_1 et s_1 désignant ces deux distances, on aura pour leur somme algébrique

$$S_1+s_1=2a.$$

Ce résultat, indépendant de R, montre que pour un autre cercle, *ayant même centre que le premier*, on aurait de même

$$S_2+s_2=2a,$$

S_2 et s_2 désignant de même les distances de l'origine aux points de rencontre de l'axe et de la nouvelle circonférence.

Si l'on retranche maintenant ces deux égalités, on aura

$$S_2-S_1=s_1-s_2,$$

c'est-à-dire que les parties comprises dans la couronne sont égales. Ce résultat, indépendant des coordonnées du centre, exprime qu'il est le même pour toute ligne considérée comme l'axe des x ou des y, quelle que soit d'ailleurs l'origine des axes.

THÉORÈME III.

39. *Si d'un point donné, extérieur ou intérieur à un cercle, on mène une sécante quelconque, le produit des deux segments formés sur elle par la circonférence est constant.*

Le dernier terme de l'équation [2] étant le produit des racines, on aura, en se servant des mêmes notations,

$$S_1s_1=(a^2+b^2)-R^2=d^2-R^2.$$

Ce résultat ne dépend que de la distance d de l'origine des axes au centre du cercle. Si donc l'on suppose que les axes rectangulaires tournent autour de leur point d'intersection immobile, on obtiendrait pour une autre direction quelconque de l'axe des x et des y,

$$S_2s_2=d^2-R^2,$$

et en général

$$Ss = d^2 - R^2.$$

Il est évident que si le point était intérieur, on aurait

$$Ss = R^2 - d^2$$

abstraction faite du signe —, qui indique un changement de direction des segments.

Le résultat trouvé précédemment

$$Ss = (d^2 - R^2) \quad \text{ou} \quad Ss = R^2 - d^2$$

ne change pas si d est constant : ce qui fait voir que si du centre du cercle donné et d'un rayon égal à d on décrit une circonférence, tous les points de cette circonférence seront tels, que les deux segments de toutes les sécantes menées par ces points formeront un produit constant.

40. Si la sécante ne rencontre le cercle qu'en un seul point, les deux segments étant égaux, et t désignant la longueur de la tangente, on aurait

$$S = s = t \quad \text{et} \quad Ss = t^2 = d^2 - R^2,$$

d'où

$$t^2 + R^2 = d^2;$$

d'où il suit que la tangente, le rayon et la distance du centre au point d'où la tangente est menée, forment un triangle rectangle, dont cette distance est l'hypoténuse; donc la tangente est perpendiculaire à l'extrémité du rayon. De là la méthode connue pour mener par un point donné une tangente à un cercle donné.

On observera de même que, pour tous les points situés à une distance d du centre, toutes les tangentes sont égales.

Il sera de plus très-facile de déterminer le lieu géométrique des points tels, que la tangente menée de chacun d'eux ait une longueur donnée. Ce lieu est un cercle concentrique au premier, ayant pour rayon l'hypoténuse d'un triangle rectangle dont le rayon donné et la longueur de la tangente sont les deux autres côtés.

PROBLÈME XXII.

41. *Déterminer les conditions de tangence d'une ligne droite et d'un cercle.*

Soient

$$[1] \qquad y = Ax + B,$$

$$[2] \qquad (x-a)^2 + (y-b)^2 = R^2,$$

les équations les plus générales du cercle et de la ligne droite, dans lesquelles on indique par les mêmes coordonnées que ces lignes ont au moins un point commun. On cherchera les coordonnées de ces points communs, et l'on exprimera que ces points communs se réunissent en un seul. L'équation finale offrira la relation qui doit exister entre les constantes A, B, a, b, R, pour que la ligne droite et le cercle soient tangents.

Substituant la valeur de y [1] dans l'équation [2], on trouvera, après avoir ordonné par rapport à x,

$$x^2(1+A^2) - 2[a - A(B-b)]x = R^2 - [a^2 + (B-b)^2],$$

d'où

$$x = \frac{a - A(B-b)}{1+A^2} \pm \frac{\sqrt{R^2(1+A^2) - [Aa + (B-b)]^2}}{1+A^2}$$

et

$$y = \frac{B + A(Ab + a)}{1+A^2} \pm \frac{A\sqrt{R^2(1+A^2) - [Aa + (B-b)]^2}}{1+A^2}.$$

Telles sont, en général, les valeurs des coordonnées des deux points de rencontre de la ligne droite et du cercle. Ces deux valeurs ne sont réduites à une seule que dans le cas où le radical est nul : donc

$$[T] \qquad R^2(1+A^2) - [Aa + (B-b)]^2 = 0$$

sera l'équation finale qui doit exprimer les conditions de tangence.

On en tire d'abord

$$[T'] \qquad R = \pm \frac{Aa + (B-b)}{\sqrt{1+A^2}},$$

où l'on reconnaît l'expression de la perpendiculaire abaissée du point (a, b) sur la ligne dont l'équation est

$$y = Ax + B:$$

donc la tangente est perpendiculaire à l'extrémité du rayon.

42. On parvient au même résultat par la considération suivante. L'abscisse du point de tangence, après avoir annulé le radical, est

$$x = \frac{a - A(B - b)}{1 + A^2},$$

et son ordonnée, qu'on obtient en substituant cette valeur dans l'équation [1], est

$$y = \frac{A[a - A(B - b)]}{1 + A^2} + B;$$

désignant par x_t, y_t, les coordonnées du point de tangence, on trouve facilement

$$x_t - a = -\frac{A[Aa + (B - b)]}{1 + A^2},$$

$$y_t - b = \frac{[Aa + (B - b)]}{1 + A^2};$$

d'où

$$A = -\left[\frac{x_t - a}{y_t - b}\right] = -\frac{1}{\left[\frac{y_t - b}{x_t - a}\right]},$$

où l'on reconnaît encore que la tangente est perpendiculaire au rayon : car l'équation de ce rayon, passant par le centre (a, b) et le point de tangence (x_t, y_t), serait évidemment

$$Y - b = \frac{y_t - b}{x_t - a}(X - a),$$

et la tangente de l'angle que ce rayon fait avec la ligne prise pour axe des x est

$$A' = \frac{y_t - b}{x_t - a},$$

et par conséquent la relation $1 + AA' = 0$ est satisfaite.

43. Si donc l'on suppose le cercle déterminé de grandeur et de position, c'est-à-dire a, b et R donnés, l'équation de condition [T] ne contiendra plus qu'une indéterminée B.

On peut déterminer B en assujettissant la droite à certaines conditions, par exemple de passer par un point donné (α, β). Ces coordonnées devant satisfaire à la relation

$$y = Ax + B,$$

on aura

$$\beta = A\alpha + B,$$

d'où

$$B = \beta - A\alpha.$$

Substituant cette valeur dans l'équation [T], on trouve

$$R^2(1 + A^2) - [A(a - \alpha) - (b - \beta)]^2 = 0,$$

ou

$$[1] \qquad \pm \frac{\beta - b - A(\alpha - a)}{\sqrt{1 + A^2}} = R;$$

développant et ordonnant,

$$A^2[R^2 - (a - \alpha)^2] + 2A(a - \alpha)(b - \beta) + R^2 - (b - \beta)^2 = 0,$$

et enfin

$$[A] \qquad A^2 - 2\frac{(a - \alpha)(b - \beta)}{(a - \alpha)^2 - R^2}A + \frac{(b - \beta)^2 - R^2}{(a - \alpha)^2 - R^2} = 0.$$

Cette équation indique qu'il y a deux tangentes qu'on peut mener d'un point donné à un cercle donné, et elle résout facilement le problème qui suit :

PROBLÈME XXIII.

44. *Trouver le lieu géométrique des points tels, qu'en menant de chacun d'eux les deux tangentes à un cercle donné, ces tangentes soient perpendiculaires entre elles.*

En effet, A_1, A_2 désignant les deux racines de l'équation [A], et représentant les tangentes des angles que les tangentes au cercle font avec l'axe des X, d'après l'énoncé on doit avoir

$$1 + A_1 A_2 = 0;$$

le dernier terme étant égal au produit des racines, cette équation de condition devient

$$1+\frac{(b-\beta)^2-R^2}{(a-\alpha)^2-R^2}=0,$$

d'où

$$(b-\beta)^2+(a-\alpha)^2=2R^2,$$

équation d'un cercle concentrique au cercle donné, et ayant pour rayon la diagonale du carré construit sur le rayon du cercle donné.

45. On a donc plusieurs manières de déterminer la tangente, soit au moyen des points de tangence, soit en fonction des coordonnées du point donné, du centre et du rayon du cercle donné.

En fonction des points de tangence, car la tangente a pour équation

$$y-\beta=-\frac{x_1-a}{y_1-b}(x-\alpha),$$

et les coordonnées x_1, y_1, seront déterminées par les équations

$$y_1-\beta=-\frac{(x_1-a)}{(y_1-b)}(x_1-\alpha),$$

$$(y_1-b)^2+(x_1-a)^2=R^2;$$

mais, sans effectuer l'élimination, on voit que la première de ces deux dernières peut se mettre sous la forme

$$\left[(y_1-\frac{(b+\beta)}{2}\right]^2+\left[x_1-\left(\frac{a+\alpha}{2}\right)\right]^2=\left[\frac{(b-\beta)^2+(a-\alpha)^2}{4}\right],$$

équation d'un cercle dont le centre est au milieu de la ligne qui joint le centre du cercle donné au point donné, et le rayon la moitié de cette distance. L'intersection de ce cercle et du cercle donné déterminera les points de tangence.

En fonction des données de la question, car l'équation de la tangente

$$y-\beta=A(x-\alpha)$$

sera complétement déterminée quand on aura résolu l'équation [A], fonction des coordonnées a, b, α, β, et du rayon R.

46. Si l'on suppose l'origine des axes située au centre du cercle donné, $a=0$, $b=0$, l'équation [A] deviendra

$$[B] \qquad A^2 - \frac{2\alpha\beta A}{\alpha^2 - R^2} + \frac{\beta^2 - R^2}{\alpha^2 - R^2} = 0;$$

et si de plus $\beta = 0$, celle-ci se changera en

$$A^2 - \frac{R^2}{\alpha^2 - R^2} = 0;$$

d'où

$$A = \pm \frac{R}{\sqrt{\alpha^2 - R^2}};$$

et l'on conclut que les deux tangentes font des angles égaux avec la ligne qui joint le point donné avec le centre; ou, plus généralement, le lieu des centres des cercles tangents à deux droites données est la ligne qui divise leur angle en deux parties égales. Ce résultat fait voir encore que la tangente est perpendiculaire à l'extrémité du rayon, et fournit la même construction géométrique que précédemment.

47. En résumé, l'équation la plus générale de la tangente

$$y - \beta = -\frac{x_1 - a}{y_1 - b}(x - \alpha),$$

lorsque l'origine est au centre du cercle donné, devient

$$y - \beta = -\frac{x_1}{y_1}(x - \alpha),$$

les coordonnées x_1, y_1 étant données par l'ensemble des équations

$$y_1 - \beta = -\left[\frac{x_1 - a}{y_1 - b}\right](x_1 - \alpha),$$

$$(y_1 - b)^2 + (x_1 - a)^2 = R^2;$$

ou

$$y_1 - \beta = -\frac{x_1}{y_1}(x_1 - \alpha),$$

$$y_1^2 + x_1^2 = R^2;$$

ou bien encore, réduisant la première de chacun des deux couples d'équations au moyen de la seconde,

$$(\beta - b)(y_1 - b) + (\alpha - a)(x_1 - a) = R^2,$$
$$(y_1 - b^2) + (x_1 - a)^2 = R^2,$$

et

$$\beta y_1 + \alpha x_1 = R^2,$$
$$y_1^2 + x_1^2 = R^2.$$

Chacune des deux premières équations représente la corde des points de contact, si x_1 et y_1 sont considérées comme les coordonnées courantes de la droite ; ou la tangente elle-même, si β et α sont les coordonnées courantes.

Les cordes de contact sont perpendiculaires à la ligne qui joint le point donné au centre du cercle.

D'après ce qui précède, on résoudra facilement le problème suivant :

PROBLÈME XXIV.

48. *Étant données deux circonférences concentriques, de tous les points* P *de l'intérieure on mène les tangentes* tPt', *et par tous les points* t *et* t' *les tangentes à la circonférence extérieure* Mt, t'M : *trouver le lieu géométrique des points de rencontre* M *de ces tangentes* (fig. 20).

Soient

[A] $$q^2 + p^2 = r^2,$$

[B] $$y^2 + x^2 = R^2,$$

les équations des cercles donnés, l'origine des axes étant placée à leur centre.

La tangente tPt' aura pour équation

[1] $$yq + xp = r^2,$$

y et x étant les coordonnées courantes de cette ligne considérée comme corde de l'autre circonférence.

D'un autre côté cette corde, par rapport aux tangentes tM, t'M, aura pour équation

[2] $$y\beta + x\alpha = R^2.$$

Ces deux équations devant donner les mêmes valeurs pour x et y, si on les résout par rapport à y et qu'on égale les coefficients, on trouvera

$$y = -\frac{p}{q}x + \frac{r^2}{q},$$

$$y = -\frac{\alpha}{\beta}x + \frac{R^2}{\beta};$$

d'où

[3] $$\frac{p}{q} = \frac{\alpha}{\beta},$$

[4] $$\frac{r^2}{q} = \frac{R^2}{\beta}.$$

Éliminant enfin entre les trois équations [A], [3] et [4], les indéterminées p et q, on trouve

$$\alpha^2 + \beta^2 = \frac{R^4}{r^2},$$

équation d'un cercle concentrique aux cercles donnés, et dont le rayon est une troisième proportionnelle à leurs rayons, qu'on pourra construire comme il suit :

Mener la tangente RS parallèle à l'axe des x, et le point I, où les tangentes RI et SI se rencontrent, déterminera le rayon cherché OI : en effet, le triangle rectangle OIS donne

$$\overline{OS}^2 = OH \times OI,$$

d'où

$$OI = \frac{R^2}{r}.$$

PROBLÈME XXV.

49. *Trouver l'expression analytique de la corde comprise dans le cercle.*

On a trouvé précédemment pour valeurs des coordonnées des points de rencontre d'un cercle et d'une sécante, dont les équations les plus générales sont $(x-a)^2 + (y-b) = R^2$, $y = Ax + B$,

$$x = \frac{a-(B-b)A \pm \sqrt{R^2(1+A^2) - [Aa+(B-b)]^2}}{1+A^2},$$

$$y = \frac{B + A(Ab+a) \pm A\sqrt{R^2(1+A^2) - [Aa+(B-b)]^2}}{1+A^2}.$$

La corde interceptée par la circonférence a évidemment pour expression

$$C=\sqrt{(x_1-x_2)^2+(y_1-y_2)^2},$$

x_1 et x_2, y_1 et y_2, représentant les valeurs correspondantes aux signes $+$ et $-$ dans les valeurs générales de x et de y.

Or

$$x_1-x_2=\frac{2\sqrt{R^2(1+A^2)-[Aa+(B-b)]^2}}{1+A^2},$$

$$y_1-y_2=\frac{2A\sqrt{R^2(1+A^2)-[Aa+(B-b)]^2}}{1+A^2}.$$

Élevant au carré et substituant, on trouvera, toute réduction faite,

$$C=\pm\frac{2}{\sqrt{1+A^2}}\sqrt{R^2(1+A^2)-[Aa+(B-b)]^2}.$$

Si l'on substitue pour B sa valeur $\beta-A\alpha$, pour exprimer que la sécante passe par un point donné (α, β), on aura

$$C=\pm\frac{2}{\sqrt{1+A^2}}\sqrt{R^2(1+A^2)-[A(a-\alpha)-(b-\beta)]^2}.$$

50. Lorsque C a une valeur donnée, l'équation développée

$$A^2-2\frac{(a-\alpha)(b-\beta)}{(a-\alpha)^2-\left[R^2-\frac{C^2}{4}\right]}A+\frac{(b-\beta)^2-\left[R^2-\frac{C^2}{4}\right]}{(a-\alpha)^2-\left[R^2-\frac{C^2}{4}\right]}=0$$

donne la solution du problème : Mener par un point donné une sécante telle, que la partie comprise soit égale à une longueur donnée. En effet, en la comparant à l'équation [A] des tangentes

$$A^2-2\frac{(a-\alpha)(b-\beta)}{(a-\alpha)^2-R^2}A+\frac{(b-\beta)^2-R^2}{(a-\alpha)^2-R^2}=0,$$

on reconnaît sans peine que les sécantes qui jouissent de la propriété demandée doivent être tangentes au cercle dont le rayon est $\sqrt{R^2-\frac{C^2}{4}}$ et concentrique au premier, c'est-à-dire décrit avec un rayon égal à la perpendiculaire abaissée du centre sur une corde égale à C : de là la construction connue.

PROBLÈME XXVI.

51. *Trouver sur la ligne qui joint les centres de deux cercles donnés un point tel, qu'en menant par ce point une sécante commune aux deux cercles, les cordes interceptées par eux soient égales entre elles et à une longueur donnée.*

D'après la valeur générale

$$C = \pm \frac{2}{\sqrt{1+A^2}} \sqrt{R^2(1+A^2) - [A(a-\alpha) - (b-\beta)]^2},$$

on voit que, pour un second cercle dont les coordonnées du centre seraient a', b', et le rayon R', la corde interceptée par la même sécante sera

$$C' = \pm \frac{2}{\sqrt{1+A^2}} \sqrt{R'^2(1+A^2) - [A(a'-\alpha) - (b'-\beta)]^2}.$$

Si l'on place l'origine des axes au centre du premier cercle, l'axe des x passant par le centre du second, et d'ailleurs le point cherché devant se trouver sur cet axe, on aura

$$a=0, \quad b=0, \quad b'=0, \quad \beta=0;$$

enfin, si l'on désigne par $2l$ la longueur donnée, on trouvera facilement les valeurs

$$A = \pm \frac{\sqrt{R^2-l^2}}{\sqrt{\alpha^2-(R^2-l^2)}},$$

$$A = \pm \frac{\sqrt{R'^2-l^2}}{\sqrt{(\alpha'-\alpha)^2-(R'^2-l^2)}}.$$

Égalant ces valeurs, et, pour abréger, posant

$$\sqrt{R^2-l^2} = h, \quad \sqrt{R'^2-l^2} = h',$$

on aura

$$\pm \frac{h}{\sqrt{\alpha^2-h^2}} = \pm \frac{h'}{\sqrt{(\alpha'-a)^2-h'^2}};$$

d'où l'on tire

$$\alpha = \frac{h}{h \pm h'} d$$

($d = a'$ désignant la distance des centres).

De là cette construction : Cherchez sur la ligne des centres les deux points tels, que leurs distances à chacun des centres soient entre elles comme les longueurs h et h', et par ces points menez à l'un des cercles une sécante telle, que la corde interceptée soit d'une longueur $2l$: la corde interceptée dans l'autre cercle sera de la même longueur.

PROBLÈME XXVII.

52. *Mener une tangente commune à deux cercles.*

Il est évident que la sécante sera tangente à la fois aux deux cercles dont les rayons sont h et h'. En général, si l'on suppose $2l = 0$, on trouvera

$$\alpha = \frac{R}{R \pm R'} d.$$

Donc, pour mener la tangente commune à deux cercles, cherchez sur la ligne qui joint les centres les deux points tels, que le rapport de leurs distances à chacun des centres soit le même que celui des rayons, et par ces points menez les deux tangentes à l'un des cercles : elles seront aussi tangentes à l'autre.

Cette construction est très-facile. Menez (fig. 21) un rayon quelconque OI et le diamètre parallèle I'O'I''; joignez II', II'' : les points T_1 et T_2 sont les points cherchés. Le point intérieur correspond au signe +; ces points ont reçu le nom de *centres de similitude* des cercles, parce que les rayons vecteurs menés de ces points aux circonférences sont proportionnels aux rayons.

Si le second cercle était situé d'une manière quelconque dans le plan, a' et b' étant les coordonnées du centre, il serait facile de déterminer les coordonnées des centres de similitude. En effet, les coordonnées n'étant autre chose que les projections sur les axes d'une longueur déterminée d, si l'on désigne par v l'inclinaison de la ligne des centres sur l'axe des x, on aura

$$x = \frac{R}{R \pm R'} d \cos v, \quad y = \frac{R}{R \pm R'} d \sin v;$$

mais puisque la ligne des centres passe par l'origine et par le point dont les coordonnées sont a', b', on aura

$$\operatorname{tang} v = \frac{b'}{a'},$$

d'où

$$\sin v = \frac{\frac{b'}{a'}}{\sqrt{1+\frac{b'^2}{a'^2}}} = \frac{b'}{\sqrt{a'^2+b'^2}} = \frac{b'}{d},$$

$$\cos v = \frac{1}{\sqrt{1+\frac{b'^2}{a'^2}}} = \frac{a'}{\sqrt{a'^2+b'^2}} = \frac{a'}{d},$$

par conséquent

$$x = \frac{R}{R \pm R'} a', \quad y = \frac{R}{R \pm R'} b'.$$

53. On a trouvé précédemment pour la corde des points de contact des deux tangentes menées par le point α, β, au cercle $x^2 + y^2 = r^2$ l'équation

$$\beta y + \alpha x = r^2.$$

Si l'on remplace α par $\frac{R}{R \pm R'} a'$, β par $\frac{R}{R \pm R'} b'$, et r par R, on aura

$$b'y + a'x = R(R \pm R'),$$

équation de la corde de contact des points de tangence déterminés par la tangente commune sur le cercle, dont le centre est à l'origine.

Si $b' = 0$, on a

$$x = \frac{R(R \pm R')}{a'}.$$

Pour la corde de contact d'un second cercle dont l'équation est

$$(x - a')^2 + (y - b')^2 = R'^2,$$

on a de même trouvé l'équation

$$(\beta - b')(y - b') + (\alpha - a')(x - a') = R'^2,$$

α et β étant les coordonnées du point d'où les deux tangentes sont menées. Remplaçant β et α par leurs valeurs, on obtient, toute réduction faite,

$$b'(y - b') + a'(x - a') = \mp R'(R' \pm R),$$

corde de contact de la tangente commune sur le second cercle.

Si $b' = 0$, on a

$$x = \frac{a'^2 \mp R'(R' \pm R)}{a'}.$$

54. En général, les centres de similitude de deux cercles

$$(x - A_1)^2 + (y - B_1)^2 = R_1^2,$$
$$(x - A_2)^2 + (y - B_2)^2 = R_2^2,$$

ont pour coordonnées

$$x_c = A_1 + (A_2 - A_1)\,\frac{R_1}{R_1 \pm R_2},$$

$$y_c = B_1 + (B_2 - B_1)\,\frac{R_1}{R_1 \pm R_2}.$$

En effet (fig. 22), pour l'abscisse du centre de similitude c, on a

$$x = OD = OP + OI = OP + OC\cos v = A_1 + d\,\frac{R_1}{R_1 \pm R_2}\cos v,$$
$$d = OO' = \sqrt{(A_2 - A_1)^2 + (B_2 - B_1)^2}.$$

Mais de ce que $\operatorname{tang} v = \frac{B_2 - B_1}{A_2 - A_1}$, on conclut

$$\cos v = \frac{1}{\sqrt{1 + \operatorname{tang}^2 v}} = \frac{1}{\sqrt{1 + \frac{(B_2 - B_1)^2}{(A_2 - A_1)^2}}}$$
$$= \frac{A_2 - A_1}{\sqrt{(A_2 - A_1)^2 + (B_2 - B_1)^2}} = \frac{A_2 - A_1}{d},$$

et par conséquent $x_c = A_1 + (A_2 - A_1)\,\frac{R_1}{R_1 \pm R_2}$.

On aurait de même

$$y_c = CD = OP + IC = B_1 + OC\sin v = B_1 + d\,\frac{R_1}{R_1 \pm R_2}\sin v;$$

et à cause de

$$\sin v = \frac{\operatorname{tang} v}{\sqrt{1 + \operatorname{tang}^2 v}} = \frac{\frac{B_2 - B_1}{A_2 - A_1}}{\sqrt{1 + \frac{(B_2 - B_1)^2}{(A_2 - A_1)^2}}}$$
$$= \frac{B_2 - B_1}{\sqrt{(A_2 - A_1)^2 + (B_2 - B_1)^2}} = \frac{B_2 - B_1}{d},$$

$$y_c = B_1 + (B_2 - B_1)\,\frac{R_1}{R_1 \pm R_2}.$$

THÉORÈME IV.

55. 1° *Les trois centres de similitude extérieurs de trois cercles situés d'une manière quelconque dans un plan sont en ligne droite; de même pour deux intérieurs et le troisième extérieur ;* 2° *les droites qui joignent le centre de chaque cercle, et le centre de similitude intérieur des deux autres, se coupent en un même point.*

1° En général, les coordonnées des centres de similitude de trois cercles quelconques

$$(x-A_1)^2+(y-B_1)^2=R_1^2,$$
$$(x-A_2)^2+(y-B_2)^2=R_2^2,$$
$$(x-A_3)^2+(y-B_3)^2=R_3^2,$$

auront pour expression

$$x_1=A_1+(A_2-A_1)\frac{R_1}{R_1\pm R_2},$$
$$y_1=B_1+(B_2-B_1)\frac{R_1}{R\pm R_2};$$
$$x_2=A_1+(A_3-A_1)\frac{R_1}{R_1\pm R_3},$$
$$y_2=B_1+(B_3-B_1)\frac{R_1}{R_1\pm R_3};$$
$$x_3=A_2+(A_3-A_2)\frac{R_2}{R_2\pm R_3},$$
$$y_3=B_2+(B_3-B_2)\frac{R_2}{R_2\pm R_3}.$$

(Fig. 23). Si l'on place l'origine des axes au centre du premier cercle, l'axe des x passant par le centre du second, les équations précédentes des cercles seront, à cause de

$$A_1=0,\quad B_1=0,\quad B_2=0,\quad A_2=d,\quad A_3=a,\quad B_3=b,$$
$$x^2+y^2=R_1^2,\quad (x-d)^2+y^2=R_2^2,\quad (x-a)^2+(y-b)^2=R_3^2;$$

et les coordonnées des centres de similitude

$$x_1=d\frac{R_1}{R_1\pm R_2},\quad x_2=a\frac{R_1}{R_1\pm R_3},\quad x_3=d+(a-d)\frac{R_2}{R_2\pm R_3};$$
$$y_1=0,\quad y_2=b\frac{R_1}{R_1\pm R_3},\quad y_3=b\frac{R_2}{R_2\pm R_3}:$$

Or, l'équation de la ligne qui passe par les points (x_2, y_2), (x_3, y_3),

$$(y-y_2)=\frac{y_3-y_2}{x_3-x_2}(x-x_2),$$

donne, pour $y=0$, la valeur de l'abscisse du point où elle coupe l'axe des x,

$$x_0=\frac{y_3x_2-x_3y_2}{y-y_2}.$$

Si l'on substitue pour x_2, y_2; x_3, y_3 leurs valeurs, on trouvera successivement

$$x_0=\frac{b\frac{R_2}{R_2\pm R_3}\cdot a\frac{R_1}{R_1\pm R_3}-b\frac{R_1}{R_1\pm R_3}\left[d+(a-d)\frac{R_2}{R_2\pm R_3}\right]}{b\frac{R_2}{R_2\pm R_3}-b\frac{R_1}{R_1\pm R_3}}$$

$$x_0=\frac{d\,[R_1R_2-R_1(R_2\pm R_3)]}{R_2(R_1\pm R_3)-R_1(R_2\pm R_3)}=d\frac{R_1}{R_1\mp R_2}.$$

Cette ligne droite passe donc par le centre extérieur ou par le centre intérieur, le signe — correspondant aux signes semblables des valeurs des deux autres centres de similitude, et le signe + aux signes dissemblables. Si, des trois cercles donnés, deux étaient égaux, la valeur de x_0 deviendrait infinie pour $R_1=R_2$. Lorsqu'on prend le signe — dans le dénominateur, on voit que la ligne des centres de similitude extérieurs est parallèle à la ligne des centres des cercles égaux.

2° Les lignes qui joignent le centre de chaque cercle et le centre de similitude intérieur des deux autres ont pour équations

$$y-b=\frac{-b}{d\frac{R_1}{R_1+R_2}-a}(x-a),$$

$$y=\frac{\frac{bR_2}{R_2+R_3}x}{d+(a-d)\frac{R_2}{R_2+R_3}},$$

$$y=\frac{\frac{bR_1}{R_1+R_3}(x-d)}{a\frac{R_1}{R_1+R_3}-d}.$$

On verra par le calcul que ces trois droites ont deux à deux les mêmes points d'intersection.

PROBLÈME XXVIII.

56. *Étant donnés deux cercles, trouver le lieu géométrique des points tels que, menant par chacun d'eux une tangente à chacun des cercles, ces tangentes soient égales entre elles.*

L'origine des axes étant placée au centre du premier cercle, les équations de ces cercles seront

[1] $$x^2+y^2=R^2,$$

[2] $$(x'-a)^2+(y'-b)^2=R'^2.$$

Si le point M (fig. 24) est un des points cherchés, on aura l'équation

$$\sqrt{(\alpha^2+6^2-R^2)}=\sqrt{(\alpha-a^2)+(6-b)^2-R'^2}.$$

Élevant au carré et réduisant, il vient

[3] $$-2a\alpha-2b6+a^2+b^2-R'^2+R^2=0$$

et

$$6=-\frac{a}{b}\alpha+\frac{(a^2+b^2)+(R^2-R'^2)}{2b},$$

équation d'une ligne droite perpendiculaire à la ligne des centres. Pour déterminer sa position, on supposera le centre du second cercle sur l'axe des x : alors $b=0$, et l'équation devient

$$\alpha=\frac{a^2+R^2-R'_2}{2a}.$$

Mais on a trouvé précédemment pour les équations des cordes de contact formées par la tangente commune, les axes étant disposés de la même manière (fig. 25),

$$x_1=\frac{R(R\pm R')}{a},$$

$$x_2=\frac{a^2\pm R'(R\mp R')}{a},$$

d'où il suit que

$$\alpha=\frac{x_1+x_2}{2}:$$

le lieu géométrique cherché est donc une ligne droite parallèle aux cordes de contact, et à égale distance de l'une et de l'autre. Il sera donc facile de la construire.

On a donné à cette ligne le nom de *dishomologue*, parce qu'elle correspond à la fois aux cordes de contact des tangentes communes menées, soit du centre de similitude intérieur, soit de l'extérieur.

On la nomme aussi quelquefois l'*axe radical*, et le point où elle rencontre la ligne des centres, *centre radical*.

Lorsque les cercles se coupent, la dishomologue se confond avec la corde d'intersection; ce que l'on reconnaît facilement en combinant les équations [1] et [2], après avoir fait $x=x'$, $y=y'$. L'équation finale est la même que l'équation [3], dans laquelle les coordonnées α, 6 sont remplacées par x et y.

En général, si l'on combine les équations [1] et [2], en supposant qu'elles s'accordent, on obtiendra l'équation de la dishomologue.

THÉORÈME V.

57. *Les trois dishomologues des trois cercles donnés se coupent en un même point.*

En effet, d'après la remarque précédente, si les cercles ont pour équations

$$(y-b_1)^2+(x-a_1)^2=R_1^2,$$
$$(y-b_2)^2+(x-a_2)^2=R_2^2,$$
$$(y-b_3)^2+(x-a_3)^2=R_3^2,$$

celles des dishomologues seront, pour les cercles

$$R_1,\ R_2;\quad R_1,\ R_3;\quad R_2,\ R_3:$$

$$-2(b_1-b_2)y-2(a_1-a_2)x+(a_1^2+b_1^2-R_1^2)-(a_2^2+b_2^2-R_2^2)=0$$
$$-2(b_1-b_3)y-2(a_1-a_3)x+(a_1^2+b_1^2-R_1^2)-(a_3^2+b_3^2-R_3^2)=0,$$
$$-2(b_2-b_3)y-2(a_2-a_3)x+(a_2^2+b_2^2-R_2^2)-(a_3^2+b_3^2-R_3^2)=0$$

Si l'on fait pour abréger

$$R_1^2-a_1^2-b_1^2=k_1^2,$$
$$R_2^2-a_2^2-b_2^2=k_2^2,$$
$$R_3^2-a_3^2-b_3^2=k_3^2,$$

les équations des dishomologues deviendront

$$[1] \qquad 2(b_1 - b_2)y + 2(a_1 - a_2)x + k_1^2 - k_2^2 = 0,$$

$$[2] \qquad 2(b_1 - b_3)y + 2(a_1 - a_3)x + k_1^2 - k_3^2 = 0,$$

$$[3] \qquad 2(b_2 - b_3)y + 2(a_2 - a_3)x + k_2^2 - k_3^2 = 0:$$

or on sait que, si trois droites

$$A_1y + B_1x + C_1 = 0,$$
$$A_2y + B_2x + C_2 = 0,$$
$$A_3y + B_3x + C_3 = 0,$$

se coupent en un même point, on doit avoir entre les constantes de leurs équations la relation

$$C_1(A_2B_3 - B_2A_3) + C_2(A_3B_1 - B_3A_1) - C_3(A_1B_2 - B_1A_2) = 0;$$

si l'on substitue dans le premier membre de cette équation les valeurs

$$A_1 = 2(b_1 - b_2), \quad B_1 = 2(a_1 - a_2), \quad C_1 = k_1^2 - k_2^2,$$
$$A_2 = 2(b_1 - b_3), \quad B_2 = 2(a_1 - a_3), \quad C_2 = k_1^2 - k_3^2;$$
$$A_3 = 2(b_2 - b_3), \quad B_3 = 2(a_2 - a_3), \quad C_3 = k_2^2 - k_3^2,$$

on trouvera que tous les termes s'entre-détruisent, et par conséquent que la relation est satisfaite. Nous laissons au lecteur le soin de faire ces calculs, qui n'offrent aucune difficulté.

On peut d'ailleurs reconnaître, à la seule inspection des équations [1], [2], [3], que chacune d'elles comporte les deux autres : il s'ensuit donc encore que ces trois lignes droites concourent en un même point.

Ce résultat fournit un autre moyen bien simple de construire la dishomologue de deux cercles donnés O, O′ (fig. 26). En effet, si l'on coupe à la fois les deux cercles par un troisième cercle quelconque O″, le point de concours des trois dishomologues sera le même que celui des cordes d'intersection CD, C′D′, de chacun des cercles donnés par le cercle auxiliaire : si de ce point M on abaisse MM′ perpendiculaire à la ligne des centres, cette perpendiculaire sera la dishomologue.

REMARQUES SUR LES CORDES DE CONTACT ET LES DISHOMOLOGUES.

58. On a vu que pour deux cercles dont les équations sont

[1] $$x^2+y^2=R_1^2,$$

[2] $$(x-a)^2+y^2=R_2^2,$$

les cordes de contact sur les deux cercles ont pour expression

$$x^1=\frac{R_1(R_1\pm R_2)}{a},\quad x_2=\frac{a^2\mp R_2(R_2\pm R_1}{a},$$

et la dishomologue

$$\alpha=\frac{a^2+R_1^2-R_2^2}{2a}.$$

Si le second cercle se réduit à un point, c'est-à-dire si $R_2=0$, la corde de contact du premier cercle devient

$$x=\frac{R_1^2}{a},$$

et la dishomologue

$$\alpha=\frac{a^2+R_1^2}{2a}=\frac{a+\frac{R_1^2}{a}}{2}:$$

toutes deux sont perpendiculaires à la ligne qui joint le point donné et le centre du cercle, et la dishomologue passe par le milieu de la distance entre le pied de la corde de contact et le point.

La corde de contact sur le second cercle se réduit à $x_2=a$, et se confond avec la perpendiculaire élevée au point donné sur la ligne qui joint le centre.

Si le second cercle devient une ligne droite, c'est-à-dire si $R_2=\infty$, en résolvant l'équation [2], on trouve

$$x=a\pm\sqrt{R_2^2-y^2}=a\pm R^2\sqrt{1-\frac{y_2}{R_2^2}};$$

et à cause de

$$R_2=\infty,\quad x=a\pm R_2$$

x exprime la distance de l'origine à la droite, laquelle se confond avec l'une et l'autre des tangentes perpendiculaires à la ligne des centres : donc $d=a\pm R_2$, d'où $a=(d\mp R_2)$; dans cette hypothèse la corde de contact sur le premier cercle aura pour expression

$$x_1=\frac{R_1(R_1\pm R_2)}{d\mp R_2}=R_1\frac{\left(\frac{R_1}{R_2}\pm 1\right)}{\left(\frac{d}{R_2}\pm 1\right)},$$

et à cause de

$$R_2=\infty\,,\quad x_1=\mp R_1;$$

les cordes de contact deviennent les tangentes au cercle parallèle à la ligne donnée.

Quant à la dishomologue, son expression devient

$$\alpha=\frac{(d\mp R_2)^2+R_1^2-R_2^2}{2(d\mp R_2)}=\frac{d^2\mp 2dR_2+R_1^2}{2(d\mp R_2)},$$

et se réduit à $\alpha=d$, c'est-à-dire qu'elle se confond avec la droite elle-même.

Il en est de même de la deuxième corde de contact.

PROBLÈME XXIX.

59. *D'un point donné* M *on mène à un cercle donné* O *des couples de sécantes* MAB, MCD, *et l'on joint directement ou réciproquement les points d'intersection par des droites* ACI, BDI, *ou* AHD, BHC *: trouver le lieu géométrique des points* I *ou* H (fig. 27).

Soit

$$[1]\qquad x^2+y^2=r^2$$

l'équation du cercle, l'origine au centre.

Les droites MAB, MCD, menées du point donné M (α, β), auront pour équations

$$[2]\qquad \begin{cases}(y-\beta)-A(x-\alpha)=0,\\(y-\beta)-A'(x-\alpha)=0;\end{cases}$$

α', β', étant les coordonnées inconnues du point I ou H, les équations des droites de jonction ACI et BDI, ou AHD et BHC, seront de la forme

$$[3]\qquad \begin{cases}(y-\beta')-B(x-\alpha')=0,\\(y-\beta')-B'(x-\alpha')=0.\end{cases}$$

Pour obtenir une équation indépendante de x, y, A, A′, B, B′, si l'on multiplie entre elles les équations [2] et les équations [3], on aura

$$(y-6)^2-(A+A')(y-6)(x-\alpha)+AA'(x-\alpha)^2=0,$$
$$(y-6')^2-(B+B')(y-6')(x-\alpha')+BB'(x-\alpha')^2=0;$$

ajoutant entre elles ces deux nouvelles équations, après avoir posé, pour abréger,

$$A+A'=2R,\quad AA'=S,$$
$$B+B'=2R',\quad BB'=S';$$

et divisant tous les termes du résultat par 2, il vient

$$\left.\begin{array}{l} y^2-(R+R')\,xy+\left(\dfrac{S+S'}{2}\right)x^2 \\ -(\beta+\beta'-\alpha R-\alpha'R')y-(\alpha S+\alpha'S'-\beta R-\beta'R')x \\ +\dfrac{\beta^2+\beta'^2-2\alpha\beta R-2\alpha'\beta'R'+\alpha^2S+\alpha'^2S'}{2} \end{array}\right\}=0.$$

Cette équation devant donner pour x et y les mêmes valeurs que l'équation [1], et étant du même degré qu'elle, il faut nécessairement qu'elle lui soit parfaitement identique. Égalant donc entre eux les coefficients des puissances semblables des mêmes inconnues, on trouvera pour équations de condition :

[a] $R+R'=0,$

[b] $\dfrac{S+S'}{2}=1,$

[c] $(\beta+\beta')-\alpha R-\alpha'R'=0,$

[d] $\beta R+\beta'R'-\alpha S-\alpha'S'=0,$

[e] $\beta^2+\beta'^2-2\alpha\beta R-2\alpha'\beta'R'+\alpha^2S+\alpha'^2S'^2+2r^2=0,$

qui sont en nombre suffisant pour qu'on puisse éliminer entre elles les indéterminées R, R′, S, S′.

Si l'on substitue dans les trois dernières équations les valeurs de R′ et S′ tirées des deux premières, il viendra

[c'] $\beta+\beta'-(\alpha-\alpha')R=0,$

[d'] $(\beta-\beta')R-(\alpha-\alpha')S-2\alpha'=0,$

[e'] $\beta^2+\beta'^2-(2\alpha\beta-2\alpha'\beta')R+(\alpha^2-\alpha'^2)S+2\alpha'^2+2r^2=0.$

L'équation [c'] donne $R = \left(\frac{\beta + \beta'}{\alpha - \alpha'}\right)$, ce qui change les deux autres en

$$-(\beta - \beta')\frac{\beta + \beta'}{\alpha - \alpha'} + (\alpha - \alpha')S + 2\alpha' = 0,$$

$$(\beta + \beta'^2) - (2\alpha\beta - 2\alpha'\beta')\frac{\beta + \beta'}{\alpha - \alpha'} + (\alpha^2 - \alpha'^2)S + 2\alpha'^2 + 2r^2 = 0.$$

A cause de

$$2\alpha\beta - 2\alpha'\beta' = (\alpha + \alpha')(\beta - \beta') + (\alpha - \alpha')(\beta + \beta'),$$

cette dernière équation prend la forme

$$(\beta^2 + \beta'^2)(\alpha - \alpha') - [(\alpha + \alpha')(\beta - \beta') + (\alpha - \alpha')(\beta + \beta')](\beta + \beta')$$
$$+ (\alpha - \alpha')^2(\alpha + \alpha')S + (2\alpha'^2 + 2r^2)(\alpha - \alpha') = 0;$$

et remplaçant S par sa valeur

$$(\alpha - \alpha')^2 S = (\beta + \beta')(\beta - \beta') - 2\alpha'(\alpha - \alpha'),$$

on trouvera d'abord

$$(\beta^2 + \beta'^2)(\alpha - \alpha') - (\beta + \beta')[(\alpha + \alpha')(\beta - \beta') + (\alpha - \alpha')(\beta + \beta')]$$
$$+ (\alpha + \alpha')[(\beta + \beta')(\beta - \beta') - 2\alpha'(\alpha - \alpha')]$$
$$+ (2\alpha'^2 + 2r^2)(\alpha - \alpha') = 0;$$

et successivement, à cause des réductions,

$$(\beta^2 + \beta'^2)(\alpha - \alpha') - (\beta + \beta')^2(\alpha - \alpha') - 2\alpha'(\alpha - \alpha')(\alpha + \alpha')$$
$$+ 2(\alpha - \alpha')(\alpha'^2 + r^2) = 0,$$
$$(\beta^2 + \beta'^2) - (\beta + \beta')^2 - 2\alpha'(\alpha + \alpha') + 2(\alpha'^2 + r^2) = 0;$$

d'où enfin

$$[P] \qquad \beta\beta' + \alpha\alpha' - r^2 = 0,$$

équation d'une ligne droite perpendiculaire à la droite qui joint le point donné avec le centre du cercle donné.

60. Si le point donné (α, β) est extérieur au cercle, l'équation P représente, comme on l'a vu, la corde de contact des tangentes menées au cercle par ce point. Cette remarque fournit le moyen de mener les deux tangentes au cercle sans se servir du compas.

En effet, par le point donné M on mènera une couple de sécantes quelconques MAB, MCD; on joindra les points de section, directement ou réciproquement, par les cordes BDI, ACI, ou BHC, AHD; et la ligne IT'HT déterminera les points de contact T et T'; il n'y aura plus qu'à mener les tangentes MT, MT'.

61. Si l'on suppose que chaque couple de sécantes se confonde en une seule MAB, les cordes de jonction diverse deviendront les tangentes BI, AI (fig. 28 et 29), et l'on en conclura le théorème suivant :

THÉORÈME VI.

Si d'un point extérieur ou intérieur, on mène des sécantes, et, par les deux points de rencontre de chacune avec le cercle des tangentes à ce cercle, ces couples de tangentes se couperont sur une même ligne droite perpendiculaire à la ligne qui joint le point donné au centre du cercle.

Si le point est extérieur, la droite est intérieure, et n'est autre chose que la corde de contact prolongée.

Si le point est intérieur, la droite est extérieure, et se construit facilement : on mènera la corde TMT' perpendiculaire à OM; le point de rencontre I_0 des tangentes TI_0, $T'I^0$ déterminera la droite cherchée HH', perpendiculaire à OMI_0 (fig. 29).

THÉORÈME VII.

62. *Si de tous les points d'une ligne droite on mène des couples de tangentes à un cercle, les cordes de contact se couperont toutes en un même point.*

Ce théorème, réciproque du précédent, n'est qu'un cas particulier de celui qui suit.

Si dans l'équation finale (P) on fait $\beta' = 0$, on trouve $\alpha' = \frac{r^2}{\alpha}$. Ce résultat, étant indépendant de β, démontre que,

Si de tous les points M_1 *d'une droite* GG' *on mène des couples de sécantes* $M_1A_1B_1$, $M_1A'_1B'_1$, *et qu'on tire les cordes de jonction directe et réciproque*, $A_1A'_1$, $B_1B'_1$, *et* A'_1B_1, $A_1B'_1$, *les droites* $I_1I'_1$ *se couperont toutes en un même point* P.

Ce point a reçu le nom de *pôle de la droite* GG' (fig. 30), parce que les droites I_1I_1', qui se coupent en ce point, semblent tourner autour de lui. La droite GG' s'appelle *polaire.*

63. Lorsque la ligne GG' est intérieure (fig. 31), les droites I_1I_1' se coupent au pôle extérieur P; de là le théorème suivant :

THÉORÈME VIII.

Si tant de quadrilatères qu'on voudra, inscrits au même cercle, ont un côté commun, les droites qui joignent le point d'intersection des diagonales et le point de concours des côtés adjacents au côté commun concourent toutes au pôle du côté commun.

Les théorèmes suivants ne sont que des corollaires de ce qui précède.

THÉORÈME IX.

D'un point quelconque donné on mène des sécantes en nombre quelconque à un cercle, on joint directement et réciproquement les points d'intersection des sécantes et du cercle; des deux points d'intersection de chaque sécante on mène les tangentes: tous les points de rencontre des cordes de jonction directe, réciproque et des tangentes, se trouvent sur la polaire du point donné (fig. 32 et 33).

THÉORÈME X.

Dans tout quadrilatère inscrit, les côtés opposés et les tangentes menées par les extrémités des diagonales se coupent sur la polaire du point de rencontre des diagonales (fig. 34).

Ce théorème n'est qu'un cas particulier du théorème général qui précède, lorsqu'on suppose le point intérieur.

REMARQUES SUR LES POLES ET LES POLAIRES.

64. D'après ce qui vient d'être démontré ci-dessus,

Le centre du cercle et le pôle sont toujours sur la même ligne perpendiculaire à la polaire, et le rayon est moyen proportionnel entre les distances au centre de la polaire et du pôle. La corde de contact des deux tangentes au cercle est la polaire du point d'où elles sont menées.

THÉORÈME XI.

La droite qui joint deux pôles est la polaire du point d'intersection de leurs polaires.

(α_1, β_1), (α_2, β_2) étant les coordonnées des pôles, et r le rayon du cercle, les coordonnées du point d'intersection des polaires seront déterminées par leurs équations

$$\beta_1\beta' + \alpha_1\alpha' = r^2, \quad \beta_2\beta' + \alpha_2\alpha' = r^2;$$

d'où l'on déduit

$$\beta' = \frac{(\alpha_2 - \alpha_1)r^2}{\beta_1\alpha_2 - \beta_2\alpha_1}, \qquad \alpha' = -\frac{(\beta_2 - \beta_1)r^2}{\beta_1\alpha_2 - \beta_2\alpha_1},$$

et par conséquent

$$\frac{\beta'}{\alpha'} = -\left(\frac{\alpha_2 - \alpha_1}{\beta_2 - \beta_1}\right):$$

ce qui prouve que la droite qui joint le centre et le point d'intersection est perpendiculaire à celle qui joint les deux pôles.

D'ailleurs

$$\alpha'^2 + \beta'^2 = \frac{[(\alpha_2 - \alpha_1)^2 + (\beta_2 - \beta_1)^2]r^4}{(\beta_1\alpha_2 - \beta_2\alpha_1)^2},$$

d'où

$$\sqrt{\alpha'^2 + \beta'^2} = \frac{r^2}{\dfrac{\pm(\beta_1\alpha_2 - \beta_2\alpha_1)}{\sqrt{(\alpha_2 - \alpha_1)^2 + (\beta_2 - \beta_1)^2}}},$$

$\pm\dfrac{\beta_1\alpha_2 - \beta_2\alpha_1}{\sqrt{(\alpha_2 - \alpha_1)^2 + (\beta_2 - \beta_1)^2}}$ exprimant la distance du centre origine à la droite des pôles,

$$(Y - \beta_1) = \frac{\beta_2 - \beta_1}{\alpha_2 - \alpha_1}(X - \alpha_1).$$

On voit que le rayon est moyen proportionnel entre les distances du centre à la droite et au point : donc, etc.

Il est facile de conclure de là les théorèmes suivants :

THÉORÈME XII.

Les polaires d'un nombre quelconque de pôles en ligne droite concourent en un même point.

THÉORÈME XIII.

Si tous les pôles sont sur des droites également distantes du centre, tous les points de concours des polaires seront sur une circonférence concentrique à la première, et dont le rayon est une troisième proportionnelle au rayon du cercle donné et à la distance constante des droites au centre.

PROBLÈME XXX.

65. *Trouver la plus courte et la plus grande distance d'un point à la circonférence d'un cercle, et déterminer les conditions de tangence de deux cercles.*

Soit $x^2+y^2=r^2$ [1] l'équation du cercle donné : (a, b) et (x, y) étant les coordonnées du point donné P (fig. 35) et d'un point quelconque M de la circonférence, la distance de ces deux points aura pour expression

$$[2] \qquad (x-a)^2+(y-b)^2=d^2.$$

L'élimination directe entre ces deux équations donnera pour y

$$y=\frac{(a^2+b^2+r^2-d^2)-2ax}{2b};$$

et substituant cette valeur dans l'équation [1], il viendra

$$4(a^2+b^2)x^2-4a(a^2+b^2+r^2-d^2)x=4b^2r^2-(a^2+b^2+r^2-d^2)^2;$$

d'où, toutes réductions faites,

$$[A] \quad x=\frac{a(a^2+b^2+r^2-d^2)\pm b\sqrt{4(a^2+b^2)r^2-(a^2+b^2+r^2-d^2)^2}}{2(a^2+b^2)}.$$

Si d était déterminé, cette valeur de x serait celle des abscisses des points d'intersection des cercles [1] et [2]; mais d restant indéterminé, la limite de cette valeur de x lui sera assignée par la relation

$$[B] \qquad 4(a^2+b^2)r^2-(a^2+b^2+r^2-d^2)^2=0,$$

qui servira à déterminer en même temps l'inconnue d. On en tire

$$[C] \qquad d=\sqrt{a^2+b^2}\pm r:$$

PA et PB sont donc les limites des distances du point P à la circonférence.

D'ailleurs, si l'on observe que l'équation [B] est la relation nécessaire pour que les deux valeurs de [A] se réunissent en une seule, on reconnaîtra que l'expression [C] est la condition de tangence des cercles [1] et [2]. Si l'on désigne $\sqrt{a^2+b^2}$ par D et d par r', cette condition deviendra

$$D = r' \pm r;$$

si l'on substitue à d sa valeur [C] dans les valeurs de x et y, on trouvera

$$x = \pm \frac{ar}{\sqrt{a^2+b^2}}, \quad y = \pm \frac{br}{\sqrt{a^2+b^2}};$$

d'où

$$\frac{y}{x} = \frac{b}{a},$$

qui n'est que la condition [C] sous une autre forme.

PROBLÈME XXXI.

66. *Par trois points donnés faire passer un cercle, ou déterminer le centre et le rayon du cercle circonscrit à un triangle donné* (fig. 36).

L'origine des axes rectangulaires étant placée à l'un des angles A du triangle, et le côté AB étant pris pour axe des x, si l'on désigne par 0, 0; 0, c; a, b, les coordonnées des points A, B, C. Les équations des côtés seront

$$y = 0, \text{[AB]}; \quad y = \frac{b}{a}x, \text{[AC]}; \quad y = -\frac{b}{c-a}(x-c), \text{[BC]}.$$

Enfin, α, β, étant les coordonnées inconnues du centre du cercle demandé, et ρ son rayon, l'équation de ce cercle sera

[R] $$(x-\alpha)^2 + (y-\beta)^2 = \rho^2.$$

Ce cercle devant passer par les points A, B et C, on aura pour déterminer les inconnues de l'équation A les trois équations de condition

[1] $$\alpha^2 + \beta^2 = \rho^2,$$

[2] $$(c-\alpha)^2 + \beta^2 = \rho^2,$$

[3] $$(a-\alpha)^2 + (b-\beta)^2 = \rho^2;$$

d'où l'on tire, en les combinant par soustraction,

$$[A] \qquad [2]-[1]=c^2-2c\alpha=0,$$

$$[B] \qquad [3]-[1]=a^2-2a\alpha+b^2-2b\beta=0,$$

$$[C] \qquad [3]-[2]=a^2-c^2-2(a-c)\alpha+b^2-2b\beta=0.$$

L'équation [A], mise sous la forme

$$\alpha=\frac{c}{2},$$

représente la ligne MO perpendiculaire sur le milieu du côté AB.

L'équation [B] prend la forme

$$\beta-\frac{b}{2}=-\frac{a}{b}\left(\alpha-\frac{a}{2}\right),$$

et représente la ligne M'O perpendiculaire sur le milieu de AC.

Enfin l'équation [C] peut s'écrire

$$\beta-\frac{b}{2}=\frac{c-a}{b}\left(\alpha-\frac{c+a}{2}\right);$$

et si on la compare à celle du côté BC, on verra de même qu'elle représente la droite M''O élevée perpendiculairement sur le milieu de BC; d'où l'on déduit la construction géométrique connue.

On conclut encore ce théorème :

THÉORÈME XIV.

Les perpendiculaires élevées sur les milieux des trois côtés d'un triangle concourent en un seul et même point, qui est le centre du cercle circonscrit.

Les coordonnées de ce centre s'obtiennent facilement à l'aide de deux quelconques des équations [A], [B] et [C], et l'on trouve

$$\alpha=\frac{c}{2}, \qquad \beta=\frac{a^2+b^2-ac}{2b}.$$

La valeur de β devient nulle si $a^2+b^2=ac$, c'est-à-dire si le triangle est rectangle en C; et le centre se trouve au milieu de la base.

Si $\sqrt{a^2+b^2}=c=2a$, c'est-à-dire si le triangle est équilatéral,

$$\beta=\frac{c^2}{4b}=\frac{\frac{4}{3}b^2}{4b}=\frac{b}{3},$$

et le centre est situé aux deux tiers de la hauteur, à partir du sommet.

A cause des valeurs de α et de β, on a

$$\rho^2=\alpha^2+\beta^2=\frac{b^2c^2+(a^2+b^2-ac)^2}{4b^2}=\frac{(a^2+b^2)^2-2(a^2+b^2)ac+c^2(a^2+b^2)}{4b^2},$$

d'où

$$4b^2\rho^2=(a^2+b^2)[(c^2-2ac+a^2)+b^2]$$

et

$$\rho=\frac{\sqrt{a^2+b^2}\,\sqrt{(c-a)^2+b^2}}{2b}=\frac{AC.CB}{2CP}.$$

Si le triangle est rectangle en C,

$$AC.CB=AB.CP$$

et

$$\rho=\frac{AB}{2};$$

s'il est équilatéral,

$$\rho=\frac{c^2}{2b}=\frac{\frac{4}{3}b^2}{2b}=\frac{2}{3}b,$$

ou en fonction du côté,

$$\rho=\frac{c}{\sqrt{3}}.$$

De la valeur générale de ρ

$$2CP.\rho=AC.CB$$

on tire

$$CP.AB.2\rho=AC.CB.AB;$$

et comme

$$CP.AB=2\text{ surf }ACB,$$

on en conclut

$$\text{surf ACB} = \frac{\text{AC.CB.AB}}{4\rho}.$$

De là le théorème :

La surface d'un triangle est égale au produit des trois côtés divisé par le double du diamètre du cercle circonscrit.

PROBLÈME XXXII.

67. *Décrire un cercle tangent à trois droites données* (fig. 37).

Les axes étant disposés de la même manière que dans le problème précédent, et les notations étant les mêmes, le cercle demandé aura pour équation

$$(x-\alpha)^2 + (y-\beta)^2 = \rho^2.$$

α, β et ρ, seront déterminés par les relations qu'on obtiendra entre ces inconnues et les constantes du problème, en exprimant que les perpendiculaires abaissées du point (α, β) sont toutes les trois égales au rayon ρ.

D'abord la perpendiculaire abaissée du point α, β, sur le côté AB, dont l'équation est $y=0$, étant égale à l'ordonnée elle-même, on aura

$$[1] \qquad \pm\beta = \rho.$$

La perpendiculaire abaissée sur le côté AC, dont l'équation est

$$y = \frac{b}{a}x,$$

a pour expression

$$\pm\frac{a\beta - b\alpha}{\sqrt{a^2+b^2}},$$

et la seconde équation de condition sera

$$[2] \qquad \pm\frac{a\beta - b\alpha}{\sqrt{a^2+b^2}} = \rho.$$

Enfin, pour la perpendiculaire sur le troisième côté BC, dont l'équation est

$$y = \frac{-b}{c-a}(x-c),$$

on obtiendra la troisième équation :

$$[3] \qquad \pm\frac{(c-a)\beta - b(c-\alpha)}{\sqrt{(c-a)^2+b^2}} = \rho.$$

Le système des équations [1], [2] et [3] peut être remplacé par le système des trois équations suivantes, qui sont le résultat de leur combinaison :

$$\pm\frac{a\beta - b\alpha}{\sqrt{a^2+b^2}} = \pm\beta,$$

$$\pm\frac{(c-a)\beta - b(c-\alpha)}{\sqrt{(c-a)^2+b^2}} = \pm\beta,$$

$$\pm\frac{a\beta - b\alpha}{\sqrt{a^2+b^2}} = \pm\frac{(c-a)\beta - b(c-\alpha)}{\sqrt{(c-a)^2+b^2}}.$$

Pour déterminer ces lignes droites, sur lesquelles le centre du cercle tangent doit se trouver, on observera que les deux premières prennent la forme

$$[A] \qquad \beta = \frac{\pm\frac{b}{a}}{1\mp\sqrt{1+\left(\frac{b}{a}\right)^2}}\,\alpha,$$

$$[B] \qquad \beta = \frac{\mp\frac{b}{c-a}}{1\pm\sqrt{1+\left(\frac{b}{c-a}\right)^2}}\,(\alpha - c);$$

mais de la formule générale

$$\operatorname{tang} 2A = \frac{2\operatorname{tang} A}{1-\operatorname{tang}^2 A}$$

on tire

$$\operatorname{tang} A = \frac{\operatorname{tang} 2A}{1\mp\sqrt{1+\operatorname{tang}^2 2A}}.$$

On voit, par conséquent, que l'équation [A] est celle de la droite AO_1 et AO_3 passant par A, et divisant l'angle CAB et son supplément en deux parties égales.

De même l'équation [B] renferme à la fois l'expression de deux droites BO_1 et BO_2, qui divisent l'angle CBA et son supplément en deux parties égales.

Quant à la troisième équation, elle est évidemment satisfaite par $\alpha = a$, et $\beta = b$: donc la ligne droite qu'elle représente passe par le point c.

De plus, si l'on y fait $\beta = 0$, pour déterminer le point où elle coupe la base du triangle, on trouve

$$\pm \frac{\alpha}{\sqrt{a^2 + b^2}} = \pm \frac{(c - \alpha)}{\sqrt{(c - a)^2 + b^2}},$$

d'où

$$\pm \left(\frac{\alpha}{c - \alpha}\right) = \frac{\sqrt{a^2 + b^2}}{\sqrt{(c - a)^2 + b^2}};$$

ce qui montre que les deux segments qu'elle détermine sur la base du triangle sont dans le rapport des côtés adjacents : donc cette ligne divise l'angle du sommet ou son supplément en deux parties égales.

De là la construction connue, et ce théorème :

Dans tout triangle, les trois droites qui divisent les trois angles intérieurs en deux parties égales, ou bien deux suppléments et un intérieur, concourent en un même point.

S'il était question de décrire un cercle qui retranchât sur chacune des droites données une corde égale à $2m$, on déterminerait les quatre centres comme précédemment; et de ces points, comme centres, et d'un rayon égal à

$$\sqrt{m^2 + \text{le carré du rayon tangent}},$$

on décrirait les quatre cercles qui répondent au problème. Il est facile de se rendre raison de cette construction, si l'on se souvient que les cordes égales sont également éloignées du centre, et que par conséquent le problème revient toujours à déterminer les points à égale distance des trois droites données.

68. Si l'on remplace β par sa valeur tirée de l'équation [1] dans les équations [2] et [3], et si on élève les deux membres au carré, on trouvera, toutes réductions faites,

$$[4] \qquad b\alpha^2 - 2a\rho\alpha - b\rho^2 = 0,$$

$$[5] \qquad b(c - \alpha)^2 - 2(c - a)(c - \alpha)\rho - b\rho^2 = 0.$$

L'équation [5], à cause de l'équation [4], se réduit à

$$[6] \qquad 2\alpha(b-\rho)-[bc-2(c-a)\rho]=0,$$

d'où

$$\alpha=\frac{bc-2(c-a)\rho}{2(b-\rho)};$$

substituant cette valeur dans l'équation [4], on obtient successivement

$$b\left[\frac{bc-2(c-a)\rho}{2(b-\rho)}\right]^2-2a\rho\left[\frac{bc-2(c-a)\rho}{2(b-\rho)}\right]-b\rho^2=0,$$

$$b[bc-2(c-a)\rho]^2-4a\rho(b-\rho)[bc-2(c-a)\rho]-4b\rho^2(b-\rho)^2=0;$$

et ordonnant par rapport à ρ, après avoir effectué les calculs,

$$[F] \quad \left\{ \begin{aligned} &\rho^4-2\left[\frac{b^2-a(c-a)}{b}\right]\rho^3-[c^2-b^2+a(c-a)]\rho^2+bc^2\rho \\ &\qquad -\frac{b^2c^2}{4}=0. \end{aligned} \right.$$

Cette équation du quatrième degré fait voir : 1° qu'il y a en général quatre cercles tangents à trois droites ; 2° que trois d'entre eux ont leurs centres au-dessus d'un même côté et le quatrième en-dessous : en effet, l'équation a trois variations de signes et une permanence ; 3° que le produit des quatre rayons est égal au carré de la surface du triangle formé par les trois droites, car le dernier terme est égal à $\left(\frac{bc}{2}\right)^2$, abstraction faite du signe, qui indique un changement de direction.

De plus, si le triangle est rectangle en c, on a

$$a^2+b^2-ac=0,$$

et le second terme s'évanouit. D'où l'on conclut ce théorème :

THÉORÈME XV.

Dans tout triangle rectangle le rayon du cercle tangent aux trois côtés, et extérieurement à l'hypoténuse, est égal à la somme des trois autres rayons.

Au moyen des équations [4] et [6], on trouve l'équation finale en α

$$[F'] \quad \alpha^4-2c\alpha^3+[(c+a)(c-a)+ac-b^2]\alpha^2+[b^2-a(c-a)]c\alpha-\frac{b^2c^2}{4}=0,$$

qui démontre que

Les quatre valeurs de α, multipliées entre elles, donnent pour produit le carré de la surface du triangle, et que leur somme algébrique est égale au double de la base.

Nous engageons le lecteur à tirer d'autres conséquences des équations [F] et [F'], en faisant diverses hypothèses sur la forme du triangle formé par les droites. On trouvera, entre autres choses, que,

Si des trois droites deux sont parallèles, les centres se trouvent sur la ligne à égale distance de ces parallèles, et que les quatre solutions se réduisent à deux.

69. Les équations de condition

$$[1] \qquad \beta=\rho,$$

$$[2] \qquad \pm\frac{a\beta-b\alpha}{\sqrt{a^2+b^2}}=\rho,$$

$$[3] \qquad \pm\frac{(c-a)\beta-b(c-\alpha)}{\sqrt{(c-a)^2+b^2}}=\rho,$$

donnent directement les coordonnées des centres et les rayons des cercles tangents. En effet, à cause de l'équation [1], les deux équations suivantes prennent la forme

$$a\beta-b\alpha=\pm\beta\sqrt{a^2+b^2},$$

$$(c-a)\beta-b(c-\alpha)=\pm\beta\sqrt{(c-a)^2+b^2};$$

d'où l'on tire sans difficulté

$$\alpha=\frac{c(a\mp\sqrt{a^2+b^2})}{c\mp\sqrt{a^2+b^2}\mp\sqrt{(c-a)^2+b^2}},$$

$$\beta=\rho=\frac{bc}{c\mp\sqrt{a^2+b^2}\mp\sqrt{(c-a)^2+b^2}}.$$

Si donc l'on désigne par A le côté $c = AB$,

par B le côté $\sqrt{a^2 + b^2} = AC$,
par C le côté $\sqrt{(c-a)^2 + b^2} = BC$,
par 2P la somme des côtés $(A + B + C)$;

et observant d'ailleurs que $bc = 2 \text{ surf } ABC$, les valeurs des rayons, abstraction faite des signes, seront

$$\text{pour le cercle } O_1, \quad \rho_1 = \frac{\text{surf}}{P};$$

$$\text{pour le cercle } O_4, \quad \rho_4 = \frac{\text{surf}}{(P-A)};$$

$$\text{pour le cercle } O_2, \quad \rho_2 = \frac{\text{surf}}{(P-C)};$$

$$\text{pour le cercle } O_3, \quad \rho_3 = \frac{\text{surf}}{(P-B)}:$$

d'où

$$\rho_1 \times \rho_2 \times \rho_3 \times \rho_4 = \frac{\overline{\text{surf}}^4}{P(P-A)(P-B)(P-C)};$$

et à cause de

$$\text{surf} = \sqrt{P(P-A)(P-B)(P-C)},$$

$$\rho_1 \times \rho_2 \times \rho_3 \times \rho_4 = \overline{\text{surf}}^2,$$

vérification de la remarque précédente.

r désignant le rayon du cercle inscrit, on a

$$\text{surf } ACB = (A + B + C)\frac{r}{2}.$$

De là le théorème connu :

La surface d'un triangle est égale à la somme des côtés multipliée par la moitié du rayon du cercle inscrit.

A cause de la formule

$$\overline{\text{surf}}^2 = r \times \rho_2 \times \rho_3 \times \rho_4,$$

on déduit cette autre expression de la surface du triangle :

$$\text{surf} = \frac{\rho_2 \times \rho_3 \times \rho_4}{\left(\frac{A+B+C}{2}\right)}.$$

PROBLÈME XXXIII.

70. *Par deux points donnés faire passer un cercle tangent à une droite donnée* (fig. 38).

La droite donnée est prise pour axe des x, et l'origine des coordonnées rectangulaires placée au point d'intersection de la droite qui joint les points donnés A(a, b) et B (a', b') et de l'axe.

L'équation du cercle sera toujours

$$(x-\alpha)^2+(y-\beta)^2=\rho^2,$$

et l'on aura pour déterminer α, β et ρ les trois équations de condition

[1] $$\beta=\rho,$$

[2] $$(a-\alpha)^2+(b-\beta)^2=\rho^2,$$

[3] $$(a'-\alpha)^2+(b'-\beta)^2=\rho^2.$$

En vertu de l'équation [1] les deux autres deviennent

$$(a-\alpha)^2+b^2-2b\beta=0,$$
$$(a'-\alpha)^2+b'^2-2b'\beta=0;$$

substituant dans la première la valeur de β tirée de la seconde, on obtiendra, après avoir développé et ordonné,

[F] $$(b'-b)\alpha^2-2(ab'-a'b)\alpha+b'(a^2+b^2)-b(a'^2+b'^2)=0;$$

mais puisque la droite AB passe par l'origine, on a

$$\frac{b}{a}=\frac{b'}{a'}:$$

d'où

1° $$ab'-a'b=0,$$

et le second terme s'évanouit;

2° $$\frac{a^2+b^2}{b^2}=\frac{a'^2+b'^2}{b'^2}, \text{ d'où } b'(a^2+b^2)=b^2\frac{(a'^2+b'^2)}{b'}$$

$$b'(a^2+b^2)-b(a'^2+b'^2)=\frac{b^2(a'^2+b'^2)-bb'(a'^2+b'^2)}{b'},$$

et enfin

$$b'(a^2+b^2)-(a'^2+b'^2)=-(b'-b)(a'^2+b'^2)\frac{b}{b'};$$

l'équation précédente [F], en vertu de ces réductions, prend la forme

$$(b'-b)\alpha^2-(b'-b)(a'^2+b'^2)\frac{b}{b'}=0,$$

et

$$\alpha^2-(a'^2+b'^2)\frac{b}{b'}=0;$$

3°
$$\frac{b}{b'}=\frac{\sqrt{a^2+b^2}}{\sqrt{a'^2+b'^2}};$$

donc enfin

$$\alpha^2-\sqrt{a^2+b^2}\sqrt{a'^2+b'^2}=0,$$
$$\alpha=\pm\sqrt{\sqrt{a^2+b^2}\sqrt{a'^2+b'^2}}.$$

Or α, d'après la disposition des axes, désigne à la fois l'abscisse du centre et du point de tangence, et d'ailleurs

$$\sqrt{a^2+b^2}=OA,\ \sqrt{a'^2+b'^2}=OB:$$

les points de tangence et les perpendiculaires T_1O_1, T_2O_2, seront donc déterminés.

D'un autre côté, si l'on retranche l'une de l'autre les équations [2] et [3], on trouve

$$(a^2-a'^2)-2\alpha(a-a')+b^2-b'^2-2\beta(b-b')=0;$$

équation qui prend la forme

$$\text{[G]}\qquad \beta-\frac{b+b'}{2}=-\left(\frac{a-a'}{b-b'}\right)\left(\alpha-\frac{a+a'}{2}\right),$$

et qui représente la droite O_2MO_1, perpendiculaire sur le milieu de AB.

De là cette construction :

Prolonger la ligne qui joint les points donnés jusqu'à sa rencontre avec la droite donnée. Chercher une moyenne proportionnelle à OA et OB, qu'on rapportera à droite et à gauche du point O en T_1 et T_2; élever les perpendiculaires T_1O_1, T_2O_2, et les points O_1 et O_2, où ces perpendiculaires seront coupées par la perpendiculaire O_2MO_1 élevée sur le milieu de AB, seront les centres des cercles cherchés.

Au lieu de chercher par la méthode ordinaire une moyenne proportionnelle à OA et OB, on peut faire passer par les points A et B une circonférence quelconque, et la tangente menée du point O à cette circonférence sera encore la valeur de α.

Si $b=b'$, c'est-à-dire si les deux points sont sur une ligne parallèle à la droite donnée, l'équation G devient celle d'une ligne perpendiculaire à l'axe des x, et le point de tangence est le point d'intersection de cette perpendiculaire avec l'axe. Le problème est ramené à faire passer un cercle par trois points donnés.

PROBLÈME XXXIV.

71. *Par un point donné faire passer un cercle tangent à deux droites données* (fig. 39).

L'origine des axes rectangulaires est au point d'intersection des droites données, et la ligne qui divise leur angle en deux parties égales est prise pour axe des x, le point donné étant dans cet angle.

Les droites OB, OC, auront pour équations

$$y=\mathrm{A}x,$$
$$y=-\mathrm{A}x,$$

A étant la tangente de la moitié de l'angle des deux droites.

Les perpendiculaires abaissées du centre du cercle cherché, dont les coordonnées sont α, 6, sur ces droites, auront pour expression, ρ étant le rayon du cercle cherché,

$$[1] \qquad \mp\frac{6-\mathrm{A}\alpha}{\sqrt{1+\mathrm{A}^2}}=\rho,$$

$$[2] \qquad \pm\frac{6+\mathrm{A}\alpha}{\sqrt{1+\mathrm{A}^2}}=\rho.$$

On remarquera que les perpendiculaires ont une direction inverse l'une de l'autre, ce qu'exprime la différence de signe.

D'ailleurs le cercle demandé devant passer par le point A (a, b), la troisième équation de condition sera

$$[3] \qquad (a-\alpha)^2+(b-6)^2=\rho^2.$$

Les équations [1] et [2] donnent $6=0$, ce qu'on savait *à*

priori, puisque le centre du cercle tangent aux deux droites doit se trouver sur la ligne qui divise leur angle en deux parties égales.

Cette condition change l'équation [3] en

$$(a-\alpha)^2+b^2=\rho^2;$$

relation qui convient à la fois au point A (a, b) et à son symétrique A' $(a, -b)$. Le cercle cherché passe donc par ces deux points, et le problème est ramené au précédent, c'est-à-dire à faire passer par les deux points A et A' un cercle qui touche l'une des droites; ce cercle sera aussi tangent à l'autre.

Deuxième solution. A cause de $\beta=0$ les équations [1] et [2] donnent à la fois

$$\pm\frac{A}{\sqrt{1+A^2}}\alpha=\rho;$$

et comme

$$\pm\frac{A}{\sqrt{1+A^2}}=\sin(\pm A),$$

$$\alpha\sin(\pm A)=\rho.$$

Or, si d'un point quelconque de la ligne qui divise en deux parties égales l'angle des deux droites, D par exemple, pris pour centre, on décrit une circonférence tangente aux deux droites, en désignant la distance OD par d, et le rayon DS par r; on aura aussi

$$d\sin(\pm A)=r,$$

d'où

$$\frac{r}{\rho}=\frac{d}{\alpha}.$$

Si donc on joint OA, qui coupe les cercles D, C_1 et C_2, aux points I, I'; G, A; A, H, on aura

$$\frac{DI}{GC_1}=\frac{OD}{OC_1}\quad\text{et}\quad\frac{DI}{AC_2}=\frac{OD}{OC_2}$$

ou

$$\frac{DI'}{AC_1}=\frac{OD}{OC_1}\quad\text{et}\quad\frac{DI'}{HC_2}=\frac{OD}{OC_2};$$

et par conséquent DI et DI' sont parallèles à GC_1, AC_2, et AC_1, HC_2.

De là cette autre construction :

Joindre le point de rencontre des droites données avec le point donné; diviser l'angle des deux droites en deux parties égales; d'un point D de cette ligne, pris pour centre, décrire un cercle tangent aux deux droites, qui sera coupé par la droite OAH en deux points I et I'; joindre ID et I'D, et par le point A mener parallèlement à ces rayons les droites AC_1, AC_2, qui détermineront par leur rencontre avec ODC_1C_2 les points C_1 et C_2, centres des cercles cherchés.

Troisième solution. Le parallélisme des droites IS et I'S avec AT_2 et AT_1 fournit une troisième construction.

Quatrième solution. Enfin, si dans l'équation

$$(a-\alpha)^2+b^2=\rho^2$$

on substitue à ρ sa valeur

$$\rho=\pm\alpha\sin A,$$

l'équation résultante, toute réduction faite, donnera

$$\alpha=\frac{a}{\cos^2 A}\pm\sqrt{\left(\frac{a}{\cos^2 A}\right)^2-\frac{a^2+b^2}{\cos^2 A}}.$$

Pour construire cette double valeur, on prolongera AA' jusqu'à sa rencontre avec la droite OB en M; au point M on élèvera MN perpendiculaire à OB, et on aura

$$OM=\frac{OP}{\cos A}=\frac{a}{\cos A}$$

et

$$ON=\frac{OM}{\cos A}=\frac{a}{\cos^2 A};$$

ensuite décrivant sur ON comme diamètre la demi-circonférence OKN, et portant la corde

$$OK=\frac{OA}{\cos A}=\frac{\sqrt{a^2+b^2}}{\cos A},$$

le radical sera exprimé par NK; enfin, du point N comme centre, et avec ce rayon NK, on décrira un arc de cercle qui coupera OX en deux points C_1 et C_2, qui seront les centres des cercles demandés.

Si les droites données sont parallèles, h étant leur distance, l'équation générale [3] se change en

$$(a-\alpha)^2+(b-6)^2=\left(\frac{h}{2}\right)^2,$$

qui représente le cercle décrit du point A (a, b) (fig. 40) comme centre et d'un rayon égal à $\frac{h}{2}$. L'intersection de ce cercle et de la droite OL, à égale distance des deux parallèles, déterminera les centres C_1 et C_2.

On peut encore employer la première construction du problème général.

On voit facilement ce qu'il faut faire si le point donné est sur l'une des deux droites, ou sur la ligne qui divise en deux parties égales l'angle qu'elles forment.

PROBLÈME XXXV.

72. *Décrire un cercle tangent à deux droites et à un cercle donnés.*

Si le cercle donné est coupé par l'une des droites (fig. 41), soit cette ligne prise pour axe des x, l'origine des axes rectangulaires au point d'intersection des deux droites.

Soient A l'angle des droites,

a, b, r, les coordonnées du centre et le rayon du cercle donné,

$\alpha, 6, \rho$, les coordonnées du centre et le rayon du cercle demandé.

Ce cercle devant être tangent à la droite prise pour axe des x, on a pour première équation de condition

$$[1] \qquad 6=\rho;$$

la condition de tangence avec les deux droites à la fois sera exprimée par

$$6=\alpha \operatorname{tang} \frac{A}{2}$$

ou

$$[2] \qquad 6=\alpha \operatorname{tang}\left(\frac{200^{\circ}-A}{2}\right);$$

enfin, la condition de tangence du cercle donné par le cercle cherché fournit la troisième équation

$$[3] \qquad (\alpha - a)^2 + (6 - b)^2 = (\rho + r)^2.$$

Il n'y a dans ce cas qu'à considérer la tangence extérieure. Ces équations étant en nombre suffisant pour déterminer les inconnues α, 6, et ρ, il ne reste plus qu'à éliminer entre elles.

Par la substitution des valeurs de 6 et ρ tirées des équations [1] et [2], l'équation [3] devient

$$(a - \alpha)^2 + \left(b - \alpha \operatorname{tang} \frac{A}{2}\right)^2 = \left(r + \alpha \operatorname{tang} \frac{A}{2}\right)^2;$$

développant et ordonnant, on obtient, toute réduction faite,

$$\alpha^2 - 2\left[a + (b + r) \operatorname{tang} \frac{A}{2}\right]\alpha + a^2 + b^2 - r^2 = 0,$$

d'où l'on tire

$$\alpha = a + (b + r) \operatorname{tang} \frac{A}{2} \pm \sqrt{\left[a + (b + r) \operatorname{tang} \frac{A}{2}\right]^2 - (a^2 + b^2 - r^2)}.$$

A ces deux valeurs il faut joindre les deux autres

$$\alpha'_1 = a + (b + r) \operatorname{tang}\left(\frac{200^0 - A}{2}\right)$$
$$\pm \sqrt{\left[a + (b + r) \operatorname{tang}\left(\frac{200^0 - A}{2}\right)\right]^2 - (a^2 + b^2 - r^2)}.$$

Ces quatre valeurs se construisent facilement, ainsi qu'il suit :

On divisera l'angle des deux droites, et son supplément, en deux parties égales par les droites OS, OU ; par le point P, projection du centre A sur la droite OC, prise pour axe des x, on mènera PS', PU', parallèles aux bissectrices OS, OU ; sur OX on portera $PD = PR = b + r$, et on élèvera la perpendiculaire indéfinie IDI', de sorte que

$$ID = (b + r) \operatorname{tang} \frac{A}{2},$$

$$DI' = (r + b) \operatorname{tang}\left(\frac{200^0 - A}{2}\right);$$

puis menant IH, I'H', parallèles à OX, et prenant $PL = PH$, $PL' = PH'$, on aura

$$OL = a + (b + r) \tang \frac{A}{2},$$

$$OL' = a + (b + r) \tang \left(\frac{200^\circ - A}{2}\right).$$

Sur ces deux longueurs, comme diamètres, on décrira des demi-circonférences, sur lesquelles on portera les cordes OT', OT'', égales à OT, tangente menée du point O au cercle donné : les radicaux des deux valeurs de α seront donc représentés par les cordes LT', L'T''; portant ensuite ces cordes à droite et à gauche des points L et L', on obtiendra les quatre points V, V', V'', V''', où les cercles cherchés doivent toucher la droite OC, axe des x, et les centres des cercles seront déterminés par la rencontre des perpendiculaires élevées en ces points au-dessus ou au-dessous de l'axe avec les lignes qui divisent en deux parties égales l'angle des droites et son supplément.

Si le cercle donné est compris entre les deux droites, les deux dernières solutions sont remplacées par la valeur

$$\alpha'_2 = a + (b - r) \tang \frac{A}{2} \pm \sqrt{\left(a + (b - r) \tang \frac{A}{2}\right)^2 - (a^2 + b^2 - r^2)},$$

résultat provenant de l'équation

$$(\alpha - a)^2 + (\beta - b)^2 = (\rho - r)^2 :$$

car la condition de tangence des deux cercles est en général

$$(\alpha - a)^2 + (\beta - b)^2 = (\rho \pm r)^2.$$

La construction de ces deux dernières valeurs est facile à trouver d'après celle qui a été donnée précédemment (fig. 42).

Enfin, lorsque les deux droites données sont parallèles, si h exprime leur distance, on a les relations

$$\beta = \rho, \quad \rho = \frac{h}{2}, \quad (\alpha - a)^2 + (\beta - b)^2 = (\rho + r)^2;$$

et si l'on place l'origine au point où la perpendiculaire abaissée du centre du cercle donné rencontre la parallèle prise pour axe des x, c'est-à-dire si l'on fait $a=0$, on trouve

$$\alpha = \pm\sqrt{\left(r+\frac{h}{2}\right)^2 - \left(b-\frac{h}{2}\right)^2}.$$

De là la construction : du point A (fig. 43), centre du cercle donné, et d'un rayon égal à $\left(r+\frac{h}{2}\right)$, décrire un cercle, qui coupe la parallèle intermédiaire MN en deux points C_1 et C_2, centres des cercles cherchés : car

$$\overline{IC}^2 = \alpha^2 = \overline{AC}^2 - \overline{AI}^2 = \left(r+\frac{h}{2}\right)^2 - \left(\frac{h}{2} - b\right).$$

Si le cercle donné était compris dans les parallèles, il faudrait ajouter à ces deux valeurs les deux suivantes

$$\alpha = \pm\sqrt{\left(r-\frac{h}{2}\right)^2 - \left(b-\frac{h}{2}\right)^2},$$

qui correspondent aux cercles qui sont touchés intérieurement par le cercle donné.

Ce problème, au surplus, peut être considéré comme un cas particulier de celui qui suit.

PROBLÈME XXXVI.

73. *Décrire un cercle tangent à trois cercles donnés.*

L'origine des coordonnées rectangulaires étant placée au centre du cercle r_3; a_1, b_1, r_1; a_2, b_2, r_2; α, β, ρ, désignant les coordonnées et le rayon des deux autres cercles donnés et du cercle cherché, les équations de condition seront, en embrassant tous les cas possibles,

$$[1] \qquad \alpha^2 + \beta^2 = (\rho \pm r_3)^2$$

$$[2] \qquad (\alpha - a_1)^2 + (\beta - b_1)^2 = (\rho \pm r_1)^2,$$

$$[3] \qquad (\alpha - a_2)^2 + (\beta - b_2)^2 = (\rho \pm r_2)^2.$$

Si l'on retranche successivement les deux dernières équations de la première, on trouvera

$$[4] \qquad 2a_1\alpha + 2b_1\beta \mp 2(r_3 \pm r_1)\rho = a_1^2 + b_1^2 + r_3^2 - r_1^2,$$

$$[5] \qquad 2a_2\alpha + 2b_2\beta \mp 2(r_3 \pm r_2)\rho = a_2^2 + b_2^2 + r_3^2 - r_2^2.$$

Cela posé, soient x, y, les coordonnées du point de tangence du cercle cherché avec le cercle dont le centre est l'origine des axes : ce point devant se trouver à la fois sur la circonférence de ce dernier cercle et sur la ligne qui joint les deux centres, on aura les deux relations

$$[6] \qquad x^2+y^2=r_3^2;$$

$$[7] \qquad \frac{y}{x}=\frac{\beta}{\alpha}.$$

L'équation [7] donne

$$\frac{\alpha^2+\beta^2}{\alpha^2}=\frac{x^2+y^2}{x^2},$$

et à cause des équations [1] et [6],

$$\alpha=\frac{(\rho\pm r_3)x}{\pm r_3},$$

$$\beta=\frac{(\rho\pm r_3)y}{\pm r_3}.$$

Maintenant, si dans les équations [4] et [5] mises sous la forme

$$2a_1\alpha+2b_1\beta\mp2(r_3\pm r_1)(\rho\pm r_3)=a_1^2+b_1^2+(r_3^2-r_1^2)\mp2(r_3\pm r_1)(\pm r_3),$$
$$2a_2\alpha+2b_2\beta\mp2(r_3\pm r_2)(\rho\pm r_3)=a_2^2+b_2^2+(r_3^2-r_2^2)\mp2(r_3\pm r_2)(\pm r_3),$$

on substitue les valeurs de α et β trouvées précédemment, on obtiendra

$$\left(\frac{\rho\pm r_3}{\pm r_3}\right)[2a_1x+2b_1y\mp2(r_3\pm r_1)(\pm r_3)]$$
$$=a_1^2+b_1^2+(r_3^2-r_1^2)\mp2(r_3\pm r_1)(\pm r_3),$$

$$\left(\frac{\rho\pm r_3}{\pm r_3}\right)[2a_2x+2b_2y\mp2(r_3\pm r_2)(\pm r_3)]$$
$$=a_2^2+b_2^2+(r_3^2-r_2^2)\mp2(r_3\pm r_2)(\pm r_3).$$

Divisant membre à membre ces deux équations, le résultat prendra la forme

$$\left\{\begin{array}{l}\dfrac{2a_1x+2b_1y\mp2(r_3\pm r_1)(\pm r_3)}{a_1^2+b_1^2+(r_3^2-r_1^2)\mp2(r_3\pm r_1)(\pm r_3)}\\[2ex] =\dfrac{2a_2x+2b_2y\mp2(r_3\pm r_2)(\pm r_3)}{a_2^2+b_2^2+(r_3^2-r_2^2)\mp2(r_3\pm r_2)(\pm r_3)}.\end{array}\right.$$

Telle est l'équation de la ligne qui, par ses intersections avec le cercle r_3, doit déterminer les points de tangence de ce cercle avec le cercle cherché.

Si l'on égale chacun des deux membres à une même quantité indéterminée k, les deux équations

$$\frac{2a_1x + 2b_1y \mp 2(r_3 \pm r_1)(\pm r_3)}{a_1^2 + b_1^2 + (r_3^2 - r_1^2) \mp 2(r_3 \pm r_1)(\pm r_3)} = k,$$

$$\frac{2a_2x + 2b_2y \mp 2(r_3 \pm r_2)(\pm r_3)}{a_2^2 + b_2^2 + (r_3^2 - r_2^2) \mp 2(r_3 \pm r_2)(\pm r_3)} = k,$$

donneront par leur intersection un point de la droite [8]; k étant arbitraire, on pourra déterminer autant de points que l'on voudra qui, tous, appartiendront à la droite [8]. Soient donc faits successivement $k=0$ et $k=1$, on aura les deux systèmes d'équations

[9] $$b_1y + a_1x = r_3(r_3 \pm r_1),$$

[10] $$b_2y + a_2x = r_3(r_3 \pm r_2);$$

[11] $$-2a_1x - 2b_1y + (a_1^2 + b_1^2) + (r_3^2 - r_1^2) = 0,$$

[12] $$-2a_2x - 2b_2y + (a_2^2 + b_2^2) + (r_3^2 - r_2^2) = 0.$$

Les deux équations [9] et [10] (n° 55) représentent les cordes de contact déterminées, dans le cercle r_3, par les tangentes communes aux cercles (r_3, r_1) et (r_3, r_2); et les deux dernières [11] et [12] (n° 56), les dishomologues des cercles (r_3, r_1) et (r_3, r_2). Les deux points d'intersection des cordes de contact ou des polaires entre elles, et des dishomologues, suffiront pour déterminer la direction de la droite [8].

Tout ce qui précède s'appliquant à chacun des cercles donnés, on déduit cette construction:

Soient C_1, C_2, C_3 (fig. 44), les cercles donnés $O_{(1,2)}$, $O_{(1,3)}$, $O_{(2,3)}$, les centres de similitude extérieurs correspondants aux cercles indiqués par les notations. Les polaires se coupent en P_3, P_2, P_1, dans les cercles C_3, C_2, C_1, et les dishomologues en un même point D (n° 57). Les droites P_3D, P_2D, P_1D, détermineront les points de tangence T_3, T_2, T_1, par lesquels le cercle tangent devra passer.

On peut encore déterminer le centre en menant les rayons C_3T_3, C_2T_2, C_1T_1, qui concourent au même point.

Cette conclusion ne donne qu'un cas particulier du problème, celui où le cercle cherché est touché extérieurement par les trois cercles à la fois. On trouvera les sept autres solutions en combinant les polaires entre elles, et en remarquant que les droites qui joignent les points de rencontre des polaires et celui de concours des dishomologues coupent chaque cercle en deux points. Il est en effet facile de voir, par les équations [9], [10], [11] et [12], que le problème est susceptible de huit solutions.

PROBLÈME XXXVII.

74. *Décrire un cercle tangent à deux cercles donnés, et passant par un point donné* (fig. 45).

D'après ce qui a été dit (n° 58), il nous suffira de renvoyer à la figure pour la solution de ce problème et des suivants.

PROBLÈME XXXVIII.

75. *Décrire un cercle tangent à un cercle donné, et passant par deux points donnés* (fig. 46).

PROBLÈME XXXIX.

76. *Décrire un cercle tangent à deux cercles donnés et à une droite donnée* (fig. 47).

Les polaires sont les tangentes parallèles aux droites.

PROBLÈME XL.

77. *Décrire un cercle tangent à un cercle donné et à deux droites données* (fig. 48).

Les polaires sont les tangentes au cercle C_3 parallèles aux droites données. Les dishomologues se confondent avec les droites C_2C_1; l'intersection du cercle C_3 avec DP déterminera le point de tangence T_3; le centre du cercle cherché sera à l'intersection du rayon C_3T_3 et de la ligne DC, qui divise l'angle des droites en deux parties égales.

PROBLÈME XLI.

78. *Décrire un cercle tangent à un cercle et à une droite donnés, et passant par un point donné* (fig. 49).

Le point de tangence T_3 étant déterminé par l'intersection avec le cercle C_3 de la droite PD, qui joint les points d'intersection des polaires et des dishomologues, le point de rencontre du rayon C_3T_3 et de la droite TC, perpendiculaire sur le milieu de la droite C_1T_3, sera le centre du cercle cherché.

Lorsque chaque figure ne présente qu'une solution du problème qui leur correspond, il est facile d'y suppléer pour trouver toutes les autres solutions que chacun d'eux comporte. Au surplus, la figure 50 réunit les quatre solutions du problème XL.

TROISIÈME SECTION.

POLYGONES.

PROBLÈME XLII.

79. *Étant donné un nombre quelconque de points dans un plan, trouver la relation qui existe entre les côtés du polygone formé par la jonction de ces points et les sinus ou cosinus des angles que ces côtés font avec une droite quelconque menée dans le même plan.*

Soient

$$a_1, b_1; \quad a_2, b_2; \quad a_3, b_3; \quad a_4, b_4, \text{ etc.}; \; a_n, b_n,$$

les coordonnées des points en nombre n, rapportées à deux axes rectangulaires situés d'une manière quelconque dans le plan.

Les droites qui joignent ces points auront pour équations

$$(Y_1 - b_1) = \frac{b_1 - b_2}{a_1 - a_2}(X_1 - a_1),$$

$$(Y_2 - b_2) = \frac{b_2 - b_3}{a_2 - a_3}(X_2 - a_2),$$

$$(Y_3 - b_3) = \frac{b_3 - b_4}{a_3 - a_4}(X_3 - a_3), \text{ etc.};$$

et les distances respectives seront représentées par les valeurs

$$C_1 = \sqrt{(b_1 - b_2)^2 + (a_1 - a_2)^2},$$

$$C_2 = \sqrt{(b_2 - b_3)^2 + (a_2 - a_3)^2},$$

$$C_3 = \sqrt{(b_3 - b_4)^2 + (a_3 - a_4)^2}, \text{ etc.}$$

Or, la droite qui joint deux des points donnés, (a_1, b_1) et (a_2, b_2) par exemple, fait avec l'axe des x un angle dont la tangente est

$$\frac{b_1 - b_2}{a_1 - a_2};$$

et à cause des formules

$$\sin A = \frac{\tan A}{\sqrt{1+\tan^2 A}}, \quad \cos A = \frac{1}{\sqrt{1+\tan^2 A}},$$

on trouvera sur-le-champ

$$\cos(C_1, x) = \frac{a_1 - a_2}{\sqrt{(a_1-a_2)^2+(b_1-b_2)^2}},$$

$$\cos(C_2, x) = \frac{a_2 - a_3}{\sqrt{(a_2-a_3)^2+(b_2-b_3)^2}},$$

$$\cos(C_3, x) = \frac{a_3 - a_4}{\sqrt{(a_3-a_4)^2+(b_3-b_4)^2}}, \text{ etc.};$$

$$\sin(C_1, x) = \frac{b_1 - b_2}{\sqrt{(a_1-a_2)^2+(b_1-b_2)^2}},$$

$$\sin(C_2, x) = \frac{b_2 - b_3}{\sqrt{(a_2-a_3)^2+(b_2-b_3)^2}},$$

$$\sin(C_3, x) = \frac{b_3 - b_4}{\sqrt{(a_3-a_4)^2+(b_3-b_4)^2}}, \text{ etc.};$$

par conséquent,

$$C_1 \cos(C_1, x) = a_1 - a_2,$$
$$C_2 \cos(C_2, x) = a_2 - a_3,$$
$$C_3 \cos(C_3, x) = a_3 - a_4, \text{ etc.};$$

$$C_1 \sin(C_1, x) = b_1 - b_2,$$
$$C_2 \sin(C_2, x) = b_2 - b_3,$$
$$C_3 \sin(C_3, x) = b_3 - b_4, \text{ etc.};$$

si le polygone est fermé,

$$a_{n+1} = a_1, \quad b_{n+1} = b_1;$$

et par suite, ajoutant les équations précédentes membre à membre, on trouve

$$[A] \quad C_1 \sin(C_1, x) + C_2 \sin(C_2, x) + C_3 \sin(C_3, x) + \text{etc.} = 0,$$
$$[B] \quad C_1 \cos(C_1, x) + C_2 \cos(C_2, x) + C_3 \cos(C_3, x) + \text{etc.} = 0.$$

De là ce théorème :

Dans tout polygone fermé, la somme algébrique des produits de chaque côté par le sinus ou le cosinus de l'angle qu'il fait avec une droite quelconque est égale à zéro.

Si le polygone était régulier, on aurait

$$\sin(C_1, x) + \sin(C_2, x) + \sin(C_3, x) + \text{etc.} = 0,$$
$$\cos(C_1, x) + \cos(C_2, x) + \cos(C_3, x) + \text{etc.} = 0.$$

Si la droite à laquelle on rapporte les angles devenait parallèle ou se confondait avec l'un des côtés du polygone, C_1 par exemple, la formule [B] deviendrait

$$C_1 + C_2\cos(C_2, C_1) + C_3\cos(C_3, C_1) + C_4\cos(C_4, C_1) + \text{etc.} = 0;$$

et par conséquent si a, b, c, d, etc., représentent les côtés d'un polygone fermé quelconque, on aura les formules générales des polygones

$$[C]\quad \begin{cases} a + b\cos(b, a) + c\cos(c, a) + d\cos(d, a) + \text{etc.} = 0, \\ b + a\cos(a, b) + c\cos(c, b) + d\cos(d, b) + \text{etc.} = 0, \\ c + a\cos(a, c) + b\cos(b, c) + d\cos(d, c) + \text{etc.} = 0, \\ \text{etc., etc.} \end{cases}$$

PROBLÈME XLIII.

80. *Étant donné un nombre quelconque de points, mener au travers de ces points une droite telle, que la somme algébrique des perpendiculaires qui lui sont abaissées de chacun de ces points soit égale à une longueur donnée.*

Les notations étant les mêmes que dans le problème précédent, soit

$$y = Ax + B$$

l'équation de la droite cherchée.

Les perpendiculaires menées des points (a_1, b_1), (a_2, b_2), (a_3, b_3), etc., à cette droite, auront pour expressions

$$\frac{(B - b_1) + Aa_1}{\sqrt{1 + A^2}},\quad \frac{(B - b_2) + Aa_2}{\sqrt{1 + A^2}},\quad \frac{(B - b_3) + Aa_3}{\sqrt{1 + A^2}},\ \text{etc.};$$

et, d'après l'énoncé,

$$[1]\quad \frac{(B - b_1) + Aa_1}{\sqrt{1 + A^2}} + \frac{(B - b_2) + Aa_2}{\sqrt{1 + A^2}} + \frac{(B - b_3) + Aa_3}{\sqrt{1 + A^2}} + \text{etc.} = l.$$

Cette équation, dans laquelle A et B restent indéterminés, montre qu'il y a une infinité de droites qui répondent à la question. Mais si l'on suppose que la droite cherchée passe par un point (φ, ξ), on aura

$$\varphi = A\xi + B,$$

d'où

$$B = \varphi - A\xi,$$

et l'équation précédente deviendra

$$\frac{(\varphi - b_1) - A(\xi - a_1)}{\sqrt{1+A^2}} + \frac{(\varphi - b_2) - A(\xi - a_2)}{\sqrt{1+A^2}} + \frac{(\varphi - b_3) - A(\xi - a_3)}{\sqrt{1+A^2}} + \text{etc.} = l,$$

ou bien encore

$$\frac{\varphi + \varphi + \text{etc...} - (b_1 + b_2 + b_3 \ldots) - A[(\xi + \xi + \ldots) - (a_1 + a_2 + a_3 \ldots)]}{\sqrt{1+A^2}} = l;$$

et les points donnés étant en nombre n,

$$\frac{n\varphi - (b_1 + b_2 + b_3 + \text{etc...}) - A[n\xi - (a_1 + a_2 + a_3 + \text{etc...})]}{\sqrt{1+A^2}} = l;$$

d'où enfin

$$[2] \quad \frac{\varphi - \left(\frac{b_1 + b_2 + b_3 + \ldots}{n}\right) - A\left[\xi - \left(\frac{a_1 + a_2 + a_3 + \text{etc...}}{n}\right)\right]}{\sqrt{1+A^2}} = \frac{l}{n}.$$

Si l'on se reporte au n° **45**, équation [1], on reconnaîtra dans cette expression que la droite passant par le point (φ, ξ) est tangente au cercle dont le centre a pour coordonnées

$$\frac{b_1 + b_2 + b_3 + \text{etc.}}{n}, \quad \frac{a_1 + a_2 + a_3 + \text{etc.}}{n},$$

et pour rayon

$$\frac{l}{n}.$$

Sans rien spécifier de la droite cherchée, l'équation [1], mise sous la forme

$$\frac{\left(B - \frac{b_1 + b_2 + b_3 + \text{etc.}}{n}\right) + A\left(\frac{a_1 + a_2 + a_3 + \text{etc.}}{n}\right)}{\sqrt{1+A^2}} = \frac{l}{n},$$

(équation T' du n° **41**), indique encore que toutes les droites cherchées sont tangentes au cercle désigné ci-dessus.

81. Si $l=0$, l'équation [2] devient

$$\varphi-\frac{b_1+b_2+b_3+\text{etc.}}{n}=A\left(\xi-\frac{a_1+a_2+a_3+\text{etc.}}{n}\right):$$

la droite cherchée passe donc par le point

$$\left(\frac{a_1+a_2+a_3+\text{etc.}}{n},\quad \frac{b_1+b_2+b_3+\text{etc.}}{n}\right).$$

82. Ce point, qu'on a nommé *centre des moyennes distances*, se trouve facilement par la construction suivante :

Soient A_1, A_2, A_3, A_4, etc. (fig. 51), les points donnés ; OY et OX, les axes auxquels les coordonnées (a_1, b_1), (a_2, b_2), (a_3, b_3), (a_4, b_4), etc. sont rapportées.

Par le milieu I_1 de la droite A_1A_2 on abaisse l'ordonnée I_1H_1, et si on la représente par B_1, on aura

$$B_1=\frac{b_1+b_2}{2};$$

joignant I_1 et A_3, et divisant I_1A_3 en trois parties égales, l'ordonnée $I_2H_2=B_2$, correspondant au premier point de division à partir de I_1, à cause des parallèles I_2H_2, A_3P_3 sera déterminée par la proportion

$$1:3::B_2-B_1:b_3-B_1,$$

d'où

$$B_2=\frac{b_3+2B_1}{3}=\frac{b_1+b_2+b_3}{3}.$$

De même joignant I_2A_4, et divisant cette ligne en quatre parties égales, l'ordonnée $I_3H_3=B_3$, correspondant au premier point de division à partir du point I_2, sera déterminée par la proportion

$$1:4::(B_3-B_2):(b_4-B_2),$$

d'où

$$B_3=\frac{b_4+3B_2}{4}=\frac{b_1+b_2+b_3+b_4}{4}.$$

On voit facilement comment on étendrait cette construction à un nombre quelconque de points.

Il est évident que les mêmes relations existent pour les abscisses de ces points.

83. On appelle *centre de figure* d'un polygone un point tel, que toute sécante y est coupée en deux parties égales.

Il ne faut pas confondre le centre des moyennes distances des sommets d'un polygone avec le centre de figure. Tous les polygones réguliers d'un nombre pair de côtés ont un centre de figure qui est le même que le centre des moyennes distances, qui se confond avec le centre du cercle circonscrit. Les polygones réguliers d'un nombre impair de côtés n'ont point de centre de figure.

PROBLÈME XLIV.

84. *Trouver le lieu géométrique des points tels, que la somme des carrés des distances de chacun d'eux à un nombre quelconque de points donnés soit égale à une surface donnée* m^2.

Si φ et ξ sont les coordonnées d'un point quelconque du lieu géométrique cherché, on trouvera tout d'abord, en conservant les mêmes notations,

$$\left\{\begin{array}{l} (\varphi-b_1)^2+(\xi-a_1)^2 \\ +(\varphi-b_2)^2+(\xi-a_2)^2 \\ +(\varphi-b_3)^2+(\xi-a_3)^2 \\ +(\varphi-b_4)^2+(\xi-a_4)^2 \\ \text{etc.} \end{array}\right\}=m^2,$$

et développant, n désignant le nombre des points donnés,

$$\left[\begin{array}{l} n\varphi^2-2(b_1+b_2+b_3+b_4+\ldots)\varphi+b_1^2+b_2^2+b_3^2+b_4^2+\ldots \\ +n\xi^2-2(a_1+a_2+a_3+a_4+\ldots)\xi+a_1^2+a_2^2+a_3^2+a_4^2+\ldots \end{array}\right]=m^2,$$

équation d'un cercle dont le centre a pour coordonnées

$$\frac{a_1+a_2+a_3+a_4+\ldots}{n}, \quad \frac{b_1+b_2+b_3+b_4+\ldots}{n},$$

lesquelles sont les coordonnées du centre des moyennes distances.

Si l'on transporte l'origine à ce point, l'équation du cercle prendra la forme

$$\varphi^2+\xi^2=\frac{1}{n}\left\{m^2-[(a_1^2+b_1^2)+(a_2^2+b_2^2)+(a_3^2+b_3^2)+\ldots]\right\}.$$

Le lieu géométrique est donc un cercle qui a son centre au centre des moyennes distances des points donnés, et pour rayon la racine carrée de l'excès de la surface donnée sur la somme des carrés des distances du centre des moyennes distances à chacun des points donnés, divisé par le nombre des points.

85. Si ces points sont en nombre pair, et sont les sommets d'un polygone régulier, le centre des moyennes distances se confond avec le centre du cercle circonscrit au polygone ; alors, R étant le rayon du cercle circonscrit, on aura

$$\varphi^2+\xi^2=\frac{1}{n}(m^2-nR^2)=\frac{m^2}{n}-R^2=\rho^2,$$

d'où
$$m^2=n(R^2+\rho^2).$$

De là ce théorème :

Étant donné un polygone régulier d'un nombre n *pair de côtés, inscrit dans une circonférence de rayon* R, *si on décrit une circonférence concentrique et de rayon* ρ, *la somme des carrés des distances de chacun des points de cette dernière circonférence à chacun des sommets du polygone sera* $n(R^2+\rho^2)$, *c'est-à-dire constante.*

THÉORÈME XVI.

86. *Si d'un point quelconque intérieur à un polygone régulier on abaisse des perpendiculaires sur chacun des côtés de ce polygone, la somme de ces distances est constante.*

L'équation d'un des côtés du polygone étant

$$y-b_1=\frac{b_1-b_2}{a_1-a_2}(x-a_1),$$

la perpendiculaire abaissée du point (φ, ξ) sur ce côté, aura pour expression

$$D_1=\frac{(\varphi-b_1)(a_1-a_2)-(\xi-a_1)(b_1-b_2)}{\sqrt{(a_1-a_2)^2+(b_1-b_2)^2}};$$

de même pour les autres distances

$$D_2=\frac{(\varphi-b_2)(a_2-a_3)-(\xi-a_2)(b_2-b_3)}{\sqrt{(a_2-a_3)^2+(b_2-b_3)^2}},$$

$$D_3=\frac{(\varphi-b_3)(a_3-a_4)-(\xi-a_3)(b_3-b_4)}{\sqrt{(a_3-a_4)^2+(b_3-b_4)^2}},$$

etc.

d'où

$$D_1 + D_2 + D_3 + \text{etc}\ldots$$

$$= \varphi \left\{ \frac{a_1 - a_2}{\sqrt{(a_1 - a_2)^2 + (b_1 - b_2)^2}} + \frac{a_2 - a_3}{\sqrt{(a_2 - a_3)^2 + (b_2 - b_3)^2}} + \frac{a_3 - a_4}{\sqrt{(a_3 - a_4)^2 + (b_3 - b_4)^2}} + \ldots \right\}$$

$$- \xi \left\{ \frac{b_1 - b_2}{\sqrt{(a_1 - a_2)^2 + (b_1 - b_2)^2}} + \frac{b_2 - b_3}{\sqrt{(a_2 - a_3)^2 + (b_2 - b_3)^2}} + \frac{b_3 - b_4}{\sqrt{(a_3 - a_4)^2 + (b_3 - b_4)^2}} + \ldots \right\}$$

$$+ \frac{(a_2 b_1 - a_1 b_2)}{\sqrt{(a_1 - a_2)^2 + (b_1 - b_2)^2}} + \frac{(a_3 b_2 - a_2 b_3)}{\sqrt{(a_2 - a_3)^2 + (b_2 - b_3)^2}} + \frac{(a_4 b_3 - a_3 b_4)}{\sqrt{(a_3 - a_4)^2 + (b_3 - b_4)^2}} + \ldots$$

Or, d'après l'énoncé

$$\sqrt{(a_1 - a_2)^2 + (b_1 - b_2)^2} = \sqrt{(a_2 - a_3)^2 + (b_2 - b_3)^2} = \sqrt{(a_3 - a_4)^2 + (b_3 - b_4)^2} \ldots$$

et les termes en φ et ξ s'évanouissent ; la somme des distances devient donc, en désignant par c le côté du polygone régulier,

$$D_1 + D_2 + D_3 + \ldots = \frac{1}{c} \left[(a_2 b_1 - a_1 b_2) + (a_3 b_2 - a_2 b_3) + (a_4 b_3 - a_3 b_4) + \text{etc.} \right].$$

Il est facile de voir que $\frac{a_2 b_1 - a_1 b_2}{c}$, $\frac{a_3 b_2 - a_2 b_3}{c}$, etc., sont les expressions des perpendiculaires abaissées de l'origine sur chacun des côtés $(a_1 b_1, a_2 b_2)$, $(a_2 b_2, a_3 b_3)$, etc.; et si l'on suppose l'origine au centre du polygone régulier, r étant le rayon du cercle inscrit, on aura

$$\frac{a_2 b_1 - a_1 b_2}{c} = \frac{a_3 b_2 - a_2 b_3}{c} = \frac{a_4 b_3 - a_3 b_4}{c} \ldots = r :$$

de là, par conséquent,

$$D_1 + D_2 + D_3 + \ldots = nr,$$

n exprimant le nombre de côtés du polygone régulier.

87. Lorsque $n = 3$, on a

$$D_1 + D_2 + D_3 = 3r = H,$$

hauteur du triangle équilatéral; d'où le théorème connu :

La somme des distances d'un point quelconque pris dans l'intérieur d'un triangle équilatéral à chacun des côtés du triangle est égale à la hauteur.

88. On vient de voir que

$$\frac{a_2 b_1 - a_1 b_2}{\sqrt{(a_1 - a_2)^2 + (b_1 - b_2)^2}} = P$$

est l'expression de la perpendiculaire abaissée de l'origine sur la longueur

$$\sqrt{(a_1 - a_2)^2 + (b_1 - b_2)^2}.$$

Or (fig. 52),

$$P . \sqrt{(a_1 - a_2)^2 + (b_1 - b_2)^2} = 2 \operatorname{surf} OA_1A_2 = a_2 b_1 - a_1 b_2 :$$

de là

$$\operatorname{surf} OA_1A_2 = \frac{a_2 b_1 - a_1 b_2}{2},$$

expression de la surface d'un triangle en fonction des coordonnées de deux sommets, l'origine étant au troisième.

THÉORÈME XVII.

89. *Dans tout quadrilatère, la somme des carrés des côtés est égale à la somme des carrés des diagonales, plus quatre fois le carré de la droite qui joint leurs points milieux.*

En effet, si l'on conserve les mêmes notations que précédemment, le développement de la somme des carrés des quatre côtés sera

$$\left.\begin{array}{r} (a_1 - a_2)^2 + (b_1 - b_2)^2 \\ + (a_2 - a_3)^2 + (b_2 - b_3)^2 \\ + (a_3 - a_4)^2 + (b_3 - b_4)^2 \\ + (a_4 - a_1)^2 + (b_4 - b_1)^2 \end{array}\right\} = \left\{\begin{array}{l} a_1^2 + a_2^2 + a_3^2 + a_4^2 \\ + a_1^2 + a_2^2 + a_3^2 + a_4^2 \\ + b_1^2 + b_2^2 + b_3^2 + b_4^2 \\ + b_1^2 + b_2^2 + b_3^2 + b_4^2 \\ - 2a_1a_2 - 2a_2a_3 - 2a_3a_4 - 2a_4a_1 \\ - 2b_1b_2 - 2b_2b_3 - 2b_3b_4 - 2b_4b_1. \end{array}\right.$$

Les deux dernières lignes du développement prennent la forme

$$-2(a_1+a_3)(a_2+a_4)-2(b_1+b_3)(b_2+b_4);$$

et par conséquent, en ajoutant et retranchant les doubles produits

$$2a_1a_3+2a_2a_4+2b_1b_3+2b_2b_4,$$

on aura

$$\left.\begin{array}{r}(a_1-a_2)^2+(b_1-b_2)^2\\ +(a_2-a_3)^2+(b_2-b_3)^2\\ +(a_3-a_4)^2+(b_3-b_4)^2\\ +(a_4-a_1)^2+(b_4-b_1)^2\end{array}\right\}=$$

$$=\left\{\begin{array}{l}[(a_1-a_3)^2+(b_1-b_3)^2]+[(a_2-a_4)^2+(b_2-b_4)^2]\\ +4\left\{\left[\left(\frac{a_1+a_3}{2}\right)-\left(\frac{a_2+a_4}{2}\right)\right]^2+\left[\left(\frac{b_1+b_3}{2}\right)-\left(\frac{b_2+b_4}{2}\right)\right]^2\right\}.\end{array}\right.$$

La première ligne représente la somme des carrés des diagonales, et la deuxième quatre fois le carré de la droite qui joint leurs points milieux.

90. La distance des points milieux sera nulle si

$$\left[\left(\frac{a_1+a_3}{2}\right)-\left(\frac{a_2+a_4}{2}\right)\right]^2+\left[\left(\frac{b_1+b_3}{2}\right)-\left(\frac{b_2+b_4}{2}\right)\right]^2=0.$$

Cette somme de deux carrés ne peut devenir nulle à moins qu'on n'ait à la fois

$$\left[\frac{a_1+a_3}{2}\right]-\left[\frac{a_2+a_4}{2}\right]=0,$$

$$\left[\frac{b_1+b_3}{2}\right]-\left[\frac{b_2+b_4}{2}\right]=0,$$

d'où l'on tire

$$\frac{b_1-b_2}{a_1-a_2}=\frac{b_3-b_4}{a_3-a_4},$$

$$\frac{b_1-b_4}{a_1-a_4}=\frac{b_2-b_3}{a_2-a_3},$$

et $$\sqrt{(a_1-a_2)^2+(b_1-b_2)^2}=\sqrt{(a_3-a_4)^2+(b_3-b_4)^2},$$
$$\sqrt{(a_1-a_4)^2+(b_1-b_4)^2}=\sqrt{(a_2-a_3)^2+(b_2-b_3)^2},$$

c'est-à-dire à moins que les côtés opposés ne soient égaux ou parallèles : donc

Dans tout parallélogramme, les diagonales se coupent en deux parties égales, et la somme de leurs carrés est égale à la somme des carrés des quatre côtés.

91. *Le milieu de la ligne qui joint les milieux des diagonales est le centre des moyennes distances des quatre sommets.*

En effet, ce point a évidemment pour coordonnées

$$\frac{\frac{a_1+a_3}{2}+\frac{a_2+a_4}{2}}{2},\quad \frac{\frac{b_1+b_3}{2}+\frac{b_2+b_4}{2}}{2},$$

ou

$$\frac{a_1+a_2+a_3+a_4}{4},\quad \frac{b_1+b_2+b_3+b_4}{4}.$$

THÉORÈME XVIII.

92. *Dans tout trapèze, la ligne qui joint les milieux des diagonales est parallèle aux deux bases.*

En effet, le parallélisme des deux côtés étant exprimé par la relation

$$\frac{b_1-b_2}{a_1-a_2}=\frac{b_3-b_4}{a_3-a_4},$$

on en tire

$$\frac{(b_1-b_2)+(b_3-b_4)}{(a_1-a_2)+(a_3-a_4)}=\frac{b_1-b_2}{a_1-a_2}=\frac{b_3-b_4}{a_3-a_4}.$$

Le premier membre peut se mettre sous la forme

$$\frac{\left[\frac{b_1+b_3}{2}\right]-\left[\frac{b_2+b_4}{2}\right]}{\left[\frac{a_1+a_3}{2}\right]-\left[\frac{a_2+a_4}{2}\right]}=\frac{b_1-b_2}{a_1-a_2}=\frac{b_3-b_4}{a_3-a_4}\Big],$$

et cette fraction est l'expression de la tangente de l'angle que la ligne des milieux des diagonales fait avec l'axe des x ; ce qui démontre le théorème.

THÉORÈME XIX.

93. *Si l'on divise les quatre côtés d'un quadrilatère, en allant dans le sens du périmètre, en parties proportionnelles, mais en renversant le rapport pour les deux côtés du même angle ; les droites qui joignent les quatre points de division forment un parallélogramme.*

Les coordonnées du point de division du côté $(a_1 b_1)(a_2 b_2)$, $\frac{m}{n}$ étant le rapport, sont évidemment

$$\frac{a_1 n + a_2 m}{m+n}, \quad \frac{b_1 n + b_2 m}{m+n};$$

et celles du point de division du côté suivant, le rapport étant renversé,

$$\frac{a_2 m + a_3 n}{m+n}, \quad \frac{b_2 m + b_3 n}{m+n}:$$

et par conséquent la droite qui joindra ces deux points fera avec l'axe des x un angle dont la tangente sera

$$\frac{\left[\frac{b_1 n + b_2 m}{m+n}\right] - \left[\frac{b_2 m + b_3 n}{m+n}\right]}{\left[\frac{a_1 n + a_2 m}{m+n}\right] - \left[\frac{a_2 m + a_3 n}{m+n}\right]};$$

expression qui se réduit à

$$\frac{b_1 - b_3}{a_1 - a_3};$$

donc la droite qui joint les points de division est parallèle à la diagonale sur laquelle les deux côtés reposent.

Il en serait de même de la ligne de division des deux autres côtés : donc ces deux lignes sont parallèles.

On démontrerait de la même manière que les deux lignes de division des quatre côtés qui reposent sur la seconde diagonale sont parallèles à cette diagonale, et par conséquent parallèles entre elles.

94. Si $m=n$, on a le théorème suivant :

Si l'on divise les quatre côtés d'un quadrilatère en deux parties égales, les lignes qui joignent les points de division forment un parallélogramme.

95. D'après ce qui précède, soient

c_1, c_2, c_3, c_4, les côtés d'un quadrilatère;

d_1, d_2, les diagonales;

m_1, m_2, les droites qui joignent les milieux des côtés opposés;

p_1, p_2, les côtés du parallélogramme inscrit;

l, la droite qui joint les milieux des diagonales;

on aura les relations :

$$[1] \qquad c_1^2+c_2^2+c_3^2+c_4^2=(d_1^2+d_2^2)+4l^2,$$

$$p_1=\frac{d_1}{2}, \quad p_2=\frac{d_2}{2},$$

$$[2] \qquad 2p_1^2+2p_2^2=m_1^2+m_2^2=\frac{d_1^2+d_2^2}{2},$$

$$[3] \qquad c_1^2+c_2^2+c_3^2+c_4^2=2(m_1^2+m_2^2)+4l^2.$$

THÉORÈME XX.

96. *Dans tout triangle, les trois perpendiculaires élevées sur les milieux des côtés concourent en un seul et même point.*

L'origine des axes rectangulaires étant à l'un des sommets du triangle, O par exemple (fig. 53), et l'axe des x étant dirigé suivant le côté OB, on aura

$0, 0$, pour coordonnées du point O,
a, h, du point A,
$b, 0$, du point B;

et les côtés OB, OA, AB, auront pour équations :

$$\text{OB}, \quad y=0,$$

$$\text{OA}, \quad y=\frac{h}{a}x,$$

$$\text{AB}, \quad y=\frac{h}{a-b}(x-b);$$

et les perpendiculaires MI, M'I, M''I,

[1] MI, $x=\frac{b}{2}$,

[2] M''I, $\left[y-\frac{h}{2}\right]=\frac{b-a}{h}\left[x-\frac{b+a}{2}\right]$,

[3] M'I, $\left[y-\frac{h}{2}\right]=-\frac{a}{h}\left[x-\frac{a}{2}\right]$.

Si l'on combine deux à deux ces trois équations, on trouvera toujours

$$x_1=\frac{b}{2},$$
$$y_1=\frac{1}{2}\left[h-\frac{a(b-a)}{h}\right],$$

pour coordonnées du point commun I des trois droites: donc, etc.

THÉORÈME XXI.

97. *Dans tout triangle, les trois perpendiculaires abaissées des angles sur les côtés opposés concourent en un seul et même point* (fig. 54).

Les perpendiculaires AP, BP'', OP', ont pour équations

[1] AP, $x=a$;

[2] BP'', $y=-\frac{a}{h}(x-b)$,

[3] OP', $y=-\left(\frac{a-b}{h}\right)x$,

qui donnent, combinées deux à deux, les mêmes valeurs

$$x_2=a,$$
$$y_2=\frac{a(b-a)}{h}.$$

En désignant par c, c', c'', les trois côtés OB, BA, AO, on trouvera sans difficulté

$$\text{IO}=\frac{a}{h}\sqrt{h^2+(c-a)^2}=\frac{ac'}{h},$$
$$\text{IA}=\frac{h^2+a^2-ac}{h}=\frac{c''^2-ac}{h},$$
$$\text{IB}=\frac{c-a}{h}\sqrt{h^2+a^2}=\frac{(c-ac'')}{h};$$

on a d'ailleurs

$$c''^2 = a^2 + h^2,$$
$$c'^2 = (c-a)^2 + h^2,$$

d'où l'on tire

$$a = \frac{c''^2 + c^2 - c'^2}{2c};$$

et par conséquent

$$\text{IO} = \frac{(c''^2 + c^2 - c'^2)c'}{2ch},$$

$$\text{IA} = \frac{(c''^2 + c'^2 - c^2)c}{2ch},$$

$$\text{IB} = \frac{(c^2 + c'^2 - c''^2)c''}{2ch}.$$

Ajoutant et remplaçant $2ch$ par $4s$, sa valeur, s étant la surface du triangle, on aura

$$\text{IO}+\text{IA}+\text{IB} = \frac{(c''^2+c^2-c'^2)c' + (c''^2+c'^2-c^2)c + (c^2+c'^2-c''^2)c''}{4s},$$

$$\text{IO}+\text{IA}+\text{IB} = \frac{c'c''^2 + c'c^2 - c'^3 + cc''^2 + cc'^2 - c^3 + c''c^2 + c''c'^2 - c''^3}{4s};$$

ajoutant et retranchant au numérateur $2cc'c''$, on trouve

$$\text{IO}+\text{IA}+\text{IB} =$$

$$= \frac{c'c''^2 + c^2c' - c'^3 + cc''^2 + cc'^2 - c^3 + c^2c'' + c''c'^2 - c''^3 - 2cc'c''}{4s} + \frac{2cc'c''}{4s}.$$

Le numérateur de la première fraction peut se mettre sous la forme

$$(c'' + c' - c)(c'' + c - c')(c + c' - c'').$$

Multipliant le numérateur et le dénominateur par $c + c' + c''$, on obtiendra

$$\text{IO}+\text{IA}+\text{IB} = \frac{(c+c'+c'')(c+c'-c'')(c+c''-c')(c'+c''-c)}{4s(c+c'+c'')} + \frac{2cc'c''}{4s};$$

mais on a

$$(c+c'+c'')(c+c'-c'')(c+c''-c')(c'+c''-c) = 16s^2:$$

donc

$$\text{IO}+\text{IA}+\text{IB} = \frac{4s}{c+c'+c''} + \frac{2cc'c''}{4s};$$

enfin

$$IO + IA + IB = 2\,\frac{s}{\left(\frac{c+c'+c''}{2}\right)} + \frac{cc'c''}{2s}.$$

Or, en désignant par R et r les rayons des cercles circonscrit et inscrit, on a

$$s = \left(\frac{c+c'+c''}{2}\right) r,$$

$$s = \frac{cc'c''}{4R}:$$

donc

$$IO + IA + IB = 2r + 2R.$$

Et de là le théorème :

La somme des distances du point de concours des trois hauteurs aux sommets d'un triangle quelconque est égale à la somme des diamètres des cercles inscrit et circonscrit.

On démontrera facilement par un calcul analogue cet autre théorème :

Dans un triangle rectangle quelconque, l'hypoténuse est égale à la somme des deux côtés de l'angle droit, moins le diamètre du cercle inscrit.

THÉORÈME XXII.

98. *Dans tout triangle les trois droites qui joignent les angles avec les milieux des côtés opposés concourent en un seul et même point* (fig. 55).

Les équations des droites AM, OM', BM'', sont

[1] AM, $$y = \frac{h}{a - \frac{b}{2}}\left(x - \frac{b}{2}\right),$$

[2] OM', $$y = \frac{\frac{h}{2}}{\frac{a+b}{2}}\,x,$$

[3] BM'', $$y = \frac{\frac{h}{2}}{\frac{a}{2} - b}(x - b),$$

dont la combinaison deux à deux donne toujours les mêmes valeurs

$$x_3 = \frac{a+b}{3},$$

$$y_3 = \frac{h}{3}.$$

99. Si l'on exprime, au moyen de ces valeurs, les distances du point de concours au sommet du triangle, on trouvera

$$\mathrm{OI} = \sqrt{x_3^2 + y_3^2} = \sqrt{\left(\frac{h}{3}\right)^2 + \left(\frac{a+b}{3}\right)^2},$$

$$\mathrm{AI} = \sqrt{(a - x_3)^2 + (h - y_3)^2} = \sqrt{\left(a - \frac{a+b}{3}\right)^2 + \left(h - \frac{h}{3}\right)^2}$$

$$= \sqrt{\left(\frac{2a-b}{3}\right)^2 + \left(\frac{2h}{3}\right)^2},$$

$$\mathrm{BI} = \sqrt{(b - x_3)^2 + y_3^2} = \sqrt{\left(b - \frac{a+b}{3}\right)^2 + \left(\frac{h}{3}\right)^2}$$

$$= \sqrt{\left(\frac{2b-a}{3}\right)^2 + \left(\frac{h}{3}\right)^2};$$

et développant les carrés,

$$\overline{\mathrm{IO}}^2 + \overline{\mathrm{IA}}^2 + \overline{\mathrm{IB}}^2 = \frac{2}{3}[h^2 + b^2 - a(b-a)]$$

$$= \frac{1}{3}\{(a^2 + h^2) + [(b-a)^2 + h^2] + b^2\}$$

$$= \frac{1}{3}(\overline{\mathrm{OA}}^2 + \overline{\mathrm{AB}}^2 + \overline{\mathrm{OB}}^2).$$

Si le triangle est rectangle au point **A**, on a

$$(h^2 + a^2) + (b-a)^2 + h^2 = b^2,$$

et par conséquent

$$\overline{\mathrm{IO}}^2 + \overline{\mathrm{IA}}^2 + \overline{\mathrm{IB}}^2 = \frac{2}{3}b^2;$$

d'où l'on déduit ce théorème :

Dans tout triangle rectangle, la somme des carrés des trois dis-

tances du point de concours des droites menées des milieux aux sommets est égale aux deux tiers du carré de l'hypoténuse.

Si le triangle est équilatéral, on a

$$a^2 + h^2 = b^2 = (b - a)^2 + h^2,$$

d'où

$$\overline{IO}^2 + \overline{IA}^2 + \overline{IB}^2 = b^2;$$

et comme

$$IO = IA = IB,$$

$$\overline{IO}^2 = \frac{b^2}{3}, \quad IO = \frac{b}{\sqrt{3}}.$$

100. De plus, il est facile de voir que les distances IM, IM', IM'', sont le tiers des lignes entières AM, OM', BM'', ou la moitié des distances IA, IO, IB.

On a donc

$$IM + IM' + IM'' = \frac{1}{2}(IA + IO + IB)$$

et

$$\overline{IM}^2 + \overline{IM'}^2 + \overline{IM''}^2 = \frac{1}{4}(\overline{IA}^2 + \overline{IO}^2 + \overline{IB}^2) = \frac{1}{12}(\overline{OA}^2 + \overline{AB}^2 + \overline{OB}^2).$$

101. Enfin, si l'on exprime par d_1, d_2, d_3, les trois distances du point de concours aux côtés du triangle, et par h_1, h_2, h_3, les hauteurs, on aura

$$d_1 + d_2 + d_3 = \frac{1}{3}(h_1 + h_2 + h_3),$$

$$d_1^2 + d_2^2 + d_3^2 = \frac{1}{9}(h_1^2 + h_2^2 + h_3^2).$$

102. Il est facile de démontrer analytiquement le théorème connu :

Dans tout triangle la somme des carrés des côtés qui comprennent un angle est égale à la somme des doubles carrés de la ligne qui joint le sommet de l'angle au milieu du côté opposé, et de la moitié de ce même côté.

En effet,

$$\overline{AM}^2 = \left(a - \frac{b}{2}\right)^2 + h^2,$$

d'où

$$\overline{2\mathrm{AM}}^2 = 2a^2 - 2ab + 2\frac{b^2}{4} + 2h^2$$

et

$$\overline{2\mathrm{AM}}^2 + 2\frac{b^2}{4} = (a^2 + h^2) + (b - a)^2 + h^2;$$

or,

$$a^2 + h^2 = \overline{\mathrm{OA}}^2, \quad (b - a)^2 + h^2 = \overline{\mathrm{AB}}^2 \quad \text{et} \quad \frac{b}{2} = \mathrm{OM}:$$

donc

$$\overline{\mathrm{OA}}^2 + \overline{\mathrm{AB}}^2 = 2\overline{\mathrm{AM}}^2 + 2\overline{\mathrm{OM}}^2.$$

103. Si donc m_1, m_2, m_3, représentent les trois longueurs des droites de milieux, et b_1, b_2, b_3, les trois côtés, on aura les trois équations

$$[A] \quad \left\{ \begin{array}{l} 2\left[m_1^2 + \left(\frac{b_1}{2}\right)^2\right] = b_2^2 + b_3^2, \\ 2\left[m_2^2 + \left(\frac{b_2}{2}\right)^2\right] = b_1^2 + b_3^2, \\ 2\left[m_3^2 + \left(\frac{b_3}{2}\right)^2\right] = b_1^2 + b_2^2: \end{array} \right.$$

on tire de là

$$m_1^2 + m_2^2 + m_3^2 = \frac{3}{4}(b_1^2 + b_2^2 + b_3^2).$$

PROBLÈME XLV.

104. *Étant données les longueurs des trois droites qui joignent les sommets aux milieux des côtés opposés, déterminer ces côtés et construire le triangle.*

Les formules [A] fournissent un moyen bien simple de résoudre cette question. En effet, on trouve facilement

$$\frac{9b_1^2}{4} = 2m_2^2 + 2m_3^2 - m_1^2,$$

$$\frac{9b_2^2}{4} = 2m_1^2 + 2m_3^2 - m_2^2,$$

$$\frac{9b_3^2}{4} = 2m_1^2 + 2m_2^2 - m_3^2,$$

équations, qui prennent la forme

$$[A'] \quad \begin{cases} 2\left[\left(\frac{3b_1}{2}\right)^2 + m_1^2\right] = (2m_2)^2 + (2m_3)^2, \\ 2\left[\left(\frac{3b_2}{2}\right)^2 + m_2^2\right] = (2m_1)^2 + (2m_3)^2, \\ 2\left[\left(\frac{3b_3}{2}\right)^2 + m_3^2\right] = (2m_1)^2 + (2m_2)^2 : \end{cases}$$

par où l'on voit que, si l'on construit un triangle avec les côtés $2m_1$, $2m_2$, $2m_3$, les lignes des milieux seront trois fois la moitié des côtés du triangle cherché.

De là cette construction (fig. 56) : Sur $AA' = 2m_1$, comme base, construire le triangle AA'B', tel que $A'B' = 2m_2$, $AB' = 2m_3$, et achever le parallélogramme AO'A'B'; diviser la diagonale O'B' en trois parties égales, et joindre enfin AO, AB : le triangle OAB sera le triangle cherché.

THÉORÈME XXIII.

105. *Dans tout triangle les trois points de concours des hauteurs, des droites des milieux et des perpendiculaires élevées sur le milieu des côtés, sont en ligne droite* (fig. 57).

En effet, on a trouvé, pour coordonnées du point de concours : des perpendiculaires sur le milieu des côtés,

$$x_1 = \frac{b}{2},$$

$$y_1 = \frac{1}{2}\left[h - \frac{a(b-a)}{h}\right];$$

des hauteurs,

$$x_2 = a,$$

$$y_2 = \frac{a(b-a)}{h};$$

des droites des milieux,

$$x_3 = \frac{a+b}{3},$$

$$y_3 = \frac{h}{3}.$$

On trouve facilement

$$\frac{y_3 - y_1}{x_3 - x_1} = \frac{3a(b-a) - h^2}{h(2a-b)}$$

et

$$\frac{y_2 - y_1}{x_2 - x_1} = \frac{3a(b-a) - h^2}{h(2a-b)};$$

par conséquent

$$\frac{y_3 - y_1}{x_3 - x_1} = \frac{y_2 - y_1}{x_2 - x_1}:$$

donc, etc.

On a encore

$$I_1I_2 = \sqrt{(y_2 - y_1)^2 + (x_2 - x_1)^2} = \sqrt{\left[\frac{3a(b-a) - h^2}{2h}\right]^2 + \left[\frac{2a-b}{2}\right]^2},$$

$$I_1I_3 = \sqrt{(y_3 - y_1)^2 + (x_3 - x_1)^2} = \frac{1}{3}\sqrt{\left[\frac{3a(b-a) - h^2}{2h}\right]^2 + \left[\frac{2a-b}{2}\right]^2},$$

d'où

$$I_1I_2 = 3I_1I_3$$

et

$$I_1I_3 = \frac{1}{2}I_2I_3,$$

résultats qui sont l'expression de deux nouveaux théorèmes.

PROBLÈME XLVI.

106. *Inscrire dans un triangle donné un rectangle dont les côtés soient dans un rapport donné.*

Les notations étant les mêmes qu'au n° **96**, soit $y = \beta$, l'équation d'une droite parallèle à la base du triangle, prise pour axe des x, dont la partie MN (fig. 58), interceptée entre les côtés OA et AB, sera la base supérieure du rectangle inscrit. La combinaison des équations des droites

$$\text{MN}, \quad y_1 = \beta$$

et

$$\text{OA}, \quad y_1 = \frac{h}{a}$$

donne pour coordonnées du point M

$$\text{M,}\quad \left\{\begin{array}{l} x_1 = \dfrac{a\beta}{h} \\ y_1 = \beta \end{array}\right\};$$

de même en combinant les équations des droites

$$\text{MN,}\quad y_2 = \beta$$

et

$$\text{AB,}\quad y_2 = \frac{h}{a-b}(x_2 - b),$$

on trouve

$$\text{N,}\quad \left\{\begin{array}{l} x_2 = \dfrac{a\beta + b(h-\beta)}{h} \\ y_2 = \beta \end{array}\right\}.$$

Cela posé, la partie comprise MN = PQ est évidemment égale à $x_2 - x_1$. Si donc on la désigne par B, on aura, toute réduction faite,

$$\text{B} = \frac{b(h-\beta)}{h}.$$

Désignant en même temps par H la hauteur inconnue du rectangle inscrit, on aura les deux valeurs

$$\text{H} = \beta,$$
$$\text{B} = \frac{b(h-\beta)}{h},$$

entre lesquelles on pourra se proposer diverses relations.

107. Première solution. — Pour résoudre le problème proposé, si $\frac{m}{n}$ représente le rapport donné, on obtiendra tout de suite l'équation de condition

$$\frac{\beta}{\dfrac{b(h-\beta)}{h}} = \frac{m}{n},$$

d'où l'on tire pour première solution,

$$\text{[A]}\qquad \beta = \frac{\dfrac{m}{n}b.h}{\dfrac{m}{n}b + h},$$

quatrième proportionnelle facile à construire.

Deuxième solution. — La valeur précédente peut se mettre sous la forme

$$[B] \qquad \beta = \frac{bh}{b + \frac{n}{m}h};$$

et cette nouvelle quatrième proportionnelle, plus simple que la précédente, donne une seconde solution, plus simple aussi que la première.

Troisième solution. — Enfin si l'on substitue la valeur [A] de β dans les expressions des coordonnées du point N, on trouvera

$$y_2 = \frac{\frac{m}{n}bh}{\frac{m}{n}b + h}, \quad x_2 = b\left\{\frac{h + \frac{m}{n}a}{h + \frac{m}{n}b}\right\}.$$

Divisant ces deux équations membre à membre, il viendra, après avoir réduit,

$$[C] \qquad \frac{y_2}{x_2} = \frac{h}{a + \frac{n}{m}h},$$

équation d'une ligne droite qui passe à la fois par l'origine et par le point dont les coordonnées sont h, $a + \frac{n}{m}h$. Or, ce dernier point n'est pas autre chose que le sommet U du rectangle AHVU, dont la hauteur $AH = h$ et la base $HV = \frac{n}{m}h$, c'est-à-dire dont la hauteur et la base sont dans le rapport donné.

Donc : portez sur la base $HA' = AH = h$; sur AH prenez $HL = m$, $HK = n$; joignez LA', et KV parallèle à LA'; achevez le rectangle AHVU ; joignez OU, et par le point d'intersection N de cette droite et du côté AB menez MN parallèle à la base, et les perpendiculaires MP, NQ, achèveront le rectangle cherché.

108. Si $m = n$, le rectangle à inscrire se change en carré; les deux premières solutions se confondent en une seule, qui a pour expression

$$[D] \qquad \beta = \frac{bh}{b + h},$$

et la troisième ne diffère qu'en ce que le rectangle AHVU se change en carré AHA'U'; le point N' étant d'ailleurs déterminé, comme précédemment, par l'intersection de OU' avec AB.

109. On doit remarquer que, l'énoncé du problème ne déterminant pas, en général, le côté sur lequel la base du rectangle doit reposer, il faut, pour obtenir toutes les solutions, renouveler pour chaque côté la construction qu'on a faite pour un côté particulier.

On peut se demander quel est celui des trois rectangles inscrits dont la surface est la plus grande. Pour résoudre cette question, on substituera dans les valeurs de H et de B la valeur de β [B], et l'on trouvera

$$H = \frac{bh}{b + \frac{n}{m} h},$$

$$B = \frac{\frac{n}{m} bh}{b + \frac{n}{m} h},$$

et par suite

$$B \times H = \frac{\frac{n}{m} b^2 h^2}{\left[b + \frac{n}{m} h\right]^2};$$

et, désignant par R et T la surface du rectangle inscrit et du triangle,

$$R = \frac{4 \frac{n}{m} T^2}{\left[b + \frac{n}{m} h\right]^2}.$$

Telle est en général la surface du rectangle inscrit lorsque sa base repose sur le côté b, pris pour base du triangle.

Si donc b_1, b_2, b_3; h_1, h_2, h_3 désignent les trois côtés et les trois hauteurs correspondantes du triangle, on aura pour expression des surfaces des trois rectangles qu'on peut inscrire dans le triangle

$$R_1 = \frac{4 \frac{n}{m} T^2}{\left[b_1 + \frac{n}{m} h_1\right]^2}, \quad R_2 = \frac{4 \frac{n}{m} T^2}{\left[b_2 + \frac{n}{m} h_2\right]^2}, \quad R_3 = \frac{4 \frac{n}{m} T^2}{\left[b_3 + \frac{n}{m} h_3\right]^2}.$$

La grandeur relative des surfaces dépendra des dénominateurs seulement ; c'est-à-dire que celle-là sera la plus grande dont le dénominateur de la fraction qui exprime sa valeur sera le plus petit, et réciproquement; R_1, par exemple, sera plus petit que R_2 si

$$\left[b_1+\frac{n}{m}h_1\right]^2>\left[b_2+\frac{n}{m}h_2\right]^2,$$

d'où

$$b_1+\frac{n}{m}h_1>b_2+\frac{n}{m}h_2$$

et

$$\frac{b_1-b_2}{h_2-h_1}>\frac{n}{m};$$

Mais on a

$$h_1b_1=h_2b_2=h_3b_3=2\mathrm{T};$$

d'où

$$\frac{b_1}{b_2}=\frac{h_2}{h_1}\quad \text{et}\quad \frac{b_1-b_2}{h_2-h_1}=\frac{b_2}{h_1}:$$

par conséquent R_1 sera plus petit que B_2 si l'on a

[E] $$\frac{b_2}{h}>\frac{n}{m}\quad \text{ou}\quad b_2>\frac{n}{m}h_1.$$

D'où l'on voit que les trois surfaces des rectangles inscrits seront équivalentes si les hauteurs et les côtés ont entre eux les relations

[E'] $$b^2=\frac{n}{m}h_1,\quad b_3=\frac{n}{m}h_1,\quad b_1=\frac{n}{m}h_2.$$

Dans les triangles isocèles, deux des rectangles inscrits sont équivalents, et tous les trois dans les triangles équilatéraux.

Quant aux trois carrés inscriptibles, leurs surfaces sont plus faciles à comparer. En effet, le côté du carré inscriptible étant généralement

$$\beta=\frac{bh}{b+h},$$

on aura pour les trois surfaces

$$\mathrm{C}_1=\frac{4\mathrm{T}^2}{(b_1+h_1)^2},\quad \mathrm{C}_2=\frac{4\mathrm{T}^2}{(b_2+h_2)^2},\quad \mathrm{C}_3=\frac{4\mathrm{T}^2}{(b_3+h_3)^2};$$

et par conséquent C_1 sera plus petit que C_2 si

$$(b_1+h_1)^2>(b_2+h_2)^2,$$

d'où

$$b_1+h_1>b_2+h_2,$$
$$b_1-b_2>h_2-h_1,$$

et

$$\frac{b_1-b_2}{h_2-h_1}>1,$$

et enfin

$$\frac{b_2}{h_1}>1, \quad b_2>h_1.$$

L'égalité des carrés dépendra de la relation

$$b_2=h_1, \quad b_3=h_1, \quad b_1=h_2.$$

Dans tout triangle rectangle deux des carrés inscriptibles sont égaux, et se confondent en un seul.

On aurait pu arriver plus rapidement au résultat en faisant $m=n$ dans les équations [E] et [E'].

PROBLÈME XLVII.

110. *Inscrire dans un triangle donné un rectangle d'une surface déterminée.*

Première solution. — Soit k^2 la surface donnée, l'énoncé $B \times H=k^2$ devient, par la substitution des valeurs de B et H (**106**),

$$\frac{b.(h-\beta)}{h}.\beta=k^2;$$

développant et ordonnant

$$\beta^2-h\beta+\frac{hk^2}{b}=0,$$

d'où

$$\beta=\frac{h}{2}\pm\sqrt{\frac{h^2}{4}-\frac{h}{b}k^2},$$

valeur qu'on peut construire directement.

On voit que le problème est impossible lorsque $k^2>\frac{bh}{4}$, c'est-à-dire plus grand que la moitié de la surface du triangle, et qu'il n'a qu'une solution lorsque la surface donnée a cette valeur. D'où il suit que le plus grand rectangle qu'on puisse inscrire dans un triangle est celui dont la surface est égale à la moitié de celle du triangle; ce qui suffit pour déterminer le rectangle dans ce cas particulier.

Deuxième solution. — Si l'on fait $k^2=bl$, ce qui revient à convertir la surface donnée en un rectangle dont la base soit la même que celle du triangle donné, on obtiendra

$$\beta=\frac{h}{2}\pm\sqrt{\frac{h^2}{4}-lh},$$

valeur qui se construit ainsi qu'il suit (fig. 59) :

DOEF étant le carré équivalent à la surface donnée, on mènera BD et sa parallèle FL, et le rectangle LOBL″ sera équivalent à k^2 et $HL'=l$; sur AH on décrira une demi-circonférence, et $\overline{HK}^2$ sera égal à lh; sur $CH=\frac{1}{2}AH=\frac{h}{2}$ on décrira une demi-circonférence, et portant par un arc de cercle HK en HK′, on aura $CK'=\sqrt{\frac{h^2}{4}-lh}$; enfin du point C comme centre, et d'un rayon égal à CK′, on décrira une circonférence qui coupera AH en deux points I et I′, et les longueurs HI et HI′ seront les deux valeurs de β.

Troisième solution. — La valeur précédente de β peut se mettre sous la forme

$$\beta=\frac{h}{2}\pm\sqrt{\left[\frac{h}{2}-l\right]^2-l^2},$$

ce qui donne une construction plus simple que la précédente.

D'après la remarque du problème précédent, on voit que le problème général est susceptible de six solutions.

PROBLÈME XLVIII.

111. *Inscrire dans un triangle donné un rectangle d'un contour déterminé.*

Soit $2l$ le contour donné; d'après l'énoncé,

$$2(B+H)=2l,$$

et par conséquent

$$2\left[\beta+\frac{b(h-\beta)}{h}\right]=2l;$$

d'où

$$\beta = \frac{h(l-b)}{(h-b)},$$

et

$$h-\beta = h\frac{h-l}{h-b}:$$

par conséquent

$$\frac{\beta}{h-\beta} = \frac{l-b}{h-l},$$

et la hauteur du triangle est divisée en deux parties dont le rapport est $\frac{l-b}{h-l}$.

Donc (fig. 60), achevez le rectangle OHAA'; sur OA' portez OB' = OB et OL = l, moitié du contour donné : alors LB' = $l-b$ et LA' = $h-l$. Joignez HB', qui rencontre AA' en D, et menez DL, qui déterminera par sa rencontre avec AH le point I, tel que IH = β : en effet,

$$\frac{\text{IH}}{\text{IA}} = \frac{\text{LB}'}{\text{LA}'}.$$

La valeur de β, qu'on peut encore construire directement, peut être négative, ou positive et plus grande que h. Dans ces deux cas l'analyse donne une solution plus générale que l'énoncé. En effet, on ne peut regarder les rectangles M''N''P''Q'', M'''N'''P'''Q'', comme inscrits au triangle. Il est facile de déterminer les conditions de possibilité du problème d'après la valeur de β.

Au surplus, on voit de quelle manière on pourrait généraliser l'énoncé pour qu'on pût se servir de la valeur générale, et comment, d'après cet énoncé général, les deux problèmes précédents acquerraient des solutions nouvelles.

PROBLÈME XLIX.

112. *Inscrire dans un triangle donné un rectangle dont la base et la hauteur aient une différence donnée.*

$$\text{B} - \text{H} = d:$$

donc

$$b\left[\frac{h-\beta}{h}\right]-\beta=d,$$

et

$$\beta=h\left[\frac{b-d}{b+h}\right].$$

(Fig. 61.) Portez $OA'=h$ en OH', après avoir achevé le rectangle $OBA''A'$; prenez $OL=d$; alors $BH'=b+h$, et $BL=b-d$. Joignez $H'A''$, et menez LG parallèle à $H'A''$: $IH=BG$ sera la valeur de β.

En faisant la même construction pour chacun des côtés du triangle, on obtient les trois solutions du problème. Cette remarque se rapporte aussi au numéro précédent.

PROBLÈME L.

113. *Inscrire dans un triangle donné un rectangle dont la somme ou la différence des carrés de la base et de la hauteur soit égale à un carré donné.*

Les deux énoncés

$$B^2+H^2=s^2,$$
$$B^2-H^2=d^2,$$

deviennent, au moyen des valeurs de B et H,

[1] $$\beta^2+\frac{b^2(h-\beta)^2}{h^2}=s^2,$$

[2] $$\frac{b^2(h-\beta)^2}{h^2}-\beta^2=d^2;$$

et, toute réduction faite,

[1] $$\beta=\frac{h}{\sqrt{b^2+h^2}}\left\{\frac{b^2}{\sqrt{b^2+h^2}}\pm\sqrt{s^2-\left[\frac{h}{\sqrt{b^2+h^2}}b\right]^2}\right\},$$

[2] $$\beta=\frac{h}{\sqrt{b^2-h^2}}\left\{\frac{b^2}{\sqrt{b^2-h^2}}\pm\sqrt{d^2+\left[\frac{h}{\sqrt{b^2-h^2}}b\right]^2}\right\},$$

et les solutions des deux problèmes sont ramenées à des constructions d'hypoténuses, ou de côtés d'angles droits et de quatrièmes proportionnelles.

Nous laissons au lecteur le soin de faire ces constructions, qui n'offrent aucune difficulté.

On doit remarquer encore que chacun des deux problèmes est susceptible de six solutions.

D'ailleurs on reconnaîtra facilement, par la discussion des valeurs, les cas d'impossibilité qui peuvent se présenter, d'après la forme du triangle donné.

PROBLÈME LI.

114. *Étant données trois droites* OA, OB, AB (fig. 62), *qui se coupent deux à deux, mener parallèlement à l'une d'elles* OB, *une droite* MN *telle,* 1° *que* $MN = OM + BN$, 2° *que* $M'N' = OM' - B'N'$.

L'origine des axes rectangulaires étant placée au point O, et la droite OB prise pour axe des x, si l'on se sert des mêmes notations, on aura toujours pour les coordonnées des points M et N (n° **106**).

$$\text{M,}\quad \left\{\begin{array}{l} x_1 = \dfrac{a\beta}{h} \\ y_1 = \beta \end{array}\right\},$$

$$\text{N,}\quad \left\{\begin{array}{l} x_2 = \dfrac{a\beta + b(h-\beta)}{h} \\ y_2 = \beta \end{array}\right\};$$

de sorte que

$$OM = \pm\sqrt{x_1^2 + y_1^2} = \pm\sqrt{\frac{a^2}{h^2}\beta^2 + \beta^2} = \pm\frac{\beta}{h}\sqrt{a^2 + h^2};$$

et si l'on désigne par c le côté OA du triangle OAB ,

$$OM = \pm\frac{\beta c}{h}.$$

De même

$$BN = \pm\sqrt{(b - x_2)^2 + y_2} = \pm\sqrt{\left(\frac{b-a}{h}\right)^2\beta^2 + \beta^2} = \pm\frac{\beta}{h}\sqrt{(b-a)^2 + h^2};$$

et désignant par c' le côté AB,

$$BN = \pm\frac{\beta}{h}c'.$$

De plus

$$MN = PQ = x_2 - x_1 = \frac{b(h-\beta)}{h}:$$

donc, d'après l'énoncé du problème,

1°
$$\frac{b(h-\beta)}{h} = \pm\frac{\beta}{h}(c+c');$$

d'où, eu égard au double signe, les deux valeurs

$$\beta = \frac{bh}{c+c'+b},$$

$$\beta = \frac{bh}{c+c'-b},$$

expressions (n° 69) des rayons des cercles tangents aux trois droites : la première répond au cercle inscrit, et la seconde au cercle tangent extérieurement au côté $b = OB$.

De là cette construction : Divisez les angles O et B et leurs suppléments en deux parties égales, et par les points de rencontre C_1 et C_2 des bissectrices menez M_1N_1, M_2N_2, parallèles à OB.

2° L'équation de condition du second problème sera

$$\frac{b(h-\beta)}{h} = \pm\frac{\beta}{h}(c-c');$$

d'où les deux valeurs

$$\beta = \frac{bh}{b+c-c'},$$

$$\beta = \frac{bh}{b+c'-c},$$

dont la première représente le rayon du cercle tangent aux trois droites, et particulièrement tangent extérieurement au côté $AB = c'$, et la seconde, le rayon du cercle tangent extérieurement au côté OA = .

Donc, prolongez la bissectrice de l'angle O jusqu'à sa rencontre avec la bissectrice du supplément de B, et la bissectrice de B jusqu'à sa rencontre avec la bissectrice du supplément de O; par les deux points C_3 et C_4, ainsi obtenus, on mènera, parallèlement à OB, $M'_1N'_1$ et $M'_2N'_2$, qui satisfont à la question.

On résoudra sans difficulté le problème suivant :

PROBLÈME LII.

Mener une ligne droite parallèle à la base d'un triangle, et telle, 1° que la somme des parties interceptées sur les côtés, à partir de cette base, soit égale à une longueur donnée ; 2° que la différence soit égale à une longueur donnée ; 3° que le rectangle soit équivalent à une surface donnée.

THÉORÈME XXIV.

115. *Dans un triangle quelconque* OAB (fig. 63), *si l'on mène des sommets trois droites* AP, BR, OQ, *qui se coupent en un même point quelconque intérieur* I, *la somme des rapports des parties de ces droites comprises entre le point commun et les côtés respectifs aux droites entières est toujours égale à l'unité, c'est-à-dire qu'on a toujours*

$$\frac{IR}{RB}+\frac{IP}{AP}+\frac{IQ}{OQ}=1.$$

1° Les axes étant disposés de la même manière, et les notations étant les mêmes, si α, β, désignent les coordonnées du point commun I, on aura

$$IR=\sqrt{(y-\beta)^2+(x-\alpha)^2}$$

et

$$BR=\sqrt{y^2+(x-b)^2},$$

x et y étant les coordonnées du point d'intersection R des droites OA et BR, dont les équations sont

$$[1] \qquad \text{OA}, \qquad y=\frac{h}{a}x,$$

$$[2] \qquad \text{BR}, \qquad y=\frac{\beta}{\alpha-b}(x-b).$$

Pour éliminer plus facilement, on peut mettre ces équations sous la forme

$$y-\beta=\frac{h}{a}(x-\alpha)+\frac{h}{a}\alpha-\beta,$$

$$y-\beta=\frac{\beta}{\alpha-b}(x-\alpha);$$

d'où l'on tire

$$(x-\alpha)\left[\frac{\beta}{\alpha-b}-\frac{h}{a}\right]=\frac{h}{a}\alpha-\beta$$

et

$$x-\alpha=(\alpha-b)\left[\frac{h\alpha-a\beta}{a\beta-h(\alpha-b)}\right];$$

enfin

$$y-\beta=\beta\left[\frac{h\alpha-a\beta}{a\beta-h(\alpha-b)}\right],$$

et par conséquent

$$\mathrm{IR}=\sqrt{(y-\beta)^2+(x-\alpha)^2}=\frac{h\alpha-a\beta}{a\beta-h(\alpha-b)}\sqrt{\beta^2+(\alpha-b)^2}.$$

D'ailleurs l'élimination entre les mêmes équations [1] et [2] dont la première prend la forme

$$y=\frac{h}{a}(x-b)+\frac{bh}{a},$$

donne

$$(x-b)\left[\frac{\beta}{\alpha-b}-\frac{h}{a}\right]=\frac{bh}{a};$$

d'où

$$(x-b)[a\beta-h(\alpha-b)]=bh(\alpha-b),$$

$$x-b=\frac{bh}{a\beta-h(\alpha-b)}(\alpha-b),$$

et

$$y=\frac{bh}{a\beta-h(\alpha-b)}\beta:$$

donc

$$\mathrm{BR}=\sqrt{y^2+(x-b)^2}=\frac{bh}{a\beta-h(\alpha-b)}\sqrt{\beta^2+(\alpha-b)^2},$$

et par suite

$$\frac{\mathrm{IR}}{\mathrm{BR}}=\frac{h\alpha-a\beta}{bh}.$$

2° On a de même

$$IP = \sqrt{\beta^2 + (x - \alpha)^2},$$
$$AP = \sqrt{h^2 + (x - a)^2};$$

et pour déterminer x, les équations

[3] OB, $y = 0$,

[4] AP, $(y - \beta) = \frac{\beta - h}{\alpha - a}(x - \alpha)$.

A cause de l'équation [3], l'équation [4] donne

$$(x - \alpha) = -\frac{\beta(\alpha - a)}{\beta - h},$$

et par conséquent

$$IP = \sqrt{\beta^2 + (x - \alpha)^2} = \frac{\beta}{\beta - h}\sqrt{(\beta - h)^2 + (\alpha - a)^2}.$$

De plus, l'équation [4] peut se mettre sous la forme

$$(y - \beta) = \frac{\beta - h}{\alpha - a}(x - a) - (\alpha - a)\frac{\beta - h}{\alpha - a};$$

et faisant $y = 0$, puis réduisant,

$$x - a = -\frac{h(\alpha - a)}{\beta - h},$$

d'où

$$AP = \sqrt{h^2 + (x - a)^2} = \frac{h}{\beta - h}\sqrt{(\beta - h)^2 + (\alpha - a)^2},$$

et par suite

$$\frac{IP}{AP} = \frac{\beta}{h}:$$

résultat que la figure aurait pu donner directement.

3° Enfin

$$IQ = \sqrt{(x - \alpha)^2 + (y - \beta)^2},$$
$$OQ = \sqrt{x^2 + y^2},$$

les valeurs de x et y étant données par l'élimination entre les équations

[5] AB, $y = \frac{h}{a - b}(x - b)$,

[6] OQ, $y = \frac{\beta}{\alpha}x$,

qui prennent la forme

$$y-\beta=\frac{h}{a-b}(x-\alpha)+(\alpha-b)\frac{h}{a-b}-\beta,$$

$$y-\beta=\frac{\beta}{\alpha}(x-\alpha)+\frac{\alpha\beta}{\alpha}-\beta;$$

d'où

$$(x-\alpha)=\alpha\left[\frac{\beta(a-b)-h(\alpha-b)}{\alpha h-\beta(a-b)}\right]:$$

et

$$(y-\beta)=\beta\left[\frac{\beta(a-b)-h(\alpha-b)}{\alpha h-\beta(a-h)}\right]:$$

donc

$$\mathrm{IQ}=\sqrt{(x-\alpha)^2+(y-\beta)^2}=\frac{\beta(a-b)-h(\alpha-b)}{\alpha h-\beta(a-b)}\sqrt{\alpha^2+\beta^2};$$

et d'ailleurs l'élimination directe entre [3] et [6] donne

$$\left(\frac{h}{a-b}-\frac{\beta}{\alpha}\right)x=b\frac{h}{a-b};$$

d'où

$$x=\frac{bh}{\alpha h-\beta(a-b)}\alpha$$

et

$$y=\frac{bh}{\alpha h-\beta(a-b)}\beta;$$

d'où

$$\mathrm{OQ}=\sqrt{x^2+y^2}=\frac{bh}{\alpha h-\beta(a-b)}\sqrt{\alpha^2+\beta^2},$$

et par suite

$$\frac{\mathrm{IQ}}{\mathrm{OQ}}=\frac{\beta(a-b)-h(\alpha-b)}{bh}.$$

Réunissant tous ces rapports, on aura

$$\frac{\mathrm{IR}}{\mathrm{BR}}+\frac{\mathrm{IP}}{\mathrm{AP}}+\frac{\mathrm{IQ}}{\mathrm{OQ}}=\frac{h\alpha-a\beta}{bh}+\frac{\beta}{h}+\frac{\beta(a-b)-h(\alpha-b)}{bh};$$

réduisant au même dénominateur les fractions du second membre, on obtient

$$\frac{IR}{BR}+\frac{IP}{AP}+\frac{IQ}{OQ}=1,$$

indépendamment d'aucune valeur de α, β, et des coordonnées des sommets du triangle.

THÉORÈME XXV.

116. *Dans tout triangle, les produits des segments non contigus formés sur les côtés par les lignes menées des angles à un même point intérieur sont égaux entre eux, c'est-à-dire qu'on aura* (fig. 63)

$$OP.BQ.AR=PB.AQ.OR.$$

En effet, 1° $OP=x$, abscisse du point où la droite

[2] AP, $y-\beta=\frac{\beta-h}{\alpha-a}(x-\alpha)$

rencontre la droite

[1] OB, $y=0$,

axe des x, s'obtient en faisant $y=0$ dans l'équation [2], et on a

$$OP=x=\frac{\alpha(\beta-h)-\beta(\alpha-a)}{\beta-h}=\frac{a\beta-\alpha h}{\beta-h},$$

et

$$PB=b-x=b-\frac{a\beta-\alpha h}{\beta-h}=\frac{h(\alpha-b)-\beta(a-b)}{\beta-h}.$$

2° $OR=\sqrt{x^2+y^2}$ et $AR=\sqrt{a^2+h^2}-\sqrt{x^2+y^2}$,

x et y étant les coordonnées du point d'intersection R des droites

[3] OA, $y=\frac{h}{a}x$,

[4] BR, $y=\frac{\beta}{\alpha-b}(x-b)$.

On obtient, en retranchant [3] de [4],

$$x\left(\frac{\beta}{\alpha-b}-\frac{h}{a}\right)=\frac{\beta b}{\alpha-b};$$

d'où

$$x = \frac{ab\beta}{a\beta - h(\alpha - b)}$$

et

$$y = \frac{bh\beta}{a\beta - h(\alpha - b)};$$

et par suite

$$OR = \sqrt{x^2 + y^2} = \frac{b\beta}{a\beta - h(\alpha - b)} \sqrt{a^2 + h^2}$$

et

$$AR = \sqrt{a^2 + h^2} - \sqrt{x^2 + y^2} = \frac{\beta(a - b) - h(\alpha - b)}{a\beta - h(\alpha - b)} \sqrt{a^2 + h^2}.$$

3°
$$BQ = \sqrt{y^2 + (x - b)^2};$$
$$AQ = \sqrt{h^2 + (a - b)^2} - \sqrt{y^2 + (x - b)^2};$$

et pour déterminer x et y, on a les équations

[5] AB, $y = \frac{h}{a - b}(x - b)$,

[6] OQ, $y = \frac{\beta}{\alpha} x$.

Retranchant l'équation [6], mise sous la forme

$$y = \frac{\beta}{\alpha}(x - b) + \frac{b\beta}{\alpha};$$

de l'équation [5], on trouvera

$$(x - b)\left(\frac{h}{a - b} - \frac{\beta}{\alpha}\right) = \frac{b\beta}{\alpha};$$

d'où

$$(x - b) = \frac{b\beta(a - b)}{\alpha h - \beta(a - b)},$$

et

$$y = \frac{bh\beta}{\alpha h - \beta(a - b)}:$$

par conséquent

$$BQ=\sqrt{y^2+(x-b^2)}=\frac{b\beta}{\alpha h-\beta(a-b)}\sqrt{h^2+(a-b)^2}$$

et

$$AQ=\sqrt{h^2+(a-b)^2}-\sqrt{y^2+(x-b)^2}=\frac{\alpha h-a\beta}{\alpha h-\beta(a-b)}\sqrt{h^2+(a-b)^2}.$$

Réunissant les valeurs des segments non contigus,

$$OP=\frac{a\beta-\alpha h}{\beta-h},$$

$$BQ=\frac{b\beta}{\alpha h-\beta(a-b)}\sqrt{h^2+(a-b)^2},$$

$$AR=\frac{\beta(a-b)-h(\alpha-b)}{a\beta-h(\alpha-b)}\sqrt{a^2+h^2};$$

$$PB=\frac{h(\alpha-b)-\beta(a-b)}{\beta-h},$$

$$AQ=\frac{\alpha h-a\beta}{\alpha h-\beta(a-b)}\sqrt{h^2+(a-b)^2},$$

$$OR=\frac{b\beta}{a\beta-h(\alpha-b)}\sqrt{a^2+h^2},$$

on voit facilement que leurs produits sont égaux.

THÉORÈME XXVI.

117. *Si d'un point quelconque, dans le plan de trois droites qui se coupent, on mène une transversale quelconque, les produits des trois segments non contigus sont égaux entre eux* (fig. 64).

Les axes étant disposés de la même manière, les équations des droites seront toujours,

[1] OB, $y=0,$

[2] OA, $y=\frac{h}{a}x,$

[3] AB, $y=\frac{h}{a-b}(x-b),$

et celle de la transversale passant par le point donné P (α, β)

[T] $$y-\beta=A(x-\alpha).$$

Eliminant successivement entre chacune des équations [1], [2], [3], et l'équation [T], on trouvera :
pour coordonnées du point N,

$$\left\{\begin{aligned} x&=\frac{A\alpha-\beta}{A} \\ y&=0 \end{aligned}\right\}$$

et par conséquent

$$ON=\frac{A\alpha-\beta}{A},$$

$$BN=\frac{A(\alpha-b)-\beta}{A};$$

pour coordonnées du point L,

$$\left\{\begin{aligned} x&=\frac{a(A\alpha-\beta)}{Aa-h} \\ y&=\frac{h(A\alpha-\beta)}{Aa-h} \end{aligned}\right\}$$

et par conséquent

$$OL=\frac{A\alpha-\beta}{Aa-h}\sqrt{a^2+h^2};$$

$$AL=\frac{A(a-\alpha)-(h-\beta)}{Aa-h}\sqrt{a^2+h^2};$$

enfin, pour coordonnées du point M,

$$\left\{\begin{aligned} y&=h\left[\frac{A(\alpha-b)-\beta}{A(a-b)-h}\right] \\ (x-b)&=(a-b)\left[\frac{A(\alpha-b)-\beta}{A(a-b)-h}\right] \end{aligned}\right\}$$

et par conséquent

$$BM=\frac{A(\alpha-b)-\beta}{A(a-b)-h}\sqrt{h^2+(a-b)^2},$$

$$AM=\frac{A(a-\alpha)-(h-\beta)}{A(a-b)-h}\sqrt{h^2+(a-b)^2}.$$

Les segments non contigus sont :

$$OL = \frac{A\alpha - \beta}{Aa - h}\sqrt{h^2 + a^2},$$

$$AM = \frac{A(a - \alpha) - (h - \beta)}{A(a - b) - h}\sqrt{h^2 + (a - b)^2},$$

$$BN = \frac{A(\alpha - b) - \beta}{A};$$

$$AL = \frac{A(a - \alpha) - (h - \beta)}{Aa - h}\sqrt{h^2 + a^2},$$

$$MB = \frac{A(\alpha - b) - \beta}{A(a - b) - h}\sqrt{h^2 + (a - b)^2},$$

$$ON = \frac{A\alpha - \beta}{A}.$$

D'où l'on voit que le produit des trois premières valeurs est parfaitement identique au produit des trois autres, et cela quels que soient A, α et β.

PROBLÈME LIII.

118. *Étant données deux droites* OA *et* AB *qui se coupent* (fig. 65), *d'un point* P, *pris dans leur plan, on mène des couples de sécantes* PO, PL; *déterminer le lieu géométrique des points* I *d'intersection des droites* OM *et* BL *qui joignent réciproquement les points de rencontre des sécantes avec les droites données.*

Soit l'une de ces sécantes transversales, PO par exemple, prise pour axe des x, et l'origine des axes rectangulaires placée au point d'intersection O de la sécante avec l'une des droites données OA.

Si l'on désigne par $\left\{ \begin{array}{ll} (a, h) \text{ les coordonnées du point} & A \\ (b, 0) & B \\ (\alpha, 0) & P \end{array} \right\}$,

la sécante PL aura pour équation

$$y = A(x - \alpha),$$

et les coordonnées des points L et M seront ce que deviennent les coordonnées de ces mêmes points dans le théorème précédent lorsqu'on y fait $\beta=0$; c'est-à-dire qu'on aura pour coordonnées du point L,

$$\left\{\begin{aligned} x_1 &= \frac{\mathrm{A}a\alpha}{\mathrm{A}a-h} \\ y_1 &= \frac{\mathrm{A}h\alpha}{\mathrm{A}a-h} \end{aligned}\right\},$$

et pour celles du point M,

$$\left\{\begin{aligned} x_2 &= \frac{\mathrm{A}(a-b)\alpha-bh}{\mathrm{A}(a-b)-h} \\ y_2 &= \frac{\mathrm{A}(\alpha-b)h}{\mathrm{A}(a-b)-h} \end{aligned}\right\}.$$

Cela posé, les droites OM et BL auront évidemment pour équations

$$\text{OM,}\qquad \varphi=\frac{y_2}{x_2}\xi,$$

$$\text{BL,}\qquad \varphi=\frac{y_1}{x_1-b}(\xi-b);$$

ou bien, remplaçant x_1, y_1, et x_2, y_2, par leurs valeurs,

$$\varphi=\frac{\mathrm{A}(\alpha-b)h}{\mathrm{A}(a-b)\alpha-bh}\xi,$$

$$\varphi=\frac{\mathrm{A}h\alpha}{\mathrm{A}a(\alpha-b)+bh}(\xi-b).$$

Si l'on élimine entre ces deux équations l'arbitraire A, qui détermine une sécante particulière, l'équation finale en φ et ξ sera évidemment le lieu géométrique cherché.

Or la première de ces deux équations donne

$$\mathrm{A}=\frac{bh\varphi}{(a-b)\alpha\varphi-(\alpha-b)h\xi},$$

valeur qui, substituée dans la seconde, la change en

$$\varphi=\frac{\dfrac{\alpha bh^2\varphi}{(a-b)\alpha\varphi-(\alpha-b)h\xi}}{\dfrac{abh\varphi(\alpha-b)}{(a-b)\alpha\varphi-(\alpha-b)h\xi}+bh}(\xi-b);$$

d'où l'on tire, toute réduction faite,

$$[F] \quad \varphi[a(\alpha-b)+\alpha(a-b)]-\xi[h(\alpha-b)+\alpha h]+\alpha bh=0,$$

équation d'une ligne droite, dont il ne reste plus qu'à déterminer la direction.

1° Il est assez facile de voir que cette équation finale peut se mettre sous la forme

$$[F'] \quad (\varphi-h)[2a\alpha-b(a+\alpha)]-(\xi-a)(2h\alpha-bh)=0;$$

d'où l'on voit que la droite, lieu géométrique, passe par le point (a, h), c'est-à-dire par le point d'intersection des deux droites données, quelle que soit la position du point P : en effet, l'équation [F'] est satisfaite par

$$\varphi=h,$$
$$\xi=a,$$

indépendamment d'aucune valeur de α.

Il suit de là que, si l'on veut mener par un point donné I une droite IA, qui concoure au point de rencontre de deux droites qu'on ne peut pas prolonger, on mènera par ce point I deux sécantes quelconques LIB, OIM; on joindra les points O et B, L et M, par deux droites, qui se rencontreront en un point P; de ce point on mènera les deux sécantes PBO, PQR, et les sécantes réciproques OQ, BR, qui se couperont en un point K; et la droite KI ira concourir au point A de rencontre des deux droites.

2° Si dans l'équation [F] on fait $\varphi=0$, on trouve

$$OG=\xi_1=\frac{\alpha b}{2\alpha-b},$$

et de là

$$GB=\xi_2=b-\frac{\alpha b}{2\alpha-b}=\frac{b(\alpha-b)}{2\alpha-b},$$

d'où l'on tire

$$\frac{\xi_1}{\xi_2}=\frac{\alpha}{\alpha-b} \quad \text{et} \quad \xi_2\alpha=\xi_1(\alpha-b).$$

La sécante PO étant quelconque, ce résultat indique que toutes les sécantes donneront la même relation pour les différents points correspondants, c'est-à-dire que chacune d'elles sera divisée en segments OG, GB, BP, tels, que le produit du segment moyen par la sécante entière sera égal au produit des segments extrêmes :

$$GB.OP = OG.BP.$$

Chaque sécante est dite divisée *harmoniquement*, et les quatre lignes AO, AG, AB, AP, forment un *faisceau harmonique.*

119. Divisant tous les termes de l'équation [F] par a, on obtient

$$\varphi\left[(\alpha - b) + \alpha\left(1 - \frac{b}{a}\right)\right] - \xi\left[\frac{h}{a}(2\alpha - b)\right] + \frac{h}{a}\alpha b = 0;$$

et, désignant par t la tangente de l'angle AOB,

$$\varphi\left[(\alpha - b) + \alpha\left(1 - \frac{b}{a}\right)\right] - \xi\left[t(2\alpha - b)\right] + t\alpha b = 0.$$

Faisant dans cette dernière équation $a = \infty$, ce qui exprime que les droites données se rencontrent à l'infini, c'est-à-dire qu'elles sont parallèles, on trouve

$$[F'] \qquad \varphi = t\xi - \frac{\alpha b t}{2\alpha - b}:$$

d'où l'on voit que,

Si les droites sont parallèles (fig. 66), *le lieu géométrique des points* I *est une droite parallèle aux droites données.*

D'ailleurs les sécantes transversales sont, comme dans le cas général, divisées harmoniquement : en effet, si l'on fait $\varphi = 0$, on trouve

$$\xi_1 = \frac{\alpha b}{2\alpha - b}$$

et

$$b - \xi_1 = \xi_2 = \frac{b(\alpha - b)}{2\alpha - b};$$

d'où

$$\alpha\xi_2 = (\alpha - b)\xi_1, \qquad GB.OP = OG.BP.$$

Ce résultat peut, au reste, se déduire comme conséquence du problème général.

120. Dans l'équation [F']'(**118**), si l'on divise tous les termes par α, on trouve

$$(\varphi - h)\left[2a - b\left(\frac{a}{\alpha}+1\right)\right] - (\xi - a)\left(2h - \frac{bh}{\alpha}\right) = 0;$$

et, faisant $\alpha = \infty$,

$$[\mathrm{F}'''] \qquad (\varphi - h) = \frac{2h}{2a - b}(\xi - a);$$

d'où l'on conclut que,

Si l'on mène à deux droites données OA, AB (fig. 67), *des transversales parallèles* OB, LM, *les points de rencontre* I *des sécantes réciproques* BL, OM, *seront tous situés sur une droite qui passe par le point de concours des deux droites données.*

De plus, l'équation [F'''], mise sous la forme

$$\varphi - h = \frac{-h}{\frac{b}{2} - a}(\xi - a),$$

prouve que cette droite des points I divise toutes les transversales parallèles en deux parties égales.

Ce qui est d'ailleurs encore une conséquence du résultat général

$$\mathrm{GB.OP} = \mathrm{OG.BP}.$$

En effet, si les sécantes transversales sont parallèles entre elles, c'est-à-dire si le point P est situé à une distance infinie du point O, on a

$$\mathrm{OP} = \infty,$$
$$\mathrm{BP} = \infty \text{ et } \mathrm{GB} = \mathrm{OG}.$$

Donc,

Si l'on mène des transversales parallèles à un côté du triangle, les points d'intersection des sécantes réciproques seront tous sur la droite qui joint l'angle opposé au milieu du côté (fig. 68).

Si l'on mène des transversales parallèles aux côtés parallèles d'un trapèze, le lieu des points de rencontre des sécantes réciproques est une droite qui passe par les milieux des deux côtés parallèles, et par le point de concours des côtés qui ne le sont pas (fig. 69).

121. Si les deux droites données sont parallèles (fig. 70), le lieu géométrique des points I sera une parallèle à égale distance des parallèles données.

Si donc on mène des transversales parallèles aux côtés d'un parallélogramme, les lieux géométriques des points de rencontre des sécantes réciproques seront les deux droites qui joignent les milieux des côtés parallèles, et les deux diagonales seront chacune à chacune les lieux géométriques des points de rencontre des sécantes réciproques par rapport aux transversales qui leur sont parallèles (fig. 71).

PROBLÈME LIV.

122. *Par deux points donnés mener à une droite donnée de position deux obliques qui soient également inclinées sur cette droite.*

A (a, b) et B (a', b') étant les points donnés (fig. 72), les équations des deux obliques seront

$$[1] \qquad y_1 - b = A(x_1 - a),$$
$$[2] \qquad y_2 - b' = A'(x_2 - a').$$

Si l'on prend la ligne donnée MN pour axe des x, on exprimera que ces deux obliques se rencontrent sur cet axe en posant

$$y_1 = y_2 = 0,$$
$$x_1 = x_2 = x;$$

de plus, d'après l'énoncé, APM = BPN ou $A' = -A$: les équations [1] et [2] deviendront par conséquent

$$-b = A(x - a),$$
$$-b' = -A(x - a'):$$

et ajoutant, il vient

$$A = \frac{-b' - b}{a' - a}:$$

l'oblique AP passe donc par le point $(a', [-b'])$ symétrique du point B.

De là cette construction : Du point B abaissez la perpendiculaire sur la ligne MN, et prolongez-la d'une quantité égale à elle-même; joignez AB' : les obliques AP, BP, satisfont à la question.

On voit qu'on aurait pu faire la même construction pour le point A.

On reconnaîtra de plus que ce point P est tel, que $AP + PB$ est le chemin le plus court pour aller de A en B, en passant par un point de la ligne MN.

PROBLÈME LV.

123. *Par un point donné mener une droite qui fasse des angles égaux avec deux droites données.*

Si l'on prend l'une des droites OC pour axe des x (fig. 73), l'origine des axes rectangulaires étant à leur point d'intersection, l'équation de la seconde droite sera

$$y_1 = Ax_1,$$

et celle de la transversale cherchée, passant par le point A (a, b),

$$y_2 - b = A'(x_2 - b).$$

Or, d'après la formule connue,

$$\text{tang OMP} = \frac{A' - A}{1 + AA'};$$

et comme

$$\text{tang APO} = - A',$$

on aura, d'après l'énoncé,

$$\text{tang OMP} = \text{tang APO};$$

ou

$$\frac{A' - A}{1 + AA'} = - A',$$

[1] $$AA'^2 + 2A' - A = 0.$$

Mais on a généralement

$$\text{tang } 2k = \frac{2 \text{ tang } k}{1 - \text{tang}^2 k},$$

équation dont le développement est identique avec l'équation [1] si l'on suppose

$$\text{tang } 2k = A$$

et

$$\text{tang } k = A'.$$

De là cette construction : Divisez l'angle des deux droites et son supplément en deux parties égales, et par le point donné menez deux droites parallèles aux bissectrices.

On voit aisément que les deux sécantes sont perpendiculaires l'une sur l'autre, ce qui est indiqué à la fois par la construction graphique et par l'équation [1].

PROBLÈME LVI.

124. *Par un point donné mener une droite telle, que les segments interceptés par les perpendiculaires abaissées sur elle de deux points donnés soient dans un rapport donné.*

Si l'on prend pour axe des x la droite AO (fig. 74), qui joint l'un des points donnés A avec le point O, par lequel doit être menée la droite cherchée, l'origine des axes rectangulaires étant à ce dernier point, l'équation de cette droite sera

$$y = Ax;$$

celle de la perpendiculaire abaissée du point A $(-a, 0)$ sur cette droite

$$y = -\frac{1}{A}(x+a),$$

d'où

$$OM = \frac{a}{\sqrt{1+A^2}};$$

et l'équation de celle abaissée du point B (c, d)

$$y - d = -\frac{1}{A}(x-c),$$

d'où

$$ON = \frac{Ad+c}{\sqrt{1+A^2}}:$$

donc, d'après l'énoncé,

$$\frac{a}{Ad+c} = \frac{m}{n},$$

rapport donné.

Si, dans l'équation de BN,

$$y-d=-\frac{1}{A}(x-c),$$

on fait $y=0$, on a

$$x_0=Ad+c=OA' :$$

donc

$$\frac{AO}{OA'}=\frac{m}{n}.$$

De là cette construction : Joignez AO, que vous prolongerez d'une quantité OA' telle, que

$$\frac{AO}{AO'}=\frac{m}{n};$$

joignez BA', et par le point O menez MON perpendiculaire à BA' : cette ligne sera telle, que

$$\frac{OM}{ON}=\frac{m}{n}.$$

Si $m=n$, $OA'=AO$, et la construction s'achève comme ci-dessus.

PROBLÈME LVII.

125. *Diviser un triangle en deux parties* :: m : n, *par une ligne parallèle à la base* (fig. 75).

Soit $y=\beta$ l'équation de la droite MN demandée. Si l'on se sert des mêmes notations qu'au nº **106**, on aura

$$MN=\frac{b(h-\beta)}{h};$$

et comme, d'après l'énoncé de la question,

$$\frac{AMN}{OMNB}=\frac{m}{n},$$

d'où

$$\frac{AMN}{OAB}=\frac{m}{m+n},$$

et que d'ailleurs

$$AMN=\frac{1}{2}\left[(h-\beta)\frac{b(h-\beta)}{h}\right]$$

et

$$OAB = \frac{1}{2} bh,$$

l'équation du problème sera

$$\frac{\frac{1}{2}\left[(h-\beta)\,\frac{b.(h-\beta)}{h}\right]}{\frac{1}{2}\,bh} = \frac{m}{m+n},$$

d'où

$$\frac{(h-\beta)^2}{h^2} = \frac{m}{m+n};$$

et le problème est ramené à trouver sur la ligne AH ou sur là ligne AO un point I ou M tel, que $\frac{\overline{AI}^2}{\overline{AH}^2}$ ou $\frac{\overline{AM}^2}{\overline{AO}^2}$ soit égal à $\frac{m}{m+n}$.

On observera que

$$\frac{\overline{AI}^2}{\overline{AH}^2} = \frac{\overline{AM}^2}{\overline{AO}^2} = \frac{m}{m+n} = \frac{m(m+n)}{(m+n)^2}$$

et

$$\frac{AI}{AH} = \frac{AM}{AO} = \frac{\sqrt{m(m+n)}}{m+n}:$$

donc prenez, sur AB, $AP = m$, $PQ = n$; décrivez une demi-circonférence sur AQ comme diamètre; élevez la perpendiculaire PQ, et menez AR, qui sera égal à $\sqrt{m(m+n)}$; portez AR en AS; joignez QO ou NH, et par le point S menez parallèlement à ces droites SM ou SI, qui détermineront le point M ou le point I, par lequel la parallèle à la base demandée, MN, devra être menée.

Si $m = n$, $AI = h - \beta$ est égal au côté du carré dont $AH = h$ est la diagonale.

PROBLÈME LVIII.

126. *Diviser un triangle en* n *parties équivalentes par des parallèles à la base* (fig. 76).

On trouvera facilement pour solution

$$\frac{\overline{AI}^2}{\overline{AO}^2}=\frac{1}{n},\quad \frac{\overline{AI'}^2}{\overline{AO}^2}=\frac{2}{n},\quad \frac{\overline{AI''}^2}{\overline{AO}^2}=\frac{3}{n},\ \text{etc.},$$

et la construction n'offrira aucune difficulté d'après le problème précédent.

PROBLÈME LIX.

127. *Diviser un triangle en deux parties* :: m : n *par une droite perpendiculaire à la base.*

Si $x=\alpha$ représente la perpendiculaire MN (fig. 77), à cause de l'équation du côté OA, $y=\frac{h}{a}x$, la longueur de MN sera $\frac{h}{a}\alpha$; et, d'après l'énoncé,

$$\frac{\text{ONM}}{\text{NMAB}}=\frac{m}{n},$$

d'où

$$\frac{\text{ONM}}{\text{OAB}}=\frac{m}{m+n};$$

par conséquent

$$\frac{\frac{\frac{h}{a}\alpha.\alpha}{2}}{\frac{ha\ .b}{2}}=\frac{m}{m+n};$$

d'où

$$\frac{\alpha^2}{ab}=\frac{m}{m+n}\quad\text{et}\quad\frac{\sqrt{ab}}{\alpha}=\frac{\sqrt{m(m+n)}}{m}.$$

Solution.—Sur OB décrivez une demi-circonférence, prolongez AH, et menez $\text{OG}=\sqrt{ab}$. Sur une droite quelconque tirée du point O, OPQ par exemple, prenez $\text{OP}=m$, $\text{PQ}=n$; décrivez sur OPQ une demi-circonférence, élevez la perpendiculaire PR, et menez $\text{OR}=\sqrt{m(m+n)}$; et il ne reste plus qu'à chercher par la méthode connue une quatrième proportionnelle à OR, OP et OG. Enfin, portant cette quatrième proportionnelle OI sur OB, on déterminera le point M, par lequel la perpendiculaire cherchée devra être élevée.

Si $m=n$, $\alpha=\frac{\mathrm{GO}}{\sqrt{2}}$.

PROBLÈME LX.

128. *Partager un triangle en deux parties* :: m : n *par une droite menée d'un point donné sur un des côtés.*

Le point C (p, q) étant le point donné sur le côté OA (fig. 78), on aura la relation

$$\frac{q}{p}=\frac{h}{a},$$

d'où

$$[1] \qquad \frac{\sqrt{p^2+q^2}}{\sqrt{a^2+h^2}}=\frac{q}{h};$$

et, d'après l'énoncé,

$$\frac{\mathrm{OCD}}{\mathrm{ACDB}}=\frac{m}{n},$$

d'où

$$\frac{\mathrm{OCD}}{\mathrm{OAB}}=\frac{m}{m+n}.$$

Si donc x représente OD, on aura

$$\frac{\frac{qx}{2}}{\frac{bh}{2}}=\frac{m}{m+n} \quad \text{et} \quad \frac{q}{h}=\frac{\left(\frac{m}{m+n}\,b\right)}{x};$$

et enfin, d'après la relation [1],

$$\frac{\sqrt{p^2+q^2}}{\sqrt{a^2+h^2}}=\frac{\frac{m}{m+n}\cdot b}{x}.$$

Or,

$$\sqrt{p^2+q^2}=\mathrm{OC}, \qquad \sqrt{a^2+h^2}=\mathrm{OB},$$

$\frac{m}{m+n}\,b$ est le segment de la droite OB divisée en deux parties :: $m : n$. On aura donc cette construction :

Divisez le côté OB en deux parties qui soient entre elles dans le rapport donné; joignez le point donné C avec le point de division M; par le point A menez AD parallèle à CM, et CD sera la ligne cherchée, telle que $\frac{\text{OCD}}{\text{ACDB}}=\frac{m}{n}$.

PROBLÈME LXI.

129. *Trouver dans l'intérieur d'un triangle un point par lequel les droites menées aux trois sommets divisent le triangle en trois triangles équivalents.*

Première solution. — Les notations étant les mêmes qu'aux numéros précédents, soient (α, β) les coordonnées du point M cherché (fig. 79) : l'expression du triangle OMB sera

$$\frac{\beta\,.\,b}{2};$$

celle du triangle OAM (n° 88),

$$\frac{\alpha h-a\beta}{2};$$

et enfin celle du triangle donné,

$$\text{OAB}=\frac{bh}{2}:$$

de sorte que l'énoncé du problème conduit aux deux équations

$$[1] \qquad \frac{\beta b}{2}=\frac{1}{3}\left(\frac{bh}{2}\right)$$

et

$$[2] \qquad \beta b=\alpha h-a\beta.$$

De la première on tire

$$\beta=\frac{h}{3};$$

et, substituant cette valeur dans la seconde, on obtient

$$\alpha=\frac{a+b}{3}:$$

d'où l'on voit que le point cherché, dont les coordonnées sont

$$\alpha = \frac{a+b}{3}$$

et

$$\beta = \frac{h}{3},$$

n'est autre chose (n° **98**) que le point de concours des droites qui joignent les sommets du triangle aux milieux des côtés opposés.

Deuxième solution. — On peut remarquer que la droite passant par ce point α, β, et parallèle au côté OA, aurait pour équation

$$y - \frac{h}{3} = \frac{h}{a}\left[x - \left(\frac{a+b}{3}\right)\right];$$

et, faisant $y=0$, $x = \frac{b}{3}$, c'est-à-dire qu'elle rencontre le côté OB au tiers de cette longueur.

De plus, l'équation d'une seconde droite menée par ce même point parallèlement au côté AB serait

$$y - \frac{h}{3} = \frac{h}{a-b}\left[x - \left(\frac{a+b}{3}\right)\right],$$

équation qui, pour $y=0$, donne $x = \frac{2b}{3}$; et par conséquent la droite qu'elle représente rencontre le côté OB aux deux tiers de sa longueur.

De là cette seconde construction:

Partagez l'un quelconque des côtés, OB par exemple, en trois parties égales, et par les deux points de division D et E menez deux lignes DM, EM, parallèles aux deux autres côtés du triangle OA, AB. Le point d'intersection M des deux parallèles sera le point cherché.

PROBLÈME LXII.

130. *Partager un triangle en trois parties équivalentes par des droites menées d'un point donné dans l'intérieur de ce triangle.*

Les notations étant les mêmes, soient (p, q) les coordonnées du point donné.

Si l'on suppose que les droites demandées soient PC, PD

et PA (fig. 80), α et α' étant les abscisses inconnues des points C et D, on aura pour première équation de condition

$$[1] \qquad q(\alpha'-\alpha)=\frac{hb}{3}.$$

De plus, le quadrilatère OAPC se compose du triangle OAC, dont la surface est exprimée par $\frac{h\alpha}{2}$, et du triangle ACP, dont la surface est facile à calculer : en effet, la distance du point P (p, q) à la droite AC, dont l'équation est

$$y=\frac{h}{a-\alpha}(x-\alpha),$$

étant exprimée par

$$\frac{h(p-\alpha)-q(a-\alpha)}{\sqrt{h^2+(a-\alpha)^2}},$$

l'expression de la surface du triangle ACP sera

$$\frac{h(p-\alpha)-q(a-\alpha)}{2},$$

et par conséquent celle du quadrilatère AOCP sera

$$\frac{h\alpha}{2}+\frac{h(p-\alpha)-q(a-\alpha)}{2},$$

ou, simplifiant,

$$\frac{hp-aq+\alpha q}{2}:$$

la seconde équation de condition sera donc

$$[2] \qquad \frac{hp-aq+\alpha q}{2}=\frac{hb}{2.3}.$$

On obtient par une simple élimination entre les équations [1] et [2]

$$[A] \qquad \alpha=a-\left(p-\frac{b}{3}\right)\frac{h}{q},$$

$$[B] \qquad \alpha'=a-\left(p-\frac{2b}{3}\right)\frac{h}{q}.$$

Ces valeurs, faciles à construire, donneraient une première solution de la question.

Mais on peut en trouver une plus simple à la fois et plus élégante en observant que les équations [A] et [B] prennent la forme

$$\frac{h}{a-\alpha}=\frac{q}{p-\frac{b}{3}},$$

$$\frac{h}{a-\alpha'}=\frac{q}{p-\frac{2b}{3}}:$$

or, $\frac{h}{a-\alpha}$, $\frac{h}{a-\alpha'}$, sont les tangentes des angles que font les lignes AC et AD avec l'axe des x, OB; et leurs valeurs font voir que ces droites sont parallèles aux lignes PE, PF, qui joignent le point P avec le tiers et les deux tiers de ce côté OB.

De là cette construction : Divisez un côté, OB par exemple, en trois parties égales; joignez le point P et les points de division E et F, et par le sommet opposé A tirez les droites AC, AD, parallèles à PE, PF : les droites PC et PD seront les droites cherchées.

PROBLÈME LXIII.

131. *Par un point donné mener une droite qui intercepte sur deux parallèles données, à partir de deux points donnés sur ces parallèles, deux segments qui aient entre eux un rapport donné.*

On prendra l'une des parallèles OC pour axe des x (fig. 81), et pour axe des y la droite qui joint les points O et P donnés sur les parallèles; alors, si a, b, sont les coordonnées du point donné A, et 0, β, celles du point où la sécante demandée rencontre l'axe des y, OPy, l'équation de cette sécante sera

$$[1] \qquad y-\beta=\left(\frac{b-\beta}{a}\right)x,$$

car l'équation de la ligne droite ne change pas de forme pour un système d'axes obliques.

Soit $OP=d$; si l'on fait dans l'équation [1] successivement $y=d$, $y=0$, on obtiendra

$$x_1=PB=\frac{a(\beta-d)}{\beta-b},$$

$$x_2=OC=\frac{a\beta}{\beta-b}:$$

et par conséquent, $\frac{m}{n}$ étant le rapport donné, l'énoncé du problème conduit à l'équation

$$\frac{a\left(\frac{\beta-d}{\beta-b}\right)}{\frac{a\beta}{\beta-b}}=\frac{m}{n},$$

d'où

$$[2] \qquad \frac{\beta-d}{\beta}=\frac{m}{n}.$$

De ce résultat on tire cette construction : Sur les deux parallèles prenez $PS=m$, $OR=n$, et menez RSI : le point I sera le point cherché, et la sécante demandée sera IABC.

Si le point donné A se confondait avec le point I, le problème aurait une infinité de solutions.

Enfin, si $m=n$, la valeur de β, $\beta=d\frac{n}{n-m}$, devient infinie, et la sécante cherchée serait parallèle à l'axe des y, OPy.

PROBLÈME LXIV.

132. *Deux droites qui se coupent étant données, mener par un point donné une droite qui détermine sur elles, à partir de leur point de concours, des segments dont le rapport soit égal à un rapport donné.*

Les coordonnées étant rapportées aux deux lignes données, soient (a, b) les coordonnées du point donné A (fig. 82), $(0, \beta)$ celles du point I, où la sécante cherchée rencontre l'axe des y, l'équation de la sécante sera, comme au numéro précédent,

$$[1] \qquad y-\beta=\left(\frac{b-\beta}{a}\right)x;$$

et faisant $y=0$, on trouvera

$$x=OH=\frac{a\beta}{\beta-b}.$$

D'ailleurs $OI = \beta$: par conséquent l'énoncé $\frac{OI}{OH} = \frac{m}{n}$ donnera l'équation

$$\frac{\beta}{\left(\frac{a\beta}{\beta - b}\right)} = \frac{m}{n},$$

qui se réduit à

$$\frac{b - \beta}{a} = -\frac{m}{n}.$$

Or l'équation de la ligne MN, passant par les points M $(0, m)$, N $(n, 0)$ serait

$$[2] \qquad y = -\frac{m}{n}(x - n):$$

les deux droites [1] et [2] sont donc parallèles.

De là cette construction : Prenez $OM = m$, $ON = n$, et par le point A menez IAH parallèle à MN.

PROBLÈME LXV.

155. *Deux droites qui se coupent étant données, mener par un point donné une sécante telle, que les segments qu'elle détermine sur ces droites, à partir de deux points donnés sur celles-ci, soient dans un rapport donné* (fig. 83).

Soient

$$OP = d, \quad OQ = d',$$

on aura, comme dans le numéro précédent,

$$OI = \beta, \quad OH = \frac{a\beta}{\beta - b},$$

et par conséquent l'équation

$$\frac{\beta - d}{\frac{a\beta}{\beta - b} - d'} = \frac{m}{n},$$

qui prend la forme

$$\frac{\beta - d}{\frac{a\frac{m}{n}\beta}{\beta - b} - d'\frac{m}{n}} = 1;$$

et, si l'on fait

$$a\frac{m}{n}=h, \quad d'\frac{m}{n}=k,$$

cette dernière équation, ordonnée par rapport à β, deviendra

$$\beta^2-(b+d+h-k)\beta-b(k-d)=0,$$

et

$$\beta\{[b+d+(h-k)]-\beta\}=b(d-k)$$

ou

$$\beta[\beta-(b+d+h-k)]=b(k-d);$$

et le problème est ramené à construire un rectangle dont on connaît la surface, et la somme ou la différence des côtés, suivant que d est plus petit ou plus grand que k.

La construction suivante correspond au cas $d<k$.

Si du point A (fig. 84) on mène AB, AC, parallèles respectivement aux droites données OX, OY, on aura $OB=b$, $OC=a$. Du point O menez OMN perpendiculaire à OY, et prenez $OM=m$, $ON=n$; puis joignant NC, NQ, et menant les parallèles MC', MQ', on aura

$$OQ'=\frac{m}{n}d'=k, \quad OC'=\frac{m}{n}a=h,$$

et par conséquent $Q'C'=h-k$; de plus, si l'on porte OQ' en OQ'', $PQ''=d-k$.

Ces constructions préliminaires étant achevées, prenez

$$BP'=OP=d, \quad \text{et} \quad P'C''=Q'C'=h-k,$$

alors

$$OC''=b+d+h-k.$$

D'ailleurs, si l'on prend $OK=PQ'=d-k$, que sur KB on décrive une demi-circonférence, on aura $OR^2=OK.OB=\beta(d-k)$, et enfin sur OC'' décrivant une autre demi-circonférence, et par le point R menant la droite RST parallèle à OY, les perpendiculaires SI', TI, détermineront les deux valeurs de β, OI' et OI. Les sécantes du problème sont donc IAH, H'I'A.

On a supposé que les points donnés sur les droites P et Q étaient dans le sens des coordonnées et des abscisses positives : pour chaque cas particulier on devra faire attention aux signes des quantités d et d', et on trouvera facilement une solution analogue à la précédente.

De plus, l'une des quantités d et d' peut être nulle. On voit de quelle manière l'énoncé du problème et la solution sont modifiés par cette condition.

Enfin, si $d=0$ et $d'=0$, on retombe au cas du nº **132**.

PROBLÈME LXVI.

134. *Étant données deux parallèles et une sécante, mener par un point donné sur cette sécante une droite telle, que les segments interceptés sur les parallèles entre elles et la sécante forment un rectangle d'une surface donnée.*

GM étant la droite demandée (fig. 85), qui passe par le point G $(0, b)$ donné sur la sécante prise pour axe des y, et M $(\alpha, 0)$ le point inconnu où la droite cherchée rencontre l'une des parallèles données OMX prise pour axe des x, l'équation de cette droite sera

$$[1] \qquad y = -\frac{b}{\alpha}(x-\alpha);$$

et, si $OP=d$, en faisant $y=d$ dans l'équation [1], on trouvera

$$x = PN = \frac{b-d}{b}\alpha:$$

or, d'après l'énoncé, $OM \,.\, PN = m^2$, surface donnée : l'équation de condition sera donc

$$\alpha\left(\frac{b-d}{b}\right)\alpha = m^2,$$

d'où

$$\alpha^2 = \frac{b}{b-d}\,.\,m^2.$$

Première solution. — Chercher le côté du carré qui soit au carré donné dans le rapport de b à $(b-d)$, c'est-à-dire de GO à GP, et porter cette longueur à droite et à gauche du point O en M et M'; puis mener GM et GM', qui seront les droites demandées.

Deuxième solution. — Si l'on fait $m^2=(b-d)k$, la valeur de α deviendra $\alpha^2=bk$, moyenne proportionnelle facile à déterminer.

TROISIÈME SOLUTION. — L'équation [1] prend la forme

[2] $$b-y=\frac{b}{\alpha}x;$$

et, substituant à α sa valeur,

$$\alpha=\pm m\frac{\sqrt{b}}{\sqrt{b-d}},$$

on aura

[3] $$y=-\frac{\sqrt{b(b-d)}}{\pm m}x+b,$$

équation satisfaite par

$$x=\pm m,\quad \text{et}\quad y=b-\sqrt{b(b-d)}:$$

donc portez, de G en I', GI' = GI, moyenne proportionnelle à $b=$ OG, et $b-d=$ GP ; du point I' menez K'I''K parallèle aux parallèles données ; prenez I'K = I'K' $=m$, et joignez GKM, GK'M', qui résoudront le problème.

QUATRIÈME SOLUTION. — Enfin, on voit encore par l'équation [3] que la droite qu'elle représente est parallèle à la ligne qui passe par les points 0, $\sqrt{b(b-d)}$ et $(\pm m, 0)$: donc portez de O en H, OH, moyenne proportionnelle à GO et GP ; prenez OT = OT' $=m$; joignez HT, HT' ; et les droites GM, GM', parallèles à HT et HT', satisferont à la question.

PROBLÈME LXVII.

155. *Par un point donné mener une droite qui intercepte sur deux parallèles données, et à partir de deux points donnés, deux segments dont le rectangle soit égal à une surface donnée.*

Les axes étant disposés comme au n° **151**, et les notations étant les mêmes, soient $(\alpha, 0)$ les coordonnées du point où la droite cherchée rencontrera la parallèle OCX prise pour axe des x (fig. 86), ou OC $=\alpha$, l'équation de cette droite sera

$$y=\frac{b}{a-\alpha}(x-\alpha).$$

Si l'on y fait $y = d = \text{OP}$, on trouvera

$$x = \text{PB} = \frac{(b-d)\alpha + ad}{b}:$$

et par conséquent, m^2 étant la surface donnée, on aura l'équation

$$\alpha \frac{(b-d)\alpha + ad}{b} = m^2;$$

d'où l'on tire, toute réduction faite,

$$\alpha^2 + \frac{ad}{b-d}\alpha = m^2 \frac{b}{b-d},$$

et enfin

$$\alpha\left(\frac{ad}{b-d} + \alpha\right) = m^2 \frac{b}{b-d}.$$

De là cette construction : Prenez à partir du point O

$$\text{OR} = \frac{ad}{b-d} = \frac{\text{O}x \,.\, \text{OP}}{y\text{P}};$$

cherchez le côté du carré HD tel, que

$$\overline{\text{HD}}^2 = m^2 \cdot \frac{\text{O}y}{y\text{P}} = m^2 \frac{b}{b-d},$$

et enfin déterminez le point C ou C′ tel, que

$$\text{OC}\,.\,\text{RC} = \overline{\text{HD}}^2 \quad \text{ou} \quad \text{OC}'\,.\,\text{RC}' = \overline{\text{HD}}^2.$$

Les droites AC, AC′, seront les droites cherchées.

La fig. 86 offre toutes les constructions réunies.

PROBLÈME LXVIII.

136. *Deux droites qui se coupent étant données, mener par un point donné une sécante telle, que les segments qu'elle détermine sur les droites, à partir de leur point de concours, forment un rectangle d'une surface donnée.*

Soit $\text{OH} = \alpha$ (fig. 87), l'équation de la sécante cherchée IAH sera

$$y = \frac{b}{a-\alpha}(x-\alpha);$$

faisant $x=0$, il vient

$$y=\mathrm{OI}=\frac{b\alpha}{\alpha-a}:$$

on aura donc, pour déterminer α, l'équation

$$\alpha\frac{b\alpha}{\alpha-a}=m^2,$$

surface donnée.

Si l'on fait $\frac{m^2}{b}=k$, cette équation deviendra

[1] $$\alpha^2-k\alpha=-ak$$

ou

$$\alpha(k-\alpha)=ak:$$

donc, prenez

$$\mathrm{OK}'=\frac{m^2}{b}=\frac{\overline{\mathrm{OM}}^2}{\mathrm{O}y}=\mathrm{OK},$$

et cherchez un point H tel, que

$$\mathrm{OH.HK}=\overline{\mathrm{OP}'}^2=\overline{\mathrm{OP}}^2=a\mathrm{K}=\mathrm{O}x.\mathrm{OK}.$$

Les deux points H et H′ que donne la dernière opération déterminent les deux sécantes IAH, AH′I′.

PROBLÈME LXIX.

137. *Partager un triangle en deux parties* :: m : n *par une droite menée d'un point donné.*

Soit IPH la droite cherchée (fig. 88).

La surface du triangle donné étant exprimée par

$$\frac{\mathrm{OA.OB}\sin\mathrm{O}}{2},$$

et celle du triangle OIH par

$$\frac{\mathrm{OI.OH}\sin\mathrm{O}}{2},$$

l'équation du problème sera

$$\frac{\mathrm{OI.OH.}\sin\mathrm{O}}{2}=\frac{m}{m+n}\cdot\frac{\mathrm{OA.OB}\sin\mathrm{O}}{2};$$

et si l'on fait $OB = C$, $OA = C'$, on aura, en remplaçant OI et OH par leurs valeurs (n° **156**), et réduisant,

$$\alpha \frac{b\alpha}{\alpha - a} = \frac{m}{m+n} CC',$$

d'où

$$\frac{\alpha^2}{\alpha - a} = \frac{m}{m+n} \cdot \frac{CC'}{b};$$

enfin, faisant

$$\frac{CC'}{b} = h \quad \text{et} \quad \frac{m}{m+n} h = k,$$

on trouvera

$$\alpha^2 - k\alpha + ka = 0$$

et

$$\alpha(k - \alpha) = ka.$$

Le problème est donc ramené à construire un rectangle dont on connaît la somme des côtés k et la surface ka. Nous laisserons au lecteur le soin de construire et de discuter les valeurs de α.

PROBLÈME LXX.

158. *Par un point donné mener une sécante telle, que, par ses intersections avec deux droites données qui se coupent, elle forme un triangle d'une aire donnée.*

Les axes et les notations étant comme au n° **156**, et l'aire du triangle IOH étant exprimée par

$$\frac{IO \,.\, IH \sin O}{2} \text{ (fig. 89)},$$

si m^2 est la surface donnée, l'équation du problème sera

$$\frac{\alpha \dfrac{b\alpha}{\alpha - a} \sin O}{2} = m^2;$$

et si l'on change m^2 en $bk \sin O$, on aura

$$[1] \qquad \alpha^2 - 2k\alpha + 2ak = 0,$$

d'où l'on tire

$$\alpha = k \pm \sqrt{(k-a)^2 - a^2}.$$

De là cette construction : changez le carré donné $m^2 = \text{OMNP}$ en un parallélogramme OyRK équivalent, et dont l'un des côtés $\text{O}y = b$; sur $\text{K}x = k - a$ décrivez une demi-circonférence, et prenez $xv = x\text{O} = a$, de sorte que $kv = \sqrt{(k-a)^2 - a^2}$; du point k, enfin, comme centre, et d'un rayon $= kv$, décrivez un arc de cercle qui coupera OX en deux points, H et H' : les deux sécantes du problème seront IAH, I'AH'.

Il est facile de voir qu'il n'y aura qu'une solution lorsque Ok sera égal à $2\text{O}x$, et aucune si $\text{O}k < 2\text{O}x$.

On peut déduire une autre construction, moins élégante, de l'équation [1].

PROBLÈME LXXI.

139. *Deux droites qui se coupent étant données, ainsi qu'un point sur chacune d'elles, mener par un point donné une sécante telle, que le rectangle des segments interceptés, à partir des points donnés, soit égal à une surface donnée.*

Soit $\text{OD} = d$, $\text{OD}' = d'$ (fig. 90), et, comme précédemment,

$$\text{OH} = \alpha, \quad \text{OI} = \frac{b\alpha}{\alpha - a},$$

l'équation du problème sera

$$(\alpha + a)\left(\frac{b\alpha}{\alpha - a} - d'\right) = m^2,$$

surface donnée.

Développant les calculs indiqués et ordonnant, on trouvera

$$\alpha^2 - \alpha\left(\frac{m^2 - ad'}{b - d'} - d\right) = -\left(\frac{m^2 + dd'}{b - d'}\right) a;$$

et si l'on fait $m^2 = kd'$, on aura, toute réduction faite,

$$[\text{F}] \quad \alpha\left\{\left[\frac{d'}{b - d'}(k - a) - d\right] - \alpha\right\} = \frac{d'}{b - d'} a.(k + d);$$

et le problème est encore ramené à trouver les deux côtés d'un rectangle dont on connaît le contour et la surface.

De là cette construction : Prendre $\text{OK} = k$, tel que $\text{OK}.\text{OD}'' = \text{OMNP}$, c'est-à-dire tel que $m^2 = kd'$, on aura

$$x\text{K} = k - a$$

et

$$xK' = \frac{d'}{b-d'}(K-a);$$

enfin si l'on porte Dx de K' en K'',

$$\text{OK'' sera égal à } \left[\frac{d'}{b-d'}(k-a)-d\right].$$

On voit facilement que

$$xO' = Ox\frac{xD'''}{xy'} = a\frac{d'}{b-d'};$$

et par conséquent si l'on a pris

$$DT = XO';$$

on aura

$$\overline{DU}^2 = DT.DX = a\frac{d'}{b-d'}(k+d).$$

Donc, décrire sur OK'' une demi-circonférence; élever, au point D, DU' = DU perpendiculaire à OX : mener U'VV' parallèle à OX, et des points d'intersection V et V' de la parallèle avec la demi-circonférence OK'' abaisser les perpendiculaires VH, V'H', qui détermineront les droites cherchées IAH, I'AH', telles que $D'I.DH = m^2$, ou $D'I'.DH' = m^2$.

Il est aisé de voir comment l'équation du problème et la solution se modifient lorsque la position des points D et D' est différente; dans tous les cas la construction ou la discussion immédiate de l'équation finale feront ressortir les cas où le problème n'a qu'une solution, et ceux où il est impossible.

140. L'une des quantités d et d' peut être nulle, et alors le problème répond à cet énoncé :

Deux droites qui se coupent étant données, mener par un point donné une sécante qui détermine sur elles deux segments dont le rectangle soit d'une surface donnée, ces segments étant comptés, l'un à partir du point de concours des droites données, et l'autre à partir d'un point donné sur l'une d'elles.

Enfin, si les quantités d et d' sont nulles à la fois, on retombe dans le cas du n° **136**.

On pourra, pour ces deux derniers cas particuliers, se servir de l'équation générale [F]; mais après avoir substitué à k sa valeur $k=\frac{m^2}{d'}$. Par exemple, si $d'=0$, l'équation F, mise sous la forme

$$\alpha\left\{\left[\frac{d'}{b-d'}\left(\frac{m^2}{d'}-a\right)-d\right]-\alpha\right\}=\frac{d'}{b-d'}a\left(\frac{m^2}{d'}+d\right),$$

devient

$$\alpha\left\{\left[\left(\frac{m^2}{b-d'}-a\frac{d'}{b-d'}\right)-d\right]-\alpha\right\}=\frac{am^2}{b-d'}+\frac{add'}{b-d'};$$

et, faisant $d'=0$,

$$\alpha\left[\left(\frac{m^2}{b}-d\right)-\alpha\right]=a\frac{m^2}{b};$$

équation dont on construira facilement les racines après avoir fait $\frac{m^2}{b}=h$.

Enfin si l'on suppose de plus $d=0$, on retrouve l'équation

$$\alpha\left(\frac{m^2}{b}-\alpha\right)=a\frac{m^2}{b},$$

qui est la même que l'équation [1] du nº **136**, lorsqu'on pose $\frac{m^2}{b}=k$.

PROBLÈME LXXII.

141. *Les données étant les mêmes qu'au problème précédent, mener une sécante telle, que la somme des segments, à partir des deux points donnés, soit d'une longueur donnée.*

Si les points donnés sont dans le sens des abscisses et des ordonnées positives, c'est-à-dire sur les côtés de l'angle dans lequel se trouve le point donné, on aura pour équation de condition

$$(\alpha-d)+\left(\frac{b\alpha}{\alpha-a}-d'\right)=l,$$

longueur donnée.

Développant et ordonnant, on trouvera

$$\alpha\{[(l+d+d')-(b-a)]-\alpha\}=a(l+d+d'),$$

d'où l'on déduit cette construction (fig. 91) :

Achevez les parallélogrammes ODED', OxAy ; portez D'E en E' et yA en yA'; alors OE' $=d+d'$ et OA' $=b-a$; prenez

$OL = l$, et menez LM parallèle à OY, E'M à OX et E'K à A'L; en portant LK en LG et LM en LF, il est évident que $OF = l + d + d'$ et $OG = l + d + d' - (b - a)$.

Sur OF et OG décrivez des demi-circonférences; au point x élevez la perpendiculaire xU, et joignez OU; vous aurez

$$OU^2 = Ox . OF = a(l + d + d').$$

Sur la perpendiculaire OU' prenez OU' = OU, et menez U'V'V parallèle à OX; enfin des points V' et V abaissez les perpendiculaires V'H', VH, et les deux valeurs de α seront OH' et OH; les deux sécantes cherchées seront IAH, I'AH'.

142. Cette solution est modifiée par les différents signes qui peuvent affecter les quantités d, d', a et b; de plus d et d' peuvent être l'un ou l'autre, ou tous les deux à la fois nuls : dans ces cas particuliers on verra facilement comment l'énoncé et la solution se modifient.

Si l'on suppose par exemple $d = 0$, $d' = 0$, l'équation de condition devient

$$\alpha + \frac{\alpha b}{\alpha - a} = l,$$

d'où l'on tire facilement

$$(\alpha - a)^2 - [l - (a + b)](\alpha - a) + ab = 0,$$

et de là la construction suivante:

Sur la longueur donnée l portez la somme de l'abscisse et de l'ordonnée du point donné $a + b$; et sur l'axe des x, à partir du pied de l'ordonnée, portez la différence $l - (a + b)$; sur cette nouvelle longueur décrivez une demi-circonférence; aux extrémités élevez des perpendiculaires égales à a et à b, et joignez les extrémités de ces perpendiculaires; enfin, par l'un des points d'intersection de cette droite de jonction avec la demi-circonférence, menez à cette même droite une perpendiculaire, qui partagera le diamètre en deux segments tels, que leur produit sera égal au produit des perpendiculaires.

En effet, soit généralement

$$[1] \qquad y^2 = (2R - x)x,$$

l'équation d'un cercle décrit sur un diamètre quelconque 2R;

aux extrémités de ce diamètre si on élève des perpendiculaires p et p', la droite qui joindra les extrémités de ces perpendiculaires aura pour équation

$$[2] \qquad y - p = \frac{p' - p}{2R} x;$$

et si par le point (x, y) où cette droite rencontre la circonférence on élève sur cette droite une perpendiculaire qui rencontre le diamètre en un point dont l'abscisse inconnue soit α, l'équation de cette perpendiculaire sera

$$[3] \qquad y = \frac{-2R}{p' - p}(x - \alpha).$$

Il ne reste plus qu'à éliminer x et y entre ces trois équations pour obtenir la valeur de α.

En multipliant entre elles les équations [2] et [3], on trouve

$$y^2 - py = -x^2 + \alpha x;$$

et réduisant à l'aide de l'équation [1], on obtient

$$x(2R - \alpha) = py,$$

d'où

$$x = \frac{py}{2R - \alpha}.$$

Cette valeur, substituée dans l'équation [2], donne pour y la valeur

$$y = \frac{2R(2R - \alpha)p}{2R(2R - \alpha) - p(p' - p)},$$

et enfin

$$x = \frac{2Rp^2}{2R(2R - \alpha) - p(p' - p)}.$$

Si l'on substitue ces deux valeurs dans l'équation [1], on trouvera successivement

$$\left[\frac{2R(2R - \alpha)p}{2R(2R - \alpha) - p(p' - p)}\right]^2$$

$$= \left[2R - \frac{2Rp^2}{2R(2R - \alpha) - p(p' - p)}\right] \frac{2Rp^2}{2R(2R - \alpha) - p(p' - p)},$$

$$(2R - \alpha)^2 = 2R(2R - \alpha) - p(p' - p) - p^2,$$

$$\alpha^2 - 2R\alpha + pp' = 0,$$

et enfin

$$\alpha(2R-\alpha)=pp'.$$

D'où l'on voit que le rectangle des segments est égal au rectangle des perpendiculaires.

Ce qui fournit un moyen très-simple de construire sur une longueur donnée un rectangle équivalent à un rectangle donné.

PROBLÈME LXXIII.

143. *Par un point donné mener une droite telle, que les parties de cette droite terminées à deux lignes données soient entre elles dans un rapport donné.*

L'origine des axes rectangulaires étant au point de concours des deux droites données (fig. 92), et l'une d'elles, OX, prise pour axe des x, soient (a, b) les coordonnées du point donné A, A la tangente de l'angle MON, et enfin α l'abscisse du point où la sécante demandée rencontrera l'axe des x : l'équation de la droite ON sera

$$[1] \qquad y=Ax,$$

et celle de la sécante AMN,

$$[2] \qquad y-b=\frac{-b}{\alpha-a}(x-a):$$

or, la partie

$$AN=\sqrt{(x-a)^2+(y-b^2)}$$

et

$$AM=\sqrt{(a-\alpha)^2+b^2};$$

d'ailleurs les équations [1] et [2], mises sous la forme

$$[3] \qquad (y-b)=A(x-a)+(Aa-b),$$

$$[4] \qquad (y-b)=\frac{-b}{\alpha-a}(x-a),$$

donnent par un calcul très-simple

$$AN=\sqrt{(x-a)^2+(y-b)^2}=\frac{Aa-b}{b-A(a-\alpha)}\sqrt{b^2+(a-\alpha)^2}.$$

Si donc $\frac{m}{n}$ est le rapport donné, la condition du problème $\frac{AN}{AM}=\frac{m}{n}$ sera

$$\frac{\frac{Aa-b}{b-A(a-\alpha)}\sqrt{b^2+(a-\alpha)^2}}{\sqrt{b^2+(a-\alpha)^2}}=\frac{m}{n},$$

d'où

$$\frac{Aa-b}{A\alpha-(Aa-b)}=\frac{m}{n},$$

et enfin

$$[F] \qquad \frac{\left(\frac{Aa-b}{A}\right)}{\alpha-\left(\frac{Aa-b}{A}\right)}=\frac{m}{n}.$$

On reconnaît sans peine, dans l'expression $\frac{Aa-b}{A}=a-\frac{b}{A}$ l'abscisse du point C, où la droite AC, parallèle à ON, rencontre l'axe des x, OMX : par conséquent, l'équation finale [F] devient

$$\frac{OC}{\alpha-OC}=\frac{m}{n}.$$

D'où cette construction : Menez AC parallèle à ON, et prenez CM tel que OC : CM :: $m:n$. Le point M étant déterminé, la sécante NAM le sera aussi.

144. On arrivera plus facilement à ce résultat, si l'on prend les droites données pour axes des coordonnées, généralement obliques.

Alors si a, b, sont les coordonnées du point A (fig. 93), α, 0, celles du point H, on aura comme précédemment

$$0,\ \frac{b\alpha}{\alpha-a},$$

pour coordonnées du point I;

et

$$AI = \sqrt{a^2 + \left(\frac{b\alpha}{\alpha - a} - b\right)^2 - 2a\left(\frac{b\alpha}{\alpha - a} - b\right)\cos A}$$

$$= \frac{a}{\alpha - a}\sqrt{(\alpha - a)^2 - 2b(\alpha - a)\cos A + b^2},$$

$$AH = \sqrt{(\alpha - a)^2 - 2b(\alpha - a)\cos A + b^2},$$

d'où

$$\frac{AI}{AH} = \frac{a}{\alpha - a},$$

et par conséquent

$$\frac{a}{\alpha - a} = \frac{m}{n},$$

ce qui ramène à la construction précédente.

Ce résultat, indépendant de l'ordonnée b, fait voir que pour un point quelconque de la droite xAG, la sécante cherchée passera toujours par le point H (fig. 93).

Lorsque les droites sont parallèles, il est évident que les rapports $\frac{IA}{AH}$, $\frac{I'A}{AH'}$, etc., sont tous égaux entre eux et à $\frac{AB}{AC}$ (fig. 94).

PROBLÈME LXXIV.

145. *Étant donné un faisceau de trois droites* OD, OB, OC (fig. 95), *mener par un point donné* P *une sécante telle, que*

$$\frac{IA}{AH} = \frac{m}{n}.$$

On prendra sur la ligne OB un point quelconque M; d'après le problème précédent, on mènera la sécante RS telle, que $\frac{RM}{MS} = \frac{m}{n}$, et du point P on tirera la droite PIAH parallèle à RS.

PROBLÈME LXXV.

146. *Par un point donné mener une sécante telle, que le rectangle des segments interceptés sur elle par deux droites données soit égal à une surface donnée.*

Première solution. — Tout étant comme au nº **145**, et les valeurs de AN et AM (fig. 96)

$$AN = \frac{Aa - b}{b - A(a - \alpha)} \sqrt{b^2 + (a - \alpha)^2},$$

$$AM = \sqrt{b^2 + (a - \alpha)^2},$$

si m^2 représente la surface donnée, on aura l'équation

$$[1] \quad \frac{Aa - b}{b - A(a - \alpha)} \sqrt{b^2 + (a - \alpha)^2} \cdot \sqrt{b^2 + (a - \alpha)^2} = m^2.$$

Développant les calculs indiqués, et ordonnant par rapport à α, on trouvera

$$[F] \quad \alpha^2 - 2\left\{a + \frac{1}{2}\left(\frac{m^2}{a - \frac{b}{A}}\right)\right\}\alpha + a^2 + b^2 + m^2 = 0.$$

Or, toute équation du second degré à une seule inconnue étant toujours résoluble par l'intersection de l'axe des x ou des y et d'un cercle, il s'ensuit que, si α_1 et α_2 représentent les abscisses des deux points où le cercle auxiliaire rencontre l'axe des x, OMX, on aura, d'après la théorie des équations,

$$\alpha_1 \times \alpha_2 = a^2 + b^2 + m^2 = \sqrt{a^2 + b^2}\left(\sqrt{a^2 + b^2} + \frac{m^2}{\sqrt{a^2 + b^2}}\right):$$

d'où l'on voit que, si l'on prolonge OA d'une quantité AE' telle, que $AE' = \frac{m^2}{OA}$, le cercle auxiliaire passera par les points A et E', et par conséquent son centre se trouvera sur la perpendiculaire HH', élevée sur le milieu de AE'.

De plus, le coefficient du second terme, avec un signe contraire, étant la somme des racines, on aura

$$\alpha_1 + \alpha_2 = 2\left\{a + \frac{1}{2}\left(\frac{m^2}{a - \frac{b}{A}}\right)\right\},$$

d'où

$$\frac{\alpha_1 + \alpha_2}{2} = a + \frac{1}{2}\left\{\frac{m^2}{a - \frac{b}{A}}\right\}.$$

Or,

$$\frac{\alpha_1+\alpha_2}{2}=\alpha_1+\frac{\alpha_2-\alpha_1}{2},$$

et cette dernière expression étant celle de l'abscisse du centre du cercle auxiliaire, il suffira de construire sa valeur

$$a+\frac{1}{2}\left\{\frac{m^2}{a-\frac{b}{A}}\right\};$$

et élevant par ce point une perpendiculaire à l'axe des x, la rencontre des deux perpendiculaires déterminera le centre du cercle auxiliaire cherché.

On a vu (143) que

$$a-\frac{b}{A}=OC=BA.$$

De plus, si au point A on élève $AD=m$ perpendiculaire à AB, qu'on joigne BD et qu'on fasse BDE égal à un angle droit, on aura

$$AE=\frac{m^2}{a-\frac{b}{A}};$$

puis, par le milieu de AE élevant une perpendiculaire II', la distance OI sera l'abscisse du centre du cercle auxiliaire, et la rencontre de HH' et II' achèvera de déterminer ce centre. Donc du point H, avec un rayon AH ou HE', on décrira une circonférence, qui déterminera par ses intersections avec l'axe OMX les points M et M', et enfin les sécantes cherchées MAN, M'AN'.

Deuxième solution. — En résolvant l'équation [F] on trouve

$$\alpha=a+\frac{1}{2}\left\{\frac{m^2}{a-\frac{b}{A}}\right\}\pm\sqrt{\left\{a+\frac{1}{2}\left(\frac{m^2}{a-\frac{b}{A}}\right)\right\}^2-(a^2+b^2+m^2)}.$$

On a (fig. 96)

$$OI=a+\frac{1}{2}\left\{\frac{m^2}{a-\frac{b}{A}}\right\},$$

$$OG=OD'=\sqrt{a^2+b^2+m^2},$$

et

$$IG = \sqrt{\left\{a + \frac{1}{2}\left(\frac{m^2}{a - \frac{b}{A}}\right)\right\}^2 - (a^2 + b^2 + m^2)},$$

et les deux points M′ et M sont de nouveau déterminés par l'intersection du cercle décrit de I, avec un rayon égal à IG, et de l'axe OMX.

Troisième solution. — D'après la première construction, le cercle auxiliaire passe par le point E. De là cette construction :

Prolongez OA de $AE' = \frac{m^2}{OA}$ et BA de $AE = \frac{m^2}{BA}$; puis faites passer un cercle par les trois points A, E′, E ; l'intersection de ce cercle avec la ligne OMX déterminera les points M et M′, et les sécantes MAN, M′AN′.

Quatrième solution. — D'après l'énoncé, on a

$$AN . AM = m^2 = OA . AE',$$

d'où

$$AO : AN :: AM : AE'.$$

Les deux triangles OAN et AME′ sont donc semblables, comme ayant un angle égal compris entre côtés proportionnels ; donc l'angle AME′ = AON.

Donc, prolongez OA de $AE' = \frac{m^2}{OA}$, et sur AE′ décrivez un segment capable de l'angle AON.

Cinquième solution. — On a de même

$$AN . AM = BA . AE,$$

et

$$AN : BA :: AE : AM;$$

les deux triangles BAN et AME sont donc semblables, et l'angle NBA = AME.

Donc, prolongez BA de $AE = \frac{m^2}{AB}$, et sur AE décrivez un segment capable de l'angle des droites.

Sixième solution. — Enfin, on pourrait encore, après avoir joint EE′, décrire sur EE′ un segment capable de l'angle AOX ; car l'angle EME′ = AOX.

147. Au reste, l'analyse indique la cinquième solution. En effet, si l'on cherche le segment décrit sur AE capable d'un angle donné V, c'est-à-dire si l'on cherche le lieu géométrique des points V tels, que, joignant chacun de ces points avec A et E, les angles ainsi formés soient égaux entre eux et à V, on aura, d'après la formule connue,

$$\frac{K-K'}{1+KK'}=V,$$

K et K' étant les tangentes des angles que les droites AV et EV font avec l'axe des x.

Or les coordonnées des points A et E sont

$$\text{A,}\qquad (a,\ b),$$
$$\text{E,}\qquad \left(\left\{a+\frac{m^2}{a-\frac{b}{A}}\right\},\ b\right),$$

et par conséquent les droites AV et EV auront pour équations

$$\text{AV,}\qquad \beta-b=K(\alpha-a),$$
$$\text{EV,}\qquad \beta-b=K'[(\alpha-a)-l].$$

En faisant, pour abréger,

$$\frac{m^2}{a-\frac{b}{A}}=l,$$

d'où

$$K=\frac{\beta-b}{\alpha-a}\quad\text{et}\quad K'=\frac{\beta-b}{(\alpha-a)-l}.$$

Substituant à K et K' leurs valeurs dans la formule précédente, il viendra

$$\frac{\frac{\beta-b}{\alpha-a}-\frac{\beta-b}{(\alpha-a)-l}}{1+\frac{\beta-b}{\alpha-a}\cdot\frac{\beta-b}{(\alpha-a)-l}}=V.$$

Réduisant et ordonnant, on trouvera

$$(\beta-b)^2+(\alpha-a)^2-l(\alpha-a)+\frac{l}{V}(\beta-b)=0.$$

Telle est l'équation du cercle, lieu géométrique cherché. Si l'on fait $\beta = 0$, pour avoir les points où ce cercle est rencontré par l'axe des x, on aura

$$(\alpha - a)^2 - l(\alpha - a) + b^2 - \frac{l}{V} b = 0;$$

mais l'équation [1] (146) donne

$$(\alpha - a)^2 - l(\alpha - a) + b^2 - \frac{l}{A} b = 0,$$

équation qui devient identique à la précédente, si $V = A$: donc, etc.

PROBLÈME LXXVI.

148. *Par un point donné mener une sécante qui soit divisée dans un rapport donné par la circonférence d'un cercle donné.*

Première solution. — Si l'on prend pour axe des x la droite qui joint le point donné A au centre du cercle donné O (fig. 97), l'équation du cercle en coordonnées rectangles, l'origine étant au point donné, sera

$$[1] \qquad y^2 + (x - d)^2 = R^2,$$

d étant la distance du centre au point donné.

Substituant à x et à y leurs valeurs

$$x = r \cos V,$$
$$y = r \sin V,$$

pour passer à un système de coordonnées polaires, l'équation [1] deviendra, toute réduction faite,

$$[2] \qquad r^2 - 2d \cos V r + d^2 - R^2 = 0.$$

Or, d'après la propriété des équations,

$$r_1 . r_2 = d^2 - R^2;$$

et d'après l'énoncé du problème,

$$\frac{r_1}{r_2} = \frac{m}{n};$$

multipliant ces équations membre à membre, on trouvera

$$r_1^2 = \frac{m}{n}(d^2 - R^2),$$

d'où

$$[F] \qquad \frac{r_1^2}{d^2 - R^2} = \frac{m}{n}:$$

Si le point donné est extérieur au cercle, $d^2 - R^2$ est le carré de la tangente; s'il est intérieur, $R^2 - d^2$ est le carré de la demi-corde perpendiculaire à la ligne qui joint le point donné au centre, et passant par le point donné.

Donc, cherchez le côté d'un carré qui soit au carré de la tangente ou au carré de la demi-corde dans le rapport donné; et, du point donné, comme centre, avec ce côté pour rayon, décrivez un cercle qui coupera le cercle donné en deux points, par où passeront les sécantes demandées.

Deuxième solution. — L'équation [F]

$$r_1^2 = \frac{m}{n}(d^2 - R^2),$$

à cause de

$$d^2 - R^2 = AB.AC \text{ (fig. 97)},$$

et

$$R^2 - d^2 = (R + d)(R - d) = AB.AC \text{ (fig. 98)},$$

donne

$$r_1^2 = \frac{m}{n}AB.AC;$$

et, si l'on fait $\frac{m}{n}AB = AD,$

$$r_1^2 = AD.AC.$$

Donc, cherchez sur ABC un point D tel que $\frac{AD}{AC} = \frac{m}{n}$, et la moyenne proportionnelle entre AD et AC sera la valeur de r_1; le reste de la construction comme précédemment.

PROBLÈME LXVXII.

149. *Par un point donné, mener une sécante telle, que le rectangle de la partie extérieure et de la partie comprise dans un cercle donné soit égal à une surface donnée.*

Première solution. — D'après le numéro précédent,

$$r_1.r_2 = d^2 - R_2 = t^2,$$

si le point est extérieur.

l étant la partie comprise, et m^2 la surface donnée, on aura

$$r_1.(r_1+l)=t^2$$

ou

$$r_1^2+r_1l=t^2.$$

Or, d'après l'énoncé,

$$r_1l=m^2:$$

donc

$$r_1^2=t^2-m^2.$$

De là cette construction (fig. 99) :

Décrivez sur la tangente AT une demi-circonférence, et portez $\text{TI}=m$; alors, avec le rayon

$$\text{AI}=\sqrt{t^2-m^2},$$

du point A comme centre décrivez un arc de cercle, qui coupera le cercle donné aux points M et M' : les sécantes cherchées seront AMN, AM'N',

DEUXIÈME SOLUTION. — On aurait encore

$$r_1^2=\text{AB}.\text{AC}-m^2=\text{AC}\left(\text{AB}-\frac{m^2}{\text{AC}}\right).$$

Prenez AD (fig. 99 *bis*) tel, que $\text{AD}.\text{AC}=\overline{\text{AI}}^2=m^2$, et cherchez une moyenne proportionnelle AI' entre AC et BD ; achevez la construction comme ci-dessus.

Il est facile de voir comment la solution se modifie si le point donné est intérieur au cercle.

PROBLÈME LXXVIII.

150. *Par l'extrémité du diamètre d'un cercle donné, perpendiculaire à une droite donnée, mener une sécante telle, que la partie comprise entre la droite et la circonférence soit d'une longueur donnée.*

Si l'on prend pour axe fixe le diamètre AB perpendiculaire à la droite MN (fig. 100), le point fixe étant en A, l'équation du cercle en coordonnées polaires s'obtiendra facilement en faisant $d=\text{R}$ dans l'équation [1] (**148**), et sera

$$[1] \qquad r^2-2\text{R}r\cos v=0;$$

et celle de la droite donnée MN

$$r' \cos v' = a,$$

$a = \mathrm{AP}$.

Or, d'après l'énoncé de la question, les deux rayons vecteurs suivant la même direction, on aura

$$v' = v;$$

et d'ailleurs

$$r' - r = l,$$

longueur donnée, si la droite donnée est extérieure au cercle. Les équations du problème seront donc

$$r^2 - 2\mathrm{R}r \cos v = 0,$$
$$(r + l)\cos v - a = 0.$$

Effaçant le facteur commun r dans la première, et substituant, dans l'équation simplifiée, la valeur de $\cos v$ tirée de la seconde, on trouvera

$$r - 2\mathrm{R}\frac{a}{r+l} = 0,$$

d'où

$$r(r + l) = 2\mathrm{R}.a.$$

Les racines de cette équation se construisent très-facilement, ainsi qu'il suit :

Chercher une moyenne proportionnelle AI entre AP et AB; porter AI de A en H; élever, au point H, HH' $= l$, sur HH' décrire une circonférence et joindre AC : AS sera égal à r. Donc, du point A, avec un rayon égal à AS, décrire un cercle, qui coupera généralement le cercle donné O en deux points M', N', et les sécantes demandées seront AM'M, AN'N.

On discutera facilement les cas particuliers de la question, et l'on ne pourra assigner à l de plus petite valeur que BP. Il est évident qu'on ne doit tenir aucun compte des valeurs négatives de r.

Si la droite donnée était sécante au cercle, on aurait

$$r - r' = l,$$

et la valeur de r serait donnée par l'équation

$$r(r - l) = 2\mathrm{R}.a.$$

On prendra (fig. 100 *bis*)

$$AH = AI = \sqrt{AP.AB} = \sqrt{(2R.a)};$$

après avoir décrit un cercle sur $HH' = l$, on joindra AC, et AS' sera la valeur de r.

151. D'après cela il sera facile de résoudre les problèmes suivants :

PROBLÈME LXXIX.

Construire un triangle, connaissant la base, l'angle du sommet et la ligne qui divise cet angle en deux parties égales (fig. 100 *bis*).

Sur LI, base donnée, on décrira un segment capable de l'angle du sommet donné. Par l'extrémité A du diamètre AB, perpendiculaire à la corde LI, milieu de l'arc supplémentaire, on mènera la sécante AMM' telle, que MM' soit égal à la ligne qui divise l'angle du sommet en deux parties égales, et LM'I sera le triangle cherché.

PROBLÈME LXXX.

152. *Par un point donné sur la ligne qui divise en deux parties égales l'angle de deux droites données, mener une sécante telle, que la partie comprise entre les deux droites soit d'une longueur donnée* (fig. 101 ter).

Sur une longueur MN égale à la longueur donnée décrire un segment capable de l'angle des deux droites données BOC. Par le point I du diamètre perpendiculaire à MN mener la sécante IA_1O_1 telle, que $A_1O_1 = AO$, distance donnée; achever les triangles MO_1N, MO_2N, qu'on portera dans l'angle BOC : les deux sécantes demandées seront MAN, M'AN'.

153. Au reste, la solution précédente ne répondant qu'à un cas particulier, voici comment on pourrait résoudre analytiquement le problème en embrassant tous les cas (fig. 102).

La ligne AO qui divise l'angle des droites en deux parties égales étant prise pour axe des x, soient $d = AO$, et $A =$ la tangente de la moitié de l'angle des droites.

$$y = -A(x - d),$$

$$y' = A(x' - d),$$

seront les équations des droites CON; BOM, l'origine des coordonnées rectangulaires étant au point A.

Passant aux coordonnées polaires, sans changer l'origine, par la substitution des valeurs

$$y = r\sin v,\quad x = r\cos v,$$

et

$$y' = r'\sin v',\quad x' = r'\cos v',$$

les équations des lignes deviendront

$$\begin{array}{ll} \text{CON}, & r\sin v = -\mathrm{A}(r\cos v - d), \\ \text{BOM}, & r'\sin v' = \mathrm{A}(r'\cos v' - d). \end{array}$$

Cela posé, les deux rayons vecteurs devant se confondre en une seule et même droite CAB, on aura

$$\begin{array}{l} \text{angle OAC} = v, \\ \text{angle OAB} = v' = 200^{\circ} + v, \end{array}$$

et par conséquent

$$\begin{array}{l} \sin v' = \sin(200^{\circ} + v) = -\sin v, \\ \cos v' = \cos(200^{\circ} + v) = -\cos v. \end{array}$$

La deuxième équation se change donc en

$$-r'\sin v = -\mathrm{A}(r'\cos v + d).$$

Si donc l représente la longueur de la partie comprise, on aura les trois équations

$$[1] \qquad r\sin v + \mathrm{A}r\cos v - \mathrm{A}d = 0,$$

$$[2] \qquad r'\sin v - \mathrm{A}r'\cos v - \mathrm{A}d = 0,$$

$$[3] \qquad r + r' = l,$$

au moyen desquelles on pourra déterminer r, r', et l'angle v par l'une de ses lignes trigonométriques.

Pour arriver à une équation finale qui ne contienne plus qu'une inconnue, le mode d'élimination n'est pas indifférent.

Retranchant et ajoutant successivement les équations [1] et [2], le système des équations [1], [2], [3], sera ramené au système des équations suivantes :

$$\text{[A]} \qquad (r'-r)\sin v-(r'+r)\,\mathrm{A}\cos v=0,$$

$$\text{[B]} \qquad (r'+r)\sin v-(r'-r)\,\mathrm{A}\cos v-2\mathrm{A}d=0,$$

$$\text{[C]} \qquad (r'+r)=l,$$

dont les deux premières, en vertu de l'équation [C], deviennent

$$(r'-r)\sin v-\mathrm{A}\,l\cos v=0,$$

$$l\sin v-(r'-r)\,\mathrm{A}\cos v-2\mathrm{A}d=0.$$

La première de ces deux équations donne

$$\operatorname{tang} v=\frac{\mathrm{A}l}{r'-r},$$

d'où

$$\cos v=\frac{1}{\sqrt{1+\operatorname{tang}^2 v}}=\frac{1}{\sqrt{1+\left(\frac{\mathrm{A}l}{r'-r}\right)^2}};$$

substituant cette valeur dans la seconde, mise sous la forme

$$l\operatorname{tang} v-\mathrm{A}(r'-r)-\frac{2\mathrm{A}d}{\cos v}=0,$$

on trouvera

$$\frac{\mathrm{A}l^2}{r'-r}-\mathrm{A}(r'-r)-\frac{2\mathrm{A}d}{\left\{\frac{1}{\sqrt{1+\left(\frac{\mathrm{A}l}{r'-r}\right)^2}}\right\}}=0,$$

d'où, en faisant disparaître les dénominateurs, isolant le radical et élevant ensuite au carré,

$$(r'-r)^4-2(l^2+2d^2)(r'-r)^2+l^2(l^2-4\mathrm{A}^2d^2)=0,$$

équation du quatrième degré résoluble à la manière de celles du second. On trouve en effet, toute réduction faite,

$$(r'-r)=\pm\sqrt{l^2+2d\left[d\pm\sqrt{l^2(1+\mathrm{A}^2)+d^2}\right]}.$$

Mais on a

$$r'+r=l,$$

d'où

$$r'-r=l-2r.$$

Égalant ces deux valeurs, on obtient

$$l-2r=\pm\sqrt{l^2+2d\left(d\pm\sqrt{l^2[1+A^2]+d^2}\right)},$$

et enfin

$$\text{(F)}\qquad r=\frac{1}{2}\left\{l\mp\sqrt{l^2+2d\left[d\pm\sqrt{l^2(1+A^2)+d^2}\right]}\right\}:$$

expression qui donne en apparence quatre valeurs pour r; mais r, longueur absolue, devra être essentiellement positive, et plus petite que l, la seule combinaison de signes admissible sera

$$r=\frac{1}{2}\left\{l\mp\sqrt{l^2-2d\left[\sqrt{l^2(1+A^2)+d^2}-d\right]}\right\},$$

expression qu'on peut écrire ainsi qu'il suit :

$$r=\frac{1}{2}\left\{l\mp\sqrt{l^2-2d\left[\sqrt{\left\{\frac{l}{\frac{1}{\sqrt{1+A^2}}}\right\}^2+d^2}-d\right]}\right\}.$$

Construction. Prenez $OL=l$, élevez LP perpendiculaire à OL,

$$OP=\frac{OL}{\cos POL}=\frac{l}{\frac{1}{\sqrt{1+A^2}}},$$

car tang $POL=A$. Sur la perpendiculaire PA', prenez $PA'=OA=d$, et portez A'P en AI sur l'hypoténuse A'O;

$$\text{OI sera égal à}\sqrt{\left\{\frac{l}{\frac{1}{\sqrt{1+A^2}}}\right\}^2+d^2}-d.$$

Sur OAL prenez $AD=AO$; portez OI en OH, et menez OT tangente au cercle décrit sur DH comme diamètre, alors

$$\overline{OT}^2=2d\left[\sqrt{\left\{\frac{l}{\frac{1}{\sqrt{1+A^2}}}\right\}^2+d^2}-d\right].$$

Cherchez le côté de l'angle droit LS d'un triangle rectangle dont

$OL = l$ est l'hypoténuse et OT l'autre côté de l'angle droit, et portez LS en LM' et LN' par des arcs de cercle : $OV = \frac{1}{2} OM'$ et $OV' = \frac{1}{2} ON'$ représenteront les rayons vecteurs AC et AC'.

Il est à remarquer que $AC' = AB$ et $AC = AB'$, ce qui dispense d'une partie de la construction ; en effet, de $r' + r = l$ on tire $r' = l - r$, et

$$r' = \frac{1}{2}\left\{l \mp \sqrt{l^2 - 2d\left[\sqrt{\left(\frac{l}{\frac{1}{\sqrt{1+A^2}}}\right)^2 + d^2} - d\right]}\right\}.$$

154. Reste le cas où la sécante demandée a l'une des positions AGf, AG'f' ; alors, les deux rayons vecteurs étant dans la même direction, $v' = v$, les équations de condition sont

$$r \sin v = Ar \cos v - Ad = 0,$$
$$r' \sin v + Ar' \cos v + Ad = 0,$$
$$(r - r') = \pm l ;$$

et par une élimination semblable à la précédente on obtiendrait la valeur de r correspondante à ce cas particulier.

On trouvera plus bas une solution plus complète encore de ce problème.

Si l'on considère les valeurs négatives des rayons vecteurs comme répondant aux portions des droites au-dessous de la ligne AO, l'équation (F), avec toutes les combinaisons de signes, représente toutes les solutions possibles, et répond à cette question générale :

Étant données deux droites, mener, par un point donné sur la ligne qui divise leur angle en deux parties égales, une sécante telle, que la somme ou la différence des segments interceptés sur elle par ces droites soit d'une longueur donnée.

PROBLÈME LXXXI.

155. *Dans un demi-cercle* ADB (fig. 103), *la demi-corde* EF *et le rayon* CD *étant à angle droit sur le diamètre* AB, *on propose de mener la droite* AG, *de telle manière que*

$$3\overline{AG}^2 = \overline{AE}^2 + \overline{EB}^2 + \overline{EF}^2.$$

PREMIÈRE SOLUTION. — L'origine des coordonnées rectangulaires étant placée au centre du cercle, et le diamètre donné étant pris pour axe des x, l'équation de la droite AG sera

$$y = A(x + r),$$

et par conséquent les coordonnées du point G seront $x = 0$, $y = Ar$. Mais si l'on fait $CE = d$, on aura

$$\overline{AE}^2 = (r - d)^2, \quad \overline{EB}^2 = (r + d)^2, \quad \overline{EF}^2 = (r^2 - d^2),$$

et de plus

$$\overline{AG}^2 = r^2 + y^2 = r^2(1 + A^2):$$

on aura donc pour déterminer A la relation

$$3r^2(1 + A^2) = (r - d)^2 + (r + d)^2 + (r^2 - d^2);$$

et, toute réduction faite,

$$3A^2r^2 = d^2,$$

ou

$$3y^2 = d^2;$$

et enfin

$$CG = y = \frac{d}{\sqrt{3}}.$$

CG est donc le rayon du cercle circonscrit au triangle équilatéral dont EC est le côté.

Donc, sur EC construisez un triangle équilatéral, et portez en CG le rayon CO du cercle circonscrit au triangle : AG sera la droite demandée.

DEUXIÈME SOLUTION. — Si l'on joint EG, on a

$$\text{tang } CEG = \frac{CG}{CE} = \frac{\left(\frac{d}{\sqrt{3}}\right)}{d} = \frac{1}{\sqrt{3}};$$

d'un autre côté, si l'on porte BC en BH, l'angle BAH a pour tangente

$$\frac{BH}{AH} = \frac{BH}{\sqrt{4\overline{BH}^2 - \overline{BH}^2}} = \frac{1}{\sqrt{3}}:$$

donc l'angle $BAH = CEG$.

De là cette autre construction :

Portez le rayon BC de B en H; joignez AH, et menez, par le point E, EG parallèle à AH : AG sera la droite demandée.

PROBLÈME LXXXII.

156. *Trouver sur le diamètre d'un cercle donné un point tel, qu'en menant de ce point, sous une inclinaison donnée, une droite terminée à la circonférence, le carré de cette droite soit dans un rapport donné avec le rectangle des deux segments du diamètre* (fig. 104).

Soient d la distance du point cherché au centre du cercle, A la tangente de l'angle donné : l'équation de la droite sera

$$[1] \qquad y = A(x - d),$$

et celle du cercle

$$[2] \qquad x^2 + y^2 = r^2.$$

La distance du point $(d, 0)$ au point (x, y) où la droite rencontre la circonférence sera exprimée par

$$\sqrt{y^2 + (x - d)^2},$$

et l'on trouvera facilement, par l'élimination entre les équations [1] et [2],

$$\sqrt{y^2 + (x - d)^2} = \frac{\sqrt{r^2 - (d^2 - r^2)A^2} - d}{\sqrt{1 + A^2}},$$

qu'on peut écrire sous la forme

$$\frac{\sqrt{(r^2 - d^2)(1 + A^2) + d^2} - d}{\sqrt{1 + A^2}}.$$

D'un autre côté, le rectangle des deux segments du diamètre est

$$(r + d)(r - d) = r^2 - d^2 :$$

si donc $\frac{m}{n}$ représente le rapport donné, l'équation du problème sera

$$\frac{\left[\frac{\sqrt{(r^2 - d^2)(1 + A^2) + d^2} - d}{\sqrt{1 + A^2}}\right]^2}{(r^2 - d^2)} = \frac{m}{n}.$$

Élevant au carré, et faisant disparaître le dénominateur, on trouvera

$$(r^2-d^2)(1+A^2)\left(1-\frac{m}{n}\right)+2d^2=2d\sqrt{(r^2-d^2)(1+A^2)+d^2};$$

élevant une seconde fois au carré, et divisant tous les termes du résultat par $(r^2-d^2)(1+A^2)$, qui devient facteur commun, on aura

$$(r^2-d^2)(1+A^2)\left(1-\frac{m}{n}\right)^2+4d^2\left(1-\frac{m}{n}\right)-4d^2=0,$$

d'où

$$d=\pm\frac{r}{\sqrt{1+\frac{4mn}{(n-m)^2(1+A^2)}}};$$

expression qui prend la forme suivante :

$$d=\pm\frac{r^2}{\sqrt{r^2+\frac{m}{n-m}\frac{2r}{\sqrt{1+A^2}}\cdot\frac{n}{n-m}\frac{2r}{\sqrt{1+A^2}}}}.$$

Or, si du point A du diamètre, dont les coordonnées sont $(-r, 0)$, on mène une droite sous l'inclinaison donnée, la partie comprise AI aura pour expression $\frac{2r}{\sqrt{1+A^2}}$; ce qu'on voit facilement en remplaçant d par $-r$ dans la valeur précédente de $\sqrt{y^2+(x-d)^2}$, ou bien encore directement sur la figure, où l'on a

$$AI=AB\cos IAB=\frac{2r}{\sqrt{1+\tang^2 IAB}}=\frac{2r}{\sqrt{1+A^2}}.$$

De plus, si l'on prolonge AI d'une longueur IK telle, que KI : KA :: m : n, on aura

$$KI=\frac{m}{n-m}(KA-KI)=\frac{m}{n-m}\frac{2r}{\sqrt{1+A^2}}$$

et

$$KA=\frac{n}{n-m}\cdot\frac{2r}{\sqrt{1+A^2}}:$$

la valeur de d devient donc

$$d = \pm \frac{r^2}{\sqrt{r^2 + \mathrm{KI} \cdot \mathrm{KA}}};$$

et comme

$$\mathrm{KI} \cdot \mathrm{KA} = \mathrm{KT}^2 = \mathrm{KO}^2 - r^2,$$

on aura

$$d = \pm \frac{r^2}{\mathrm{KO}}.$$

Le point K étant déterminé, comme on l'a vu ci-dessus, ainsi que KO, par le point C on mènera CD parallèle à IA, et $\mathrm{DO} = d$. En effet, DO : OA :: OC : OK, et $\mathrm{DO} = \frac{r^2}{\mathrm{OK}}$: portant donc OD en OD', les sécantes demandées seront D'E' et DE.

PROBLÈME LXXXIII.

157. *Étant données deux circonférences qui se coupent, mener par un de leurs deux points d'intersection une sécante telle, que :*

1° *La somme des cordes interceptées par les circonférences soit d'une longueur donnée;*

2° *Que la différence des cordes soit d'une longueur donnée;*

3° *Que les cordes soient dans un rapport donné.*

L'origine des axes rectangulaires étant placée au centre de l'un des cercles, et l'axe des x passant par le centre du second, si l'on exprime par d la distance des centres, les équations des circonférences données seront

$$x^2 + y^2 = r^2,$$
$$(x' - d)^2 + y'^2 = r'^2.$$

Soient α et β les coordonnées du point d'intersection, on aura, pour les déterminer, les relations

[1] $$\alpha^2 + \beta^2 = r^2,$$

[2] $$(\alpha - d)^2 + \beta^2 = r'^2.$$

Cela posé, on a trouvé (49) pour expression de la corde interceptée par un cercle situé d'une manière quelconque dans un plan, sur une sécante menée par le point (α, β), la valeur

$$C = \pm \frac{2}{\sqrt{1+A^2}} \sqrt{R^2(1+A^2) - [A(\alpha - a) - (\beta - b)]^2}.$$

Si dans cette formule on fait successivement $a=0$, $b=0$, $R=r$, et $a=d$, $b=0$, $R=r'$, les expressions

$$C = \pm \frac{2}{\sqrt{1+A^2}} \sqrt{r^2(1+A^2) - (A\alpha - \beta)^2},$$

$$C' = \pm \frac{2}{\sqrt{1+A^2}} \sqrt{r'^2(1+A^2) - [A(\alpha - d) - \beta]^2},$$

représenteront les longueurs des cordes interceptées par les circonférences données sur la sécante menée du point d'intersection (α, β).

A cause des équations [1] et [2], il est facile de voir que ces formules deviennent

$$C = \pm \frac{2}{\sqrt{1+A^2}} (A\beta + \alpha),$$

$$C' = \pm \frac{2}{\sqrt{1+A^2}} [A\beta + (\alpha - d)];$$

et c'est sur ces nouvelles valeurs qu'on établira les hypothèses du problème.

1° Soit donc $2S$ la somme des cordes données, ou

$$C + C' = 2S;$$

toutes les combinaisons possibles des signes seront exprimées dans la formule

$$S = \pm \frac{1}{\sqrt{1+A^2}} \{A\beta + \alpha \pm [A\beta + (\alpha - d)]\}.$$

Il est nécessaire d'avoir égard aux différentes combinaisons des signes pour ne pas omettre quelques-unes des solutions; on sait, d'ailleurs, que la différence de direction de deux longueurs s'exprime par la différence des signes de leur valeur algébrique. Au surplus, on peut ne tenir aucun compte du premier double signe, puisqu'on doit élever les deux membres au carré pour dégager A, l'inconnue du problème.

On aura donc à examiner séparément les deux équations

$$[3] \qquad S = \frac{1}{\sqrt{1+A^2}}\{A\beta + \alpha + [A\beta + (\alpha - d)]\},$$

$$[4] \qquad S = \frac{1}{\sqrt{1+A^2}}\{A\beta + \alpha - [A\beta + (\alpha - d)]\},$$

dont la première correspond au cas où les cordes sont du même côté du point par où la sécante est menée, et la seconde à celui où elles sont de différents côtés.

L'équation (3) développée et ordonnée par rapport à A devient

$$(S^2 - 4\beta^2)A^2 - 4\beta(2\alpha - d)A + S^2 - (2\alpha - d)^2 = 0,$$

d'où

$$[F]. \qquad A^2 - \frac{4\beta.(d-2\alpha)}{4\beta^2 - S^2}A + \frac{(d-2\alpha)^2 - S^2}{4\beta^2 - S^2} = 0.$$

Au lieu de résoudre cette équation, qui donnerait les tangentes des angles que les sécantes demandées doivent faire avec l'axe des x pour satisfaire à la question, on peut trouver une construction facile en la comparant avec l'équation [B] du n° **46** :

$$[B] \qquad A^2 - \frac{2\alpha\beta}{\alpha^2 - R^2}A + \frac{\beta^2 - R^2}{\alpha^2 - R^2} = 0.$$

Ces deux équations deviennent identiques si $R = S$, $\alpha = 2\beta$, $\beta = d - 2\alpha$.

Or α et β dans l'équation [B] sont les coordonnées du point par lequel on doit mener les tangentes au cercle R dont le centre est à l'origine. De là cette construction (fig. 105) :

Portez, en OR', $OR' = 2OQ = 2AP = 2\beta$, et élevez la perpendiculaire R'I; prenez $PP' = OP$, et élevez la perpendiculaire $P'C' = P'C = d - 2\alpha$; menez C'I parallèle à OC. La rencontre de cette droite avec R'I déterminera le point I, dont les coordonnées sont $x = 2\beta$, $y = (d - 2\alpha)$.

Décrivez du centre O, avec un rayon $OS = S$, demi-somme donnée, un cercle auquel, par le point I, vous mènerez les tangentes IT, IT'. Les lignes ANM, AM'N', menées par le point A, parallèlement aux tangentes, seront les sécantes demandées.

Le minimum de la valeur de S est $S = 2\beta = AB$.

On peut encore adopter la construction suivante :

Décrivez le cercle symétrique au second cercle donné par rapport au point de section : car le nouveau centre a pour coordonnées $\alpha' = d - 2\alpha$, $\beta' = 2\beta$, et achevez la construction comme à l'article suivant, relatif à la construction de l'équation [4].

Quant à l'équation [4], elle donne, toute réduction faite,

$$S^2(1 + A^2) = d^2,$$
$$S = d \cos x.$$

S est donc l'un des côtés de l'angle droit d'un triangle rectangle dont d est l'hypoténuse.

Donc (fig. 106), sur $OC = d$, comme diamètre, décrivez une circonférence; portez OS et $OS' = S$, et par le point A menez les sécantes NAM, M'AN' parallèles à OS et OS'.

La valeur maximum de S est $S = d$; les deux sécantes se confondent en une seule, parallèle à la ligne des centres, ou perpendiculaire à la corde d'intersection.

2° La différence des cordes égale à une longueur donnée 2D. Les équations de condition se réduiront comme précédemment aux deux équations véritablement différentes

$$D = \frac{1}{\sqrt{1 + A^2}} \{A\beta + \alpha - [A\beta + (\alpha - d)]\},$$

$$D = \frac{1}{\sqrt{1 + A^2}} \{A\beta + \alpha + [A\beta + (\alpha - d)]\},$$

et les constructions sont en tout les mêmes que les précédentes, après avoir remplacé S par D.

3° Le rapport des cordes égal à un rapport donné

$$\frac{C}{C'} = \frac{m}{n}.$$

En substituant à C et C' leurs valeurs, on obtiendra

$$\pm \frac{A\beta + \alpha}{(A\beta + \alpha) - d} = \frac{m}{n},$$

qu'on peut mettre sous la forme

$$\frac{A\beta + \alpha}{(A\beta + \alpha) - d} = \frac{m}{\pm n},$$

d'où

$$\frac{A\beta+\alpha}{d}=\frac{m}{m\mp n}$$

et

$$A=\frac{-\left(\alpha-\frac{m}{m\mp n}d\right)}{\beta}.$$

Cette expression se construit très-facilement si l'on observe que la droite passant par le point d'intersection des deux circonférences dont les coordonnées sont α et β, et le point de la ligne des centres tel, que le rapport de ses distances aux deux centres soit égal à $\frac{m}{n}$, a pour équation

$$[M] \qquad y=\frac{\beta}{\alpha-\frac{m}{m\mp n}d}\left(x-\frac{m}{m\mp n}d\right).$$

Les sécantes demandées sont perpendiculaires aux lignes représentées par l'équation M.

Donc, prenez sur la ligne des centres les quatre points tels, que le rapport de leurs distances respectives à chacun des centres soit égal à $\frac{m}{n}$; joignez ces quatre points avec le point de section des circonférences, et par ce même point menez quatre droites perpendiculaires aux quatre droites de jonction.

Ces quatre solutions se réduisent à deux, si l'on particularise le rapport $\frac{C}{C'}$ ou $\frac{C'}{C}$.

PROBLÈME LXXXIV.

158. *Étant données deux circonférences situées d'une manière quelconque l'une par rapport à l'autre, mener, par un point donné de la ligne qui joint les centres, une sécante telle, que la partie comprise entre les deux circonférences soit d'une longueur donnée, le point donné étant tel, que le rapport de ses distances aux deux centres soit égal au rapport des rayons.*

Soient l'origine des coordonnées polaires située au point donné, d la distance de ce point au centre du cercle R, d' la distance de ce point au centre du cercle R', la ligne des centres étant prise pour axe fixe, les équations des cercles seront

$$r^2-2dr\cos v+d^2-R^2=0,$$
$$r'^2-2d'r'\cos v'+d'^2-R'^2=0.$$

Si le point donné est tel, que les deux rayons vecteurs se trouvent du même côté, par exemple si le point donné est le centre de similitude extérieur des deux cercles, on aura $v'=v$, et de plus $r'-r=m$, longueur donnée.

Les trois équations du problème seront donc

[1] $$r^2-2dr\cos v+d^2-R^2=0,$$
[2] $$r'^2-2d'r'\cos v+d'^2-R'^2=0,$$
[3] $$r'-r=m,$$

d, d', R, R', étant d'ailleurs liées entre elles par la relation

$$\frac{d'}{d}=\frac{R'}{R}.$$

Si l'on substitue dans l'équation [2] la valeur de $\cos v$ tirée de l'équation [1], et celle de r' de l'équation [3], on trouve

[M] $$(r+m)^2-\frac{d'}{d}\left[\frac{r^2+(d^2-R^2)}{r}\right](r+m)+d'^2-R'^2=0;$$

développant et ordonnant, après avoir substitué à $\frac{d'}{d}$ sa valeur $\frac{R'}{R}$, on obtient successivement

$$(R-R')r^3+[m(2R-R')]r^2+\{m^2R-[R'(d^2-R^2)-R(d'^2-R'^2]\}r$$
$$-mR'(d^2-R^2)=0,$$

$$r^3+\left(m-\frac{R}{R'-R}m\right)r^2$$
$$-\left\{m\frac{R}{R'-R}m-\left[\frac{R'}{R'-R}(d^2-R^2)-\frac{R}{R'-R}(d'^2-R^2)\right]\right\}r$$
$$+\frac{mR''}{R'-R}(d^2-R^2)=0;$$

mais de $\frac{d}{d'}=\frac{R}{R'}$ on tire

$$\frac{d}{R}=\frac{d'}{R'},\quad (d'^2-R'^2)=\frac{R'^2}{R^2}(d^2-R^2);$$

et par conséquent

$$\frac{R'}{R'-R}(d^2-R^2)-\frac{R}{R'-R}(d'^2-R'^2)=\frac{d^2-R^2}{R'-R}\left(R'-\frac{R'^2}{R^2}R\right)$$
$$=\frac{R'}{R'-R}(d^2-R^2)\frac{(R-R')}{R}=-\frac{R'}{R}(d^2-R^2);$$

de plus, le dernier terme

$$m\frac{R'}{R'-R}(d^2-R^2)=m\frac{R}{R'-R}\cdot\frac{R'}{R}(d^2-R^2).$$

D'après ces réductions, l'équation précédente devient

$$[F] \quad r^3+\left(m-\frac{R}{R'-R}m\right)r^2-\left[m.\frac{R}{R'-R}m+\frac{R'}{R}(d^2-R^2)\right]r$$
$$+\frac{R}{R'-R}m.\frac{R'}{R}(d^2-R^2)=0.$$

Cette équation se décompose en deux facteurs,

$$\left[r^2+mr-\frac{R'}{R}(d^2-R^2)\right]\left(r-\frac{R}{R'-R}m\right)=0,$$

et par conséquent le problème est résolu par les deux systèmes d'équations

$$[A] \qquad \left\{\begin{array}{r} r^2-2dr\cos v+d^2-R^2=0, \\ r-\dfrac{R}{R'-R}m=0; \end{array}\right\}$$

$$[B] \qquad \left\{\begin{array}{r} r^2-2dr\cos v+d^2-R^2=0, \\ r^2+mr-\dfrac{R'}{R}(d^2-R^2)=0. \end{array}\right\}$$

Le système [A] se compose de l'équation du cercle R, et de l'équation d'un autre cercle dont le centre est au point donné, et le rayon une quatrième proportionnelle à $R'-R$, R et m. L'intersection des deux cercles déterminera les sécantes demandées.

Le système [B] se compose de l'équation du même cercle R, et de deux autres cercles dont l'origine est au point fixe, et les rayons les deux côtés du rectangle, dont la différence des côtés est m, et la surface $\frac{R'}{R}(d^2-R^2)$.

PROBLÈME LXXXV.

159. *Les données étant les mêmes, mener par le point où l'une des circonférences est coupée par la ligne des centres une sécante telle, que la partie comprise entre les deux circonférences soit d'une longueur donnée.*

Tout étant comme au numéro précédent, on voit facilement qu'il suffit de poser, dans l'équation [M], $d = R$, et cette équation devient

$$(r+m)^2 - \frac{d'}{R} r(r+m) + d'^2 - R'^2 = 0,$$

d'où

$$r^2(d'-R) + m(d'-2R)r - R(d'^2 + m^2 - R'^2) = 0,$$

et

$$r^2 + \left(m - \frac{R}{d'-R} m\right) r - \frac{R}{d'-R}(d'^2 + m^2 - R'^2) = 0;$$

équation de deux cercles dont les rayons sont les côtés du rectangle dont la différence des côtés est $\left(m - \frac{R}{d'-R} m\right)$, et la surface $\frac{R}{d'-R}(d'^2 + m^2 - R'^2)$, le centre de ces cercles étant au point fixe.

La combinaison de ces cercles et du cercle R achèvera de déterminer les sécantes du problème.

Nous laissons au lecteur le soin de construire, pour chaque cas particulier, ces valeurs, qui, comme celles du numéro précédent, dépendent trop de la grandeur des données pour comporter une construction générale.

De plus, on examinera le cas où les rayons vecteurs ne sont pas du même côté, et l'on aura ainsi résolu ce problème : Par un point donné mener une sécante à deux circonférences telle, que la somme ou la différence des segments interceptés sur elle par les circonférences données soit égale à une longueur donnée, le point donné étant dans une position particulière, comme on vient de le voir (**158** et **159**).

Le problème, dans le cas le plus général, conduit à des équations fort compliquées, et généralement de degré supérieur au second.

PROBLÈME LXXXVI.

160. *Trouver sur la circonférence d'un cercle donné un point tel,*

1° *Que la somme de ses distances à deux autres points donnés sur cette circonférence soit égale à une longueur donnée;*

2° *Que la différence des distances soit d'une longueur donnée;*

3° *Que la somme des carrés des distances soit égale à une surface donnée;*

4° *Que la différence des carrés des distances soit égale à une surface donnée;*

5° *Que le rectangle des distances soit égal à un carré donné;*

6° *Que le rapport des distances soit égal à un rapport donné.*

1° Soit l'origine des axes rectangulaires au centre du cercle donné, et l'axe des x parallèle à la corde qui joint les points donnés, dont les coordonnées seront (a, b) et $(-a, b)$. Si donc x et y représentent les coordonnées du point cherché, l'équation du problème sera

$$[A] \quad \sqrt{(x-a)^2+(y-b)^2}+\sqrt{(x+a)^2+(y-b)^2}=2s,$$

longueur donnée, x, y, a et b, devant de plus satisfaire aux équations

$$[B] \qquad \begin{cases} x^2+y^2=r^2, \\ a^2+b^2=r^2. \end{cases}$$

Développant l'équation [A], après avoir fait passer le second radical dans le second membre et élevé au carré, on obtiendra, toute réduction faite,

$$s\sqrt{(x+a)^2+(y-b)^2}=s^2+ax;$$

élevant une seconde fois les deux membres au carré,

$$s^2[(x+a)^2+(y-b)^2]=s^4+2as^2x+a^2x^2.$$

A cause des équations [B], on a

$$(x+a)^2+(y-b)^2=2r^2+2ax-2by;$$

substituant et réduisant, on obtiendra

$$a^2x^2+2bs^2y+s^4-2r^2s^2=0.$$

Enfin, remplaçant a^2x^2 par sa valeur $a^2r^2 - a^2y^2$, on aura pour équation finale en y

$$a^2y^2 - 2bs^2y = s^4 - 2r^2s^2 + a^2r^2;$$

d'où, à cause de $a^2 + b^2 = r^2$,

$$y = \frac{bs^2 \pm r(s^2 - a^2)}{a^2},$$

et enfin

$$y - b = (b \pm r)\frac{s^2 - a^2}{a^2}.$$

Cette expression prend encore une forme plus simple si l'on remplace a^2 par sa valeur $r^2 - b^2$, car on trouvera

$$y - b = (b \pm r)\frac{s^2 - a^2}{r^2 - b^2}$$

et enfin

$$y - b = -\frac{(s^2 - a^2)}{b \mp r}.$$

Les points cherchés se trouvent donc sur deux droites parallèles à la corde qui joint les points donnés, et dont les équations sont

[1] $$y_1 - b = \frac{s^2 - a^2}{r - b},$$

[2] $$y_2 - b = -\left(\frac{s^2 - a^2}{r + b}\right):$$

les points d'intersection de la circonférence et des parallèles seront les points cherchés.

Pour construire les équations [1] et [2], A et B (fig. 107) étant les points donnés, sur PM et PN, comme diamètres, décrivez deux cercles; du point A, portez AI $= s$, demi-somme donnée; du point P, comme centre, et d'un rayon PI, décrivez un arc de cercle, qui coupera ces cercles PM et PN en K et K', et par ces points menez UHKV, U'H'K'V', parallèles à AB, qui représentent les équations [1] et [2]; les points demandés seront U, V, U', V'.

En effet,

$$\overline{PI}^2 = \overline{PK}^2 = \overline{PK'}^2 = \overline{AI}^2 - \overline{AP}^2 = s^2 - a^2,$$

$$\overline{PK}^2 = PM.PH = (r-b)PH, \quad \text{et} \quad PH = \frac{s^2-a^2}{r-b},$$

$$\overline{PK'}^2 = PN.PH' = (r+b)PH', \quad \text{et} \quad PH' = \frac{s^2-a^2}{r+b}.$$

2° La différence des distances égales à une longueur donnée $2d$.

L'équation

$$\sqrt{(x+a)^2+(y-b)^2} - \sqrt{(x-a)^2+(y-b)^2} = 2d,$$

développée comme la précédente, conduit au même résultat; seulement s est remplacé par d : donc

$$y_1 - b = -\frac{(d^2-a^2)}{b \mp r};$$

et comme d est nécessairement plus petit que a, les équations des parallèles seront

$$y_1 - b = \frac{a^2-d^2}{r+b},$$

$$y_2 - b = -\left(\frac{a^2-d^2}{r-b}\right).$$

D là cette construction :

Sur AP, PM et PN (fig. 108), décrivez trois circonférences; prenez $AD = d$; du point P comme centre, avec PD pour rayon décrivez un arc de cercle, qui coupe les cercles PM, PN, aux points G′, G. De ces points abaissez les perpendiculaires G′I′, GI, et portez PI en PH, PI′ en PH′. Les équations précédentes seront représentées par les droites UHV, U′H′V′, parallèles à AB, et les points cherchés seront U, V, U′, V′.

3° La somme des carrés des distances égale à un carré donné $4k^2$.

L'équation du problème

$$(x-a)^2 + (y-b)^2 + (x+a)^2 + (y-b)^2 = 4k^2$$

devient, toute réduction faite, au moyen des équations [B],

$$4r^2 - 4by = 4k^2,$$

d'où

$$y = \frac{r^2-k^2}{b}.$$

Si $k < r$, sur OC et OP (fig. 109) décrivez deux cercles; portez $CD = k$, et du point O comme centre, et d'un rayon égal à OD, décrivez un arc de cercle, qui coupe le cercle OP en I : la parallèle UIV déterminera les points cherchés U et V.

Si $k > r$, la valeur de y devient négative, et se construit ainsi : Du point N on portera $NG = k$; on joindra PG, et du point G on mènera GI' perpendiculaire à PG : la parallèle U'I'V' donnera les points cherchés U' et V'.

4° La différence des carrés des distances égale à un carré donné $4l^2$.

L'équation

$$[(x-a)^2+(y-b)^2]-[(x+a)^2+(y-b)^2]=\pm 4l^2$$

donne

$$-4ax=\pm 4l^2$$

et

$$x=\pm\frac{l^2}{a}:$$

donc, sur AP (fig. 110) comme diamètre, décrivez une circonférence; portez $PD = l$, et abaissez DVIV' perpendiculaire à AB. Les deux points V et V' étant déjà déterminés, les parallèles VU, V'U' feront connaître les deux autres.

5° Le rectangle des distances égal à une surface donnée.

A cause des équations [B], l'équation du problème

$$\sqrt{(x-a)^2+(y-b)^2}\sqrt{(x+a)^2+(y-b)^2}=\text{surface donnée}$$

devient

$$\sqrt{2(r^2-by-ax)}\sqrt{2(r^2-by+ax)}=\text{surf};$$

d'où

$$4(r^4-2r^2by+b^2y^2-a^2x^2)=(\text{surf})^2.$$

Remplaçant a^2x^2 par sa valeur $a^2r^2-a^2y^2$, il vient

$$4r^2(y-b)^2=(\text{surf})^2.$$

Faisant surf. donnée $=2rp$, cette équation deviendra

$$y-b=\pm p.$$

Donc, par le point A (fig. 111) menez le diamètre AOG; portez

AD égal au côté du carré équivalent à la surface donnée, et abaissez DH perpendiculaire à AOG : AH sera égal à p. Portez AH en PI et PI', et les parallèles UIV, U'I'V' détermineront les points cherchés.

6° Le rapport des distances égal à un rapport donné $\frac{m}{n}$.

L'équation de condition

$$\frac{\sqrt{(x+a)^2+(y-b)^2}}{\sqrt{(x-a)^2+(y-b)^2}}=\frac{m}{n}$$

devient, à cause des équations [B],

$$\frac{\sqrt{r^2+ax-by}}{\sqrt{r^2-ax-by}}=\frac{m}{n}.$$

Élevant au carré et réduisant, on obtient

$$\text{[C]} \qquad by+a\frac{m^2+n^2}{m^2-n^2}x-r^2=0.$$

L'intersection de cette droite et du cercle donné

$$x^2+y^2=r^2$$

déterminera les points cherchés.

Or, cette droite peut se construire de plusieurs manières : si l'on fait $x=0$ dans son équation [C], on trouve

$$y=\frac{r^2}{b}.$$

C'est l'ordonnée du point où la tangente au point A (fig. 112) rencontre l'axe des y. Cette valeur, étant indépendante du rapport donné, fait voir que toutes les droites semblables à [C] passent par le même point F.

Pour avoir un second point de cette droite, on pourra faire $y=b$, ce qui donne, toute réduction faite,

$$x=a\frac{m^2-n^2}{m^2+n^2},$$

pour abscisse du point D où la droite [C] coupe la corde AB.

On fixera la position de ce point en observant que

$$BD = a + a\frac{m^2 - n^2}{m^2 + n^2} = 2a\frac{m^2}{m^2 + n^2} = \Delta,$$

$$AD = a - a\frac{m^2 - n^2}{m^2 + n^2} = 2a\frac{n^2}{m^2 + n^2} = \Delta';$$

d'où

$$\frac{\Delta}{\Delta'} = \frac{m^2}{n^2};$$

d'où résulte cette première construction :

Divisez la corde BA au point D en deux parties qui soient entre elles dans le rapport des carrés des lignes qui forment le rapport donné ; menez par le point A ou B la tangente BF, qui rencontre au point F la droite OPF perpendiculaire au milieu de la corde, et enfin joignez les points F et D par la droite FMDM', qui déterminera par son intersection avec le cercle donné les points cherchés M et M'.

Deuxième solution. — L'équation [C] peut être considérée comme la droite des points de contact des tangentes menées au cercle

$$x^2 + y^2 = r^2,$$

par le point dont les coordonnées sont (nº **47**) :

$$\beta = b, \quad \alpha = a\frac{m^2 + n^2}{m^2 - n^2}.$$

Ce point se trouve donc sur la droite AB ; la valeur de α prend la forme

$$\alpha = a\frac{\frac{m+n}{m-n} + \frac{m-n}{m+n}}{2}.$$

Cherchez le point I' tel, que

$$PI' = a\frac{m+n}{m-n},$$

et le point I tel, que

$$PI = a\left(\frac{m-n}{m+n}\right),$$

Le point K, milieu de II', sera le point cherché ; menant les deux tangentes KM, KM', la corde de contact MM' sera la droite [C], et les points M et M' les points demandés.

Le point K est le milieu des points tels, que le rapport de leurs distances à B et à A est $\frac{m}{n}$.

TROISIÈME SOLUTION. — Si l'on désigne par (x_1, y_1) les coordonnées du point M, (x_2, y_2) celles du point M', et qu'on joigne le point C' $(0, -r)$ avec M (x_1, y_1), et C $(0, r)$ avec M' (x_2, y_2), les équations des droites seront

$$\text{C'M,}\qquad \beta - y_1 = -\frac{(r + y_1)}{-x_1}(\alpha - x_1),$$

$$\text{CM',}\qquad \beta' - y_2 = \frac{r - y_2}{-x_2}(\alpha' - x_2),$$

β, α, et β', α', étant les coordonnées courantes de ces droites.

Si l'on fait $\beta = b$, $\beta' = b$, les équations précédentes donnent

$$\alpha = \frac{r+b}{r+y_1}x_1, \quad \alpha' = \frac{r-b}{r-y_2}x_2.$$

Ces valeurs expriment la distance du point P aux points où chacune des droites C'M, CM', coupe la corde AB.

De plus, si l'on désigne par α'' l'abscisse du point de rencontre de ces droites, on trouvera, par une élimination facile entre leurs équations,

$$\alpha'' = \frac{2r}{\frac{r-y_2}{x_2} + \frac{r+y_1}{x_1}},$$

et, en vertu des valeurs de α et α',

$$\alpha'' = \frac{2r\alpha\alpha'}{r(\alpha+\alpha') - b(\alpha-\alpha')}:$$

d'où l'on voit que, si $\alpha = \alpha'$, on a $\alpha'' = \alpha = \alpha'$.

Il s'agit donc de démontrer que $\alpha = \alpha'$.

Pour cela, si l'on substitue, dans l'équation du cercle donné

$$x^2 + y^2 = r^2,$$

la valeur de y tirée de l'équation [C],

$$y = -\frac{1}{b}\left[\frac{a(m^2+n^2)x - r^2(m^2-n^2)}{m^2-n^2}\right],$$

on trouvera, toute réduction faite,

$$r^2[(m^2+n^2)x-a(m^2-n^2)]^2=4m^2n^2b^2x^2;$$

et, extrayant la racine carrée des deux membres,

$$x=\frac{a(m^2-n^2)r}{r(m^2+n^2)\mp 2mnb},$$

et par conséquent

$$x_1=\frac{a(m^2-n^2)r}{r(m^2+n^2)-2mnb},$$

$$x_2=\frac{a(m^2-n^2)r}{r(m^2+n^2)+2mnb};$$

substituant la valeur de x dans celle de y, on trouve, toute réduction faite,

$$y=\frac{b(m^2+n^2)\mp 2mnr}{r(m^2+n^2)\mp 2mnb}r,$$

et par conséquent

$$y_1=\frac{b(m^2+n^2)-2mnr}{r(m^2+n^2)-2mnb}r,$$

$$y_2=\frac{b(m^2+n^2)+2mnr}{r(m^2+n^2)+2mnb}r:$$

donc

$$\alpha=\frac{r+b}{r+y_1}x_1=\frac{(r+b)\dfrac{a(m^2-n^2)}{r(m^2+n^2)-2mnb}r}{r+r\left[\dfrac{b(m^2+n^2)-2mnr}{r(m^2+n^2)-2mnb}\right]}=\frac{(r+b)(m^2-n^2)a}{(r+b)(m^2+n^2-2mn)}$$

et

$$\alpha=\frac{m+n}{m-n}a.$$

Si on avait pris une autre combinaison de signes, on aurait trouvé

$$\alpha=\frac{m-n}{m+n}a.$$

On a de même

$$\alpha'=\frac{r-b}{r-y_2}x_2=\frac{m+n}{m-n}a,$$

et pour une autre combinaison de signes,

$$\alpha' = \frac{m-n}{m+n} a :$$

donc

$$\alpha'' = \alpha' = \alpha = \frac{m+n}{m-n} a$$

ou

$$\alpha'' = \alpha' = \alpha = \frac{m-n}{m+n} a,$$

et par conséquent :

Cherchez sur BA les points I et I' tels, que

$$\frac{\mathrm{BI}}{\mathrm{AI}} = \frac{\mathrm{BI'}}{\mathrm{AI'}} = \frac{m}{n};$$

et par le milieu C' de l'arc BC'A, menez C'IM, C'M'I, qui détermineront les points M et M' cherchés.

On peut encore prendre le milieu C de l'arc supérieur BCA, et joindre CIM', CMI'.

Le problème qu'on vient de résoudre renferme, comme cas particuliers, les problèmes suivants :

Construire un triangle, connaissant : un angle, le côté opposé, et 1° *la somme,* 2° *la différence,* 3° *la somme des carrés,* 4° *la différence des carrés,* 5° *le rectangle,* 6° *le rapport des deux autres côtés.*

161. Mais on peut résoudre directement, et d'une manière plus simple, ces problèmes, en adoptant un autre système d'axes.

PROBLÈME LXXXVII.

Construire un triangle, connaissant un côté, l'angle opposé et la somme ou la différence des côtés qui le comprennent.

Première solution. — On prendra pour axes deux droites faisant entre elles un angle supplémentaire de l'angle donné A.

1° Si α et β représentent les côtés inconnus de l'angle, b le côté donné, et s la somme donnée, on aura les deux équations

$$\alpha + \beta = s,$$
$$\alpha^2 + \beta^2 - 2\alpha\beta \cos \mathrm{A} = b^2,$$

dont la première est celle d'une droite qui coupe les axes à une distance de l'origine égale à s, et la deuxième l'équation d'un cercle dont le centre est à l'origine et le rayon $= b$.

De là cette construction (fig. 113) :

Sur deux droites OX, OY, qui se coupent sous l'angle A donné, et du côté du supplément de l'angle, prenez OS, OS', égales à s. Joignez SS', et du point O comme centre, avec un rayon égal à b, côté donné, décrivez un arc de cercle, qui coupera généralement SS' en deux points I et I'; par ces points menant IH, I'H', parallèles à OS', on aura les deux triangles OIH, OI'H' qui seront les triangles cherchés.

2° Pour la différence donnée d, la première équation de condition

$$\alpha - \beta = \pm d$$

montre qu'il faut prendre sur l'un des axes et sur le prolongement de l'autre des longueurs OD, OD', égales à d, joindre DD', et achever la construction comme précédemment (fig. 114).

Deuxième solution. — Si l'on observe que l'angle ISO, dans le premier cas, est la moitié de l'angle donné A, et IDH $= \frac{1}{2}$ IHX, dans le second, la moitié du supplément de l'angle donné, on aura cette construction modifiée :

1° Pour la somme (fig. 113) : Sur une ligne quelconque OX, prenez OS $= s$, et menez SS' faisant avec OX un angle moitié de l'angle donné ; du point O comme centre, et d'un rayon OI $= b$, décrivez un arc de cercle, qui déterminera les points I et I', et par ces points menez IH, I'H', tels, que SIH $=$ SI'H' $=$ ISO.

2° Pour la différence : Sur une droite (fig. 114), prenez OD $= d$, et menez DI tel, que IDH $= \frac{1}{2}(200^\circ - \text{A})$, c'est-à-dire égal à la moitié du supplément de l'angle donné ; du point O comme centre, et d'un rayon OI $= b$, décrivez un arc de cercle, qui détermine les points I, I', et enfin menez IH, I'H', tels, que DIH $=$ DI'H' $=$ IDH.

Troisième solution. — On peut encore résoudre ce double problème de la manière qui suit :

Pour la somme (fig. 115) : Sur AB $= b$, côté donné, décrivez deux segments ACB, AIB, capables, l'un de l'angle donné, l'autre de la moitié de cet angle. Du point A ou B indifféremment et avec un rayon égal à la somme donnée s, décrivez un arc de cercle, qui coupera généralement en deux points I et I' l'arc du segment capable de la moitié de l'angle donné, et menez BCI, BC'I. Joignant enfin AC et CB, AC' et BC', les deux triangles ACB, AC'B, sont les triangles demandés.

Pour la différence (fig. 116) : Sur $AB = b$, côté donné, décrivez deux segments capables, le premier de l'angle donné, le deuxième du supplément de la moitié du supplément de l'angle donné, autrement dit d'un angle égal à 100^{0} augmenté de la moitié de l'angle donné. De l'un des deux points A ou B, et d'un rayon égal à la différence donnée d, décrivez un arc de cercle qui coupera le second segment en un point I, joignez BIC et AC, et le triangle demandé sera ACB.

PROBLÈME LXXXVIII.

162. *Construire un triangle, connaissant un côté, l'angle opposé et le rapport des côtés qui le comprennent.*

Les axes étant disposés de la même manière, on aura pour équations de condition

$$\frac{\beta}{\alpha} = \frac{m}{n},$$

$$\beta^2 + \alpha^2 - 2\alpha\beta \cos A = b^2,$$

dont la première représente une ligne droite passant par l'origine et par le point dont les coordonnées sont $\beta = m$, $\alpha = n$.

De là cette construction (fig. 117) :

Prenez, sur OX, $ON = n$; par le point N menez NM parallèle à OY, et prenez $NM = m$. Joignez OM; du point O comme centre, et d'un rayon égal au côté donné b, coupez par un arc de cercle cette droite en deux points I et I', par lesquels menant IB, I'B', parallèles à OY, les triangles cherchés seront OIB, OI'B'.

PROBLÈME LXXXIX.

163. *Construire un triangle, connaissant un côté, l'angle opposé et le produit des côtés qui le comprennent.*

Si K^2 représente le rectangle des côtés inconnus de l'angle, on aura, les données étant les mêmes,

$$\beta\alpha = K^2,$$

$$\beta^2 + \alpha^2 - 2\alpha\beta \cos A = b^2.$$

Or la seconde équation prend la forme

$$(\beta+\alpha)^2-4\beta\alpha\cos^2\frac{1}{2}A=b^2,$$

et, à cause de la première,

$$(\beta+\alpha)^2=b^2+4K^2\cos^2\frac{1}{2}A$$

ou

$$\beta+\alpha=\sqrt{b^2+4K^2\cos^2\frac{1}{2}A},$$

et le problème est ramené à construire un triangle dont on connaît un côté, l'angle opposé et la somme des côtés qui le comprennent.

Quant à cette somme des côtés

$$\sqrt{b^2+4K^2\cos^2\frac{1}{2}A},$$

il est facile de la construire : On divisera l'angle YOX' (fig. 118) en deux parties égales. Sur la bissectrice OD on prendra $OK'=2OK=2K$, et abaissant la perpendiculaire BA sur OX, OA sera égal à $2K\cos\frac{1}{2}A$; de sorte que si $AB=b$, côté donné, la somme à construire sera OB, et le problème s'achèvera comme au n° **161**.

PROBLÈME XC.

164. *Étant donnés la base, la hauteur et le rectangle des deux autres côtés, construire le triangle.*

Première solution. — La base étant prise pour axe des abscisses, et l'origine des axes rectangulaires au milieu de sa longueur $2a$, si α, β, représentent les coordonnées inconnues du sommet, l'équation de condition sera

$$\sqrt{(\alpha+a)^2+\beta^2}\,\sqrt{(\alpha-a)^2+\beta^2}=m^2,$$

surface donnée. Effectuant le calcul indiqué, et élevant ensuite au carré, on trouvera, toute réduction faite,

$$[(\alpha^2-a^2)+\beta^2]^2=m^4-4a^2\beta^2;$$

et si l'on fait $m^2 = 2a.K$, on aura, en extrayant la racine carrée des deux membres,

$$\alpha^2 + \beta^2 - a^2 = \pm 2a\sqrt{K^2 - \beta^2}.$$

Cette équation prend la forme

$$\alpha^2 + \beta^2 - a^2 = \frac{2a\beta}{\left(\frac{\pm\beta}{\sqrt{K^2-\beta^2}}\right)},$$

et peut être ramenée au système des deux équations

$$\alpha^2 + \beta^2 - a^2 = \frac{2a}{\left(\frac{\pm h}{\sqrt{K^2-h^2}}\right)}\beta,$$

$$\beta = \pm h,$$

dont la première est l'équation du segment capable de l'angle dont la tangente est $\frac{\pm h}{\sqrt{K^2-h^2}}$, et la seconde une parallèle à l'axe des x à la distance h, hauteur du triangle cherché.

On serait arrivé plus promptement au même résultat en observant que, si x et y désignent les côtés inconnus du triangle demandé, et v l'angle compris, la surface de ce triangle peut s'exprimer par

$$\frac{xy\sin v}{2};$$

d'un autre côté, cette surface est encore exprimée par

$$\frac{2a.h}{2},$$

et par conséquent

$$\frac{xy\sin v}{2} = \frac{2a.h}{2};$$

et comme, d'après l'énoncé, $xy = m^2 = 2a.K$, on trouve, après avoir réduit,

$$\sin v = \frac{h}{K},$$

on a

$$\cos^2 v = 1 - \frac{h^2}{K^2} = \frac{K^2-h^2}{K^2},$$

et

$$\text{tang}^2 v = \frac{h^2}{K^2 - h^2},$$

d'où

$$\text{tang}\, v = \frac{\pm h}{\sqrt{K^2 - h^2}}.$$

Quelle que soit la méthode qu'on adopte, voici la construction géométrique qui en résulte (fig. 119) :

Changez le carré $B\delta\varepsilon\gamma = m^2$, surface donnée, en un rectangle équivalent $AB\beta\alpha$, dont la base soit $AB = 2a$; portez $B\beta = K$ sur le prolongement de AB en BD; décrivez sur BD une demi-circonférence; prenez $DE = h$, hauteur donnée : l'angle du sommet du triangle cherché sera EBD.

Décrivez sur AB un segment capable de l'angle EBD, et menez par le point H ($DH = h$) HMM' parallèle à AB; les triangles ABM, ABM', répondront à la question.

Si H'NN' rencontre le segment inférieur ($DH' = h$), les deux triangles ANB, AN'B, répondent encore à la question.

Au surplus ces quatre solutions se réduisent à deux véritablement différentes.

Deuxième solution. — Dans tout triangle le rectangle de deux côtés est égal au rectangle de la perpendiculaire abaissée de l'angle compris sur le troisième multipliée par le diamètre du cercle circonscrit. On aura donc, en conservant les mêmes notations,

$$xy = h \,.\, 2R;$$

et comme

$$xy = m^2, \quad m^2 = h \,.\, 2R,$$

si l'on fait

$$m^2 = h \,.\, 2l,$$

on aura

$$R = l.$$

Donc, changez le carré donné m^2 en un rectangle BHIK

(fig 120) équivalent, et dont un des côtés $BH = h$; faites passer par les points A et B un cercle dont le rayon soit égal à $BO = \frac{BK}{2}$: les points M et M', où le cercle sera coupé par la droite MHM', parallèle à AB, seront les sommets des triangles cherchés, AMB. AM'B'.

PROBLÈME XCI.

165. *Par l'un des sommets d'un losange donné mener une sécante telle, que la partie comprise entre les deux côtés opposés à ce sommet soit égale à une longueur donnée.*

On a pris pour axe des abscisses la base inférieure du losange (fig. 121).

L'origine des axes rectangulaires étant placée au sommet donné,

A la tangente de l'angle de ce sommet AOC,
c la base ou le côté $OC = OA$,
h la hauteur AP,

et enfin α l'abscisse du point N où la sécante cherchée rencontre la base supérieure, on aura

$$[1] \qquad y = h,$$

équation de cette base supérieure;

$$[2] \qquad y' = A(x' - c),$$

l'autre côté du losange opposé au sommet;

$$[3] \qquad \chi = \frac{h}{\alpha}\xi,$$

équation de la sécante.

Les coordonnées du point [N] sont $x_1 = \alpha$, $y_1 = h$, et celles du point [M] d'intersection des droites OMN [3] et CB [2], données par l'élimination entre les équations des deux droites, mises sous la forme

$$y_2 = A(x_2 - c),$$
$$y_2 = \frac{h}{\alpha}x_2,$$

sont

$$x_2 = \frac{Ac}{A\alpha - h}\alpha, \quad y_2 = \frac{Ac}{A\alpha - h}h.$$

Par conséquent, si l représente la longueur donnée, l'équation de condition

$$\sqrt{(x_2-x_1)^2+(y_2-y_1)^2}=l$$

deviendra, par la substitution des valeurs de x_1, y_1, x_2, y_2,

$$\sqrt{\left(\frac{Ac}{A\alpha-h}\alpha-\alpha\right)^2+\left(\frac{Ac}{A\alpha-h}h-h\right)^2}=l,$$

et, toute réduction faite,

$$\text{[A]}\qquad \frac{A\alpha-(Ac+h)}{A\alpha-h}\sqrt{\alpha^2+h^2}=l.$$

Telle est l'équation finale qui doit donner les valeurs de α; mais cette équation, étant du quatrième degré, ne peut être résolue par les méthodes de la simple analyse.

Voici l'artifice que l'on pourra employer :

L'équation finale [A] peut se mettre sous la forme

$$\frac{\left[\left(\alpha-\frac{h}{A}\right)-c\right]}{\left(\alpha-\frac{h}{A}\right)}\sqrt{\alpha^2+h^2}=l.$$

Soit fait

$$\text{[B]}\qquad \alpha^2+h^2=K\left(\alpha-\frac{h}{A}\right),$$

K étant une indéterminée : alors l'équation [A], après qu'on l'aura élevée au carré et réduite en vertu de l'équation [B], deviendra

$$\text{[C]}\qquad \left[\left(\alpha-\frac{h}{A}\right)-c\right]^2K=\left(\alpha-\frac{h}{A}\right)l^2;$$

et ordonnant par rapport à $\left(\alpha-\frac{h}{A}\right)$,

$$\text{[M]}\qquad \left(\alpha-\frac{h}{A}\right)^2-\left(2c+\frac{l^2}{K}\right)\left(\alpha-\frac{h}{A}\right)+c^2=0.$$

L'équation [B], développée, peut s'écrire ainsi qu'il suit :

$$\text{[N]}\qquad \left(\alpha-\frac{h}{A}\right)^2-\left(\alpha-\frac{h}{A}\right)\left(K-\frac{2h}{A}\right)+\frac{h^2}{A^2}(1+A^2)=0.$$

Il est facile de voir que les derniers termes des équations [M] et [N] sont identiques. En effet

$$\frac{h^2(1+A^2)}{A^2}=\frac{h^2}{\left(\frac{A^2}{1+A^2}\right)}=\left\{\frac{h}{\frac{A}{\sqrt{1+A^2}}}\right\}^2=\left(\frac{AP}{\sin AOP}\right)^2=\overline{OA}^2=c^2.$$

Il est donc possible de rendre ces mêmes équations [M] et [N] parfaitement identiques entre elles, puisque leur identité ne dépend que de l'égalité des coefficients des seconds termes, c'est-à-dire de l'équation

$$\left[2c+\frac{l^2}{K}\right]=\left[K-\frac{2h}{A}\right],$$

d'où l'on tire

[D] $$K^2-2K\left[c+\frac{h}{A}\right]=l^2,$$

équation qui donnera toujours des valeurs réelles pour K.

L'équation [A] se trouve ainsi décomposée en deux facteurs égaux du second degré ; et le problème est ramené à la construction des racines de ces facteurs, ou de ces facteurs eux-mêmes.

Et d'abord l'équation [B],

$$\alpha^2+h^2=K\left[\alpha-\frac{h}{A}\right],$$

peut être considérée comme le résultat de l'élimination entre les équations

[F] $$\left\{\begin{array}{c}\alpha^2+\beta^2=K\left[\alpha-\frac{\beta}{A}\right],\\ \beta=h,\end{array}\right\}$$

dont la première est l'équation du segment capable de l'autre angle du losange, dont la tangente est $-A$, décrit sur la longueur K; et la seconde, celle de la base supérieure du losange.

Pour déterminer K, on observera que l'équation [D] peut être regardée comme provenant de l'élimination entre les équations

$$(L-h)^2+\left[K-\left(c+\frac{h}{A}\right)\right]^2=\left(c+\frac{h}{A}\right)^2+h^2+l^2,$$

$$L=0,$$

dont la première représente un cercle, facile à déterminer de grandeur et de position, et la seconde, l'axe des abscisses, ou la base inférieure du losange.

Ce cercle a pour coordonnées du centre

$$y = h, \quad x = c + \frac{h}{A},$$

et pour rayon

$$r = \sqrt{\left[\left(c + \frac{h}{A}\right)^2 + h^2\right] + l^2}.$$

Le centre est donc au point B, sommet opposé à celui qu'on a pris pour origine; et le rayon est égal à la racine carrée de la somme des carrés de la diagonale OB et de la longueur donnée, car

$$\overline{OB}^2 = \overline{OP'}^2 + \overline{P'B}^2 = [OC + CP']^2 + \overline{P'B}^2 = \left[c + \frac{h}{A}\right]^2 + h^2 :$$

les valeurs de K seront donc les segments déterminés par le cercle sur la base prise pour axe des X, à partir de l'origine.

Il suit de ce qui précède cette construction géométrique facile :

Du sommet B du losange, opposé au sommet donné (fig. 122), et d'un rayon BL égal à la racine carrée de la somme des carrés de la diagonale OB et de la longueur donnée OL, décrivez un arc de cercle, qui coupera la base du losange prolongée en deux points E et G. Sur le segment $OE = K_1$, situé du côté des abscisses positives, décrivez un segment capable de l'angle supplémentaire OAB. Les points d'intersection M, M', de la circonférence et de la base supérieure, détermineront les sécantes OMN, ON'M', telles, que $MN = N'M' = OL = l$.

Quant à l'autre valeur de K, $-K_2$, on observera que la première des équations (F) devient

$$\alpha^2 + \beta^2 = -K_2\alpha + K_2\frac{\beta}{A},$$

et représente le segment, construit sur la longueur K_2 prise du côté des abscisses négatives, capable de l'angle dont la tangente est A.

Donc, sur le segment OG décrivez un segment capable de l'angle AOC. Les points M'', M''', où ce segment rencontre la base supérieure AB, détermineront les deux nouvelles sécantes M″ON′, M‴ON‴, telles, que $M''N'' = M'''N''' = l$.

On peut encore trouver les valeurs des cordes sur lesquelles les segments s'appuyent en résolvant l'équation [D], qui donne

$$K = c + \frac{h}{A} \pm \sqrt{\left[c + \frac{h}{A}\right]^2 + l^2},$$

et fournit cette nouvelle construction :

Au point O, élevez la perpendiculaire $OH = l$; du point P′, pour lequel $\alpha = c + \frac{h}{A}$, tirez la ligne P′H, qui sera égale à $\sqrt{\left[c + \frac{h}{A}\right]^2 + l^2}$; et enfin du point P′ comme centre, et avec le rayon P′H, décrivez un cercle, qui coupera la base inférieure aux mêmes points G et E trouvés par la première construction.

Il est bien évident que ce problème renferme la solution générale du problème 152.

Si le losange se change en carré, les segments se changent en demi-circonférence, et la construction s'opère comme précédemment (fig. 123).

PROBLÈME XCII.

166. *Diviser un triangle quelconque en quatre surfaces équivalentes par deux droites perpendiculaires entre elles* (fig. 124).

Soient l'origine des axes rectangulaires à l'un des sommets, O, du triangle, l'axe des X se confondant avec le côté adjacent OB, (h, a) les coordonnées du point A, $(0, b)$ celles du point B, enfin (α, β) les coordonnées du point inconnu M où les perpendiculaires se rencontrent, et $(0, \xi)$ celles du point où l'une d'elles IH coupe le côté OB pris pour axe des x.

Les équations des côtés seront

$$\text{OB}, \qquad y = 0,$$

$$\text{OA}, \qquad y = \frac{h}{a}x,$$

$$\text{AB}, \qquad y = \frac{h}{a-b}(x-b);$$

celle de la sécante,

$$\text{IH}, \qquad y = \frac{\beta}{\alpha - \xi}(x - \xi),$$

et de sa perpendiculaire :

$$GH, \quad y-\beta=-\frac{1}{\left[\frac{\beta}{\alpha-\xi}\right]}(x-\alpha).$$

D'après l'énoncé du problème, on a

$$\text{triangle} \quad IMG=\frac{1}{4}\text{ triangle } OAB;$$

$$\text{quadrilatère } OKMI=\frac{1}{4}\text{ triangle } OAB=\text{quadrilatère } MGBH,$$

$$\text{et} \quad \text{quadrilatère } AKMH=\frac{1}{4}\text{ triangle } OAB=OKMI=MGBH.$$

Il est facile de voir que ces conditions peuvent être ramenées aux suivantes :

$$\text{triangle } OKG=\frac{1}{2}\text{ triangle } OAB,$$

$$\text{triangle } IHB=\frac{1}{2}\text{ triangle } OAB,$$

$$\text{triangle } IMG=\frac{1}{4}\text{ triangle } OAB,$$

qu'il s'agit d'exprimer analytiquement.

Or, triangle $OKG=\frac{OG \cdot KP}{2}$; KP est l'ordonnée du point d'intersection des droites OA et GK; c'est-à-dire la valeur de y provenant de l'élimination de x entre les équations de ces droites; et OG est l'abscisse du point G, ou la valeur de x dans l'équation de GK quand on y fait $y=0$.

Éliminant donc x entre les équations

$$OA, \quad y=\frac{h}{a}x,$$

$$GK, \quad y-\beta=-\frac{(\alpha-\xi)}{\beta}(x-\alpha),$$

on trouvera sans difficulté

$$y=KP=h\left[\frac{\beta^2+\alpha(\alpha-\xi)}{h\beta+a(\alpha-\xi)}\right].$$

D'ailleurs, si l'on fait $y=0$, dans l'équation de GK, on aura

$$x=\text{OG}=\frac{\beta^2+\alpha(\alpha-\xi)}{\alpha-\xi}:$$

de sorte que l'expression analytique de la surface du triangle OGK sera

$$\frac{1}{2}\cdot h\left[\frac{\beta^2+\alpha(\alpha-\xi)}{h\beta+a(\alpha-\xi)}\right]\cdot\left[\frac{\beta^2+\alpha(\alpha-\xi)}{\alpha-\xi}\right]=\frac{h[\beta^2+\alpha(\alpha-\xi)]^2}{2(\alpha-\xi)[h\beta+a(\alpha-\xi)]};$$

et comme le triangle OAB a pour expression de sa surface $\frac{bh}{2}$, la première équation de condition sera, toute réduction faite,

$$[1]\qquad \frac{[\beta^2+\alpha(\alpha-\xi)]^2}{(\alpha-\xi)[h\beta+a(\alpha-\xi)]}=\frac{b}{2}.$$

En second lieu, la surface du triangle IHB$=\frac{\text{IB}.\text{HR}}{2}$, IB$=b-\xi$, et HR$=$la valeur de y provenant de l'élimination de x entre les équations des lignes

$$\text{IH},\qquad y=\frac{\beta}{\alpha-\xi}(x-\xi),$$

$$\text{AB},\qquad y=\frac{h}{a-b}(x-b);$$

c'est-à-dire

$$y=\text{HR}=\frac{h\beta(b-\xi)}{h(\alpha-\xi)-\beta(a-b)},$$

et par conséquent

$$\text{IHB}=\frac{\text{IB}.\text{HR}}{2}=\frac{1}{2}\frac{h\beta(b-\xi)^2}{h(\alpha-\xi)-\beta(a-b)}.$$

La seconde équation de condition sera donc, toute réduction faite,

$$[2]\qquad \frac{\beta(b-\xi)^2}{h(\alpha-\xi)-\beta(a-b)}=\frac{b}{2}.$$

Reste à exprimer la troisième condition

$$\text{triangle IMG}=\frac{1}{4}\,\text{OAB}.$$

Or

$$\text{IMG}=\frac{\text{MQ}\,.\,\text{IG}}{2},\quad \text{MQ}=\beta,\quad \text{IG}=\text{OG}-\text{OI};$$

et d'après la valeur précédente de OG,

$$\text{IG}=\frac{\beta^2+\alpha(\alpha-\xi)}{\alpha-\xi}-\xi=\frac{\beta^2+(\alpha-\xi)^2}{\alpha-\xi},$$

et la troisième équation de condition sera

$$[3]\qquad \beta\left[\frac{\beta^2+(\alpha-\xi)^2}{\alpha-\xi}\right]=\frac{hb}{4}.$$

On a donc trois équations pour déterminer les trois inconnues α, β et ξ, qui donnent la solution du problème; mais ces équations étant du second degré, l'élimination directe conduirait à une équation finale d'un degré généralement égal au produit des exposants, c'est-à-dire du huitième degré, et, de toute manière, intraitable par aucun moyen soit arithmétique, soit géométrique. On peut obvier à cet inconvénient en observant que les équations [1] et [3], développées et ordonnées par rapport à $(\alpha-\xi)$,

$$(\alpha-\xi)^2+\beta\left[\frac{4\alpha\beta-hb}{2\alpha^2-ab}\right](\alpha-\xi)+\frac{2\beta^4}{2\alpha^2-ab}=0,$$

$$(\alpha-\xi)^2-\frac{hb}{4\beta}(\alpha-\xi)+\beta^2=0,$$

devant donner pour α et pour ξ, et par conséquent pour $(\alpha-\xi)$, les mêmes valeurs, doivent être identiques. Égalant donc les coefficients des mêmes puissances de $(\alpha-\xi)$, on obtiendra les équations

$$\beta\left[\frac{4\alpha\beta-hb}{2\alpha^2-ab}\right]=-\frac{hb}{4\beta},$$

$$\frac{2\beta^4}{2\alpha^2-ab}=\beta^2,$$

qui se réduisent à

$$\alpha\beta-\frac{\left[\frac{hb}{2}\right]}{4}=0;$$

$$\beta^2-\alpha^2+\frac{ab}{2}=0;$$

de sorte que le système des équations [1], [2], [3], est ramené au système des équations

$$[A] \qquad \alpha\beta - \frac{\left[\frac{hb}{2}\right]}{4} = 0,$$

$$[B] \qquad \beta^2 - \alpha^2 + \frac{ab}{2} = 0,$$

$$[C] \qquad \frac{\beta(b-\xi)^2}{h(\alpha-\xi)-\beta(a-b)} = \frac{b}{2}.$$

Les équations [A] et [B] donnent

$$\beta = \pm\sqrt{\frac{1}{2}\left\{\frac{b}{2}\left[-a\pm\sqrt{a^2+\left(\frac{h}{2}\right)^2}\right]\right\}},$$

$$\alpha = \pm\frac{\frac{hb}{2}}{4\sqrt{\frac{1}{2}\left\{\frac{b}{2}\left[-a\pm\sqrt{a^2+\left(\frac{h}{2}\right)^2}\right]\right\}}};$$

et comme le point M doit être dans l'intérieur du triangle, les seules valeurs admissibles seront

$$\beta = \sqrt{\frac{1}{2}\left\{\frac{b}{2}\left[-a+\sqrt{a^2+\left(\frac{h}{2}\right)^2}\right]\right\}},$$

$$\alpha = \frac{\frac{hb}{2}}{4\sqrt{\frac{1}{2}\left\{\frac{b}{2}\left[-a+\sqrt{a^2+\left(\frac{h}{2}\right)^2}\right]\right\}}},$$

valeurs que l'on construira sans difficulté; et, au moyen de l'équation [C], qui, ordonnée par rapport à ξ, devient

$$\xi^2 - \left\{2b - \frac{\left(\frac{hb}{2}\right)}{\beta}\right\}\xi + \frac{b}{2}\left[(a+b) - \frac{h\alpha}{\beta}\right] = 0,$$

on obtiendra la dernière inconnue du problème.

PROBLÈME XCIII.

167. *Décrire une circonférence qui coupe par le milieu trois circonférences données* (fig. 125).

Soient, en général, les équations des trois circonférences données

$$(x_1-a_1)^2+(y_1-b_1)^2=r_1^2,$$
$$(x_2-a_2)^2+(y_2-b_2)^2=r_2^2,$$
$$(x_3-a_3)^2+(y_3-b_3)^2=r_3^2.$$

La corde de section déterminée par le cercle cherché sur chacune des circonférences devant être, d'après l'énoncé, égale au diamètre, si α, β et ρ, désignent les coordonnées du centre et le rayon du cercle cherché, on aura les trois équations de condition

[1] $$(\alpha-a_1)^2+(\beta-b_1)^2=\rho^2-r_1^2,$$
[2] $$(\alpha-a_2)^2+(\beta-b_2)^2=\rho^2-r_2^2,$$
[3] $$(\alpha-a_3)^2+(\beta-b_3)^2=\rho^2-r_3^2,$$

qui serviront à déterminer les inconnues du problème α, β, ρ.

Retranchant successivement l'une de l'autre les équations [1], [2], [3], on trouve

$$-2(b_1-b_2)\beta-2(a_1-a_2)\alpha+(a_1^2+b_1^2+r_1^2)-(a_2^2+b_2^2+r_2^2)=0,$$
$$-2(b_1-b_3)\beta-2(a_1-a_3)\alpha+(a_1^2+b_1^2+r_1^2)-(a_3^2+b_3^2+r_3^2)=0,$$
$$-2(b_2-b_3)\beta-2(a_2-a_3)\alpha+(a_2^2+b_2^2+r_2^2)-(a_3^2+b_3^2+r_3^2)=0,$$

l'une quelconque de ces équations étant la conséquence des deux autres, le centre cherché est au point de concours de deux d'entre elles. Ce centre étant trouvé, il sera très-facile de déterminer le rayon. En effet, on n'aura qu'à joindre le centre C avec le centre de l'une quelconque des circonférences données, C_1 par exemple. La corde d'intersection sur cette circonférence sera évidemment le diamètre $D_1D'_1$, perpendiculaire à CC_1, et par conséquent CD_1 sera le rayon du cercle cherché.

PROBLÈME XCIV.

168. *Par un point donné faire passer une circonférence qui coupe par le milieu deux circonférences données* (fig. 126).

Si la circonférence C_3 se réduit à un point, on pourra toujours construire les deux droites, dont le point de concours sera le centre de la circonférence demandée, et la construction s'achèvera comme précédemment.

169. Enfin, si deux circonférences se réduisent à la fois en un point, une construction semblable donne la solution du problème suivant.

PROBLÈME XCV.

Par deux points donnés faire passer une circonférence qui coupe par le milieu celle d'un cercle donné (fig. 127).

PROBLÈME XCVI.

170. *Étant données quatre droites* AP, AM, BN, CQ, *situées d'une manière quelconque dans un plan, mener une transversale* PMNQ *telle, que les segments interceptés* PM, MN, NQ, *soient entre eux comme* m, n *et* p (fig. 128).

On prendra pour axe des x l'une des droites extrêmes, CQ, et pour axe des y l'autre ligne extrême, AP, lesquels axes seront généralement obliques, l'origine des coordonnées à leur point d'intersection C.

Alors si l'on désigne

$$
\begin{aligned}
\text{CD} &\text{ par } a,\\
-\text{AC} &\text{ par } b,\\
\text{CE} &\text{ par } c,\\
-\text{CK} &\text{ par } d,
\end{aligned}
$$

les équations des quatre droites données seront

$$[1] \qquad \text{AP}, \qquad x = 0,$$

$$[2] \qquad \text{AM}, \qquad y = -\frac{b}{a}(x - a),$$

$$[3] \qquad \text{BN}, \qquad y = -\frac{d}{c}(x - c),$$

$$[4] \qquad \text{CQ}, \qquad y = 0.$$

De plus, on voit facilement que le problème serait résolu si l'on connaissait le point I de concours des droites MI, NI, menées par les deux points M et N, par où passe la sécante cherchée PMNQ, parallèlement aux axes. Soient donc $x = \alpha$, $y = \beta$, les coordonnées inconnues du point I.

On trouvera les coordonnées du point M en combinant les équations

$$\text{AM,}\quad y=-\frac{b}{a}(x-a),$$

$$\text{IM,}\quad y=\beta,$$

et l'on obtiendra

$$y_2=\beta,\quad x_2=\frac{a}{b}(b-\beta).$$

En combinant de même les équations

$$\text{BN,}\quad y=-\frac{d}{c}(x-c),$$

$$\text{IN,}\quad x=\alpha,$$

on trouve pour coordonnées du point N

$$y_3=\frac{d}{c}(c-\alpha),\quad x_3=\alpha.$$

L'équation de la transversale sera donc facile à exprimer en fonction des coordonnées des points M et N, et l'on aura

$$y-\frac{d}{c}(c-\alpha)=\frac{\beta-\frac{d}{c}(c-\alpha)}{\frac{a}{b}(b-\beta)-\alpha}(x-\alpha),$$

équation de la transversale PMNQ.

Si l'on fait successivement $x=0$, $y=0$, dans cette équation, on obtiendra pour coordonnées des points P et Q

$$y_1=\frac{d}{c}(c-\alpha)-\left\{\frac{\beta-\frac{d}{c}(c-\alpha)}{\frac{a}{b}(b-\beta)-\alpha}\right\}\alpha,\quad x_1=0;$$

$$y_4=0,\quad x_4=\alpha-\frac{d}{c}(c-\alpha)\left\{\frac{\frac{a}{b}(b-\beta)-\alpha}{\beta-\frac{d}{c}(c-\alpha)}\right\}.$$

Ces coordonnées étant trouvées, on a, d'après la formule connue pour les axes obliques, v étant l'angle des axes,

$$PM=\sqrt{(x_1-x_2)^2+(y_1-y_2)^2-2(x_1-x_2)(y_1-y_2)\cos v};$$

remplaçant x_1, x_2, y_1, y_2, par leurs valeurs, on obtient, en représentant par K l'expression

$$\sqrt{\left[\frac{a}{b}(b-\beta)-\alpha\right]^2+\left[\beta-\frac{d}{c}(c-a)\right]^2-2\left[\frac{a}{b}(b-\beta)-\alpha\right]\left[\beta-\frac{d}{c}(c-\alpha)\right]\cos v},$$

et, toute réduction faite,

$$PM=\frac{-\frac{a}{b}(b-\beta)}{\frac{a}{b}(b-\beta)-\alpha}K.$$

De même

$$MN=\sqrt{(x_2-x_3)^2+(y_2-y_3)^2-2(x_2-x_3)(y_2-y_3)\cos v};$$

et, après la substitution des valeurs de x_2, x_3, y_2, y_3,

$$MN=K;$$

enfin

$$NQ=\sqrt{(x_3-x_4)^2+(y_3-y_4)^2-2(x_3-x_4)(y_3-y_4)\cos v}$$

$$=\frac{\frac{d}{c}(c-\alpha)}{\beta-\frac{d}{c}(c-\alpha)}K.$$

Or, d'après l'énoncé, P : MN : NQ :: $m:n:p$, d'où l'on tire

$$\frac{PM}{MN}=\frac{m}{n},\quad \frac{MN}{NQ}=\frac{n}{p},$$

et en vertu des valeurs de PM, MN, NQ,

$$[F_1]\qquad \frac{-\frac{a}{b}(b-\beta)}{\frac{a}{b}(b-\beta)-a}=\frac{m}{n},$$

$$[F_2]\qquad \frac{\beta-\frac{d}{c}(c-\alpha)}{\frac{d}{c}(c-\alpha)}=\frac{n}{p}.$$

Telles sont les équations finales qui serviront à déterminer les coordonnées α, β, du point I.

Mais sans avoir recours à l'élimination on peut construire les droites que ces équations représentent; et d'abord l'équation [F_1] prend la forme

$$\frac{m}{n}\left[\alpha-\frac{a}{b}(b-\beta)\right]=\frac{a}{b}(b-\beta).$$

Si l'on fait $\alpha=0$, on trouve

$$\beta=b:$$

donc cette droite passe par le point A.

Si l'on fait $\beta=0$, on trouve

$$\frac{a}{\alpha-a}=\frac{m}{n}:$$

donc cette droite passe par un point H tel, que

$$\text{CD}:\text{DH}::m:n;$$

ce second point étant déterminé, la direction de la droite [F_1] sera connue.

Quant à la seconde équation [F_2], on voit d'abord qu'elle est satisfaite par $\beta=0$, $\alpha=c$: donc la droite qu'elle représente passe par le point E.

De plus, si l'on fait dans l'équation [3] $x=\alpha$, on trouve

$$y=\frac{d}{c}(c-\alpha);$$

et si l'on représente cette ordonnée par β', l'équation [F_2] deviendra

$$\frac{\beta'-\beta'}{\beta'}=\frac{n}{p};$$

β et β' étant deux coordonnées de deux droites différentes, mais correspondant à la même abscisse, ces deux droites d'ailleurs passant par le même point E.

Il sera donc facile de construire la seconde en prenant une longueur Et quelconque, à partir du point E, et élevant l'ordonnée tu, qu'on prolongera d'une quantité uv telle, que $uv:tu::n:p$; puis menant la droite EvI. Le point I étant déterminé, on mènera IN, IM, respectivement parallèles à AP et CQ, et la transversale cherchée sera PMNQ.

On remarquera que, si le point E était tel, que $\frac{CD}{DE}=\frac{m}{n}$, le point H se confondrait avec lui, et par conséquent les deux droites AHI, EvI, n'en feraient plus qu'une. Dans ce cas particulier, le problème aurait une infinité de solutions, puisque tous les points I se trouveraient sur une même ligne droite, qui serait la droite de jonction des points A et E.

PROBLÈME XCVII.

171. *Par deux points donnés sur la circonférence d'un cercle mener à un autre point de la circonférence des droites qui coupent un diamètre donné en deux points également distants du centre.*

Soit pris pour axe des x le diamètre donné, l'origine des coordonnées rectangulaires étant au centre du cercle; alors si (a, b), (a', b'), sont les coordonnées des points A et B (fig. 129) donnés sur la circonférence, et (x, y) celles du point M cherché, on aura les relations

$$[1] \quad \left\{ \begin{array}{l} x^2+y^2=r^2, \\ a^2+b^2=r^2, \\ a'^2+b'^2=r^2; \end{array} \right.$$

et, de plus, les équations des lignes droites AM, BM,

$$[2] \quad \left\{ \begin{array}{l} y-b=A(x-a), \\ y-b'=A'(x-a'). \end{array} \right.$$

Si l'on fait $y=0$, on aura pour les distances OE, OE',

$$x_1=\frac{Aa-b}{A}, \quad x_2=\frac{Aa'-b'}{A'},$$

et, d'après l'énoncé du problème,

$$x_1+x_2=0,$$

ou

$$\frac{Aa-b}{A}+\frac{Aa'-b'}{A'}=0;$$

substituant dans cette équation les valeurs de A et A' tirées des équations [2], on trouvera

$$[3]\qquad \frac{\frac{y-b}{x-a}a-b}{\frac{y-b}{x-a}}+\frac{\frac{y-b'}{x-a'}a'-b'}{\frac{y-b'}{x-a'}}=0;$$

chassant les dénominateurs, et réduisant en vertu des équations [1], on trouvera

$$[\mathrm{F}]\qquad (a+a')y^2-(b+b')xy-(ab'+a'b)y+2bb'x=0.$$

Mais, en vertu des mêmes équations [1], on a

$$\left(\frac{y-b}{x-a}\right)=-\left(\frac{x+a}{y+b}\right),$$

$$\left(\frac{y-b'}{x-a'}\right)=-\left(\frac{x+a'}{y+b'}\right);$$

substituant dans l'équation [3], et réduisant, il vient

$$[\mathrm{G}]\qquad (a+a')x^2+(b+b')xy+2(r^2+aa')x+(ab'+a'b)y+(a+a')r^2=0;$$

ajoutant les équations [F] et [G], on obtient, après avoir réduit,

$$2(a+a')r^2+2(r^2+aa'+bb')x=0$$

et

$$x=-\frac{r^2}{\left[\frac{r^2+aa'+bb'}{a+a'}\right]},$$

équation d'une ligne perpendiculaire à l'axe des x, dont les intersections avec le cercle donné seront les points cherchés.

Si l'on fait, pour abréger,

$$\frac{r^2+aa'+bb'}{a+a'}=\mathrm{K},$$

la valeur de x devient

$$x=-\frac{r^2}{\mathrm{K}},$$

et représente une droite parallèle à la polaire du point $x=\mathrm{K}$, $y=0$, à égale distance de l'origine.

Or ce point, dont l'abscisse $=$K, est facile à déterminer. On trouve en effet par un calcul fort simple

$$\frac{r^2+aa'+bb'}{a+a'}=\frac{ab'-a'b}{b'-b},$$

et cette dernière expression représente l'abscisse du point I où la droite AB rencontre l'axe des x; car l'équation de AB étant

$$\chi-b=\frac{b'-b}{a'-a}(\xi-a),$$

si l'on y fait $\chi=0$, on trouve

$$\xi=\frac{ab'-a'b}{b'-b}.$$

De là, par conséquent, cette construction :

Prolongez la droite qui joint les points donnés jusqu'à sa rencontre avec le diamètre donné; par ce point menez les deux tangentes et la corde des points de contact, et de l'autre côté du centre, et à égale distance, menez une parallèle à cette corde de contact. Les points où cette droite rencontrera la circonférence seront les points cherchés.

On préférera cette construction, qui rentre au fond dans la précédente :

Après avoir mené les tangentes IT, IT', on joindra les points de tangence avec le centre par les diamètres TOM, T'OM', et les points cherchés seront M et M' tels, que $OE=OE'_1$, $OE_2=OE'_2$.

PROBLÈME XCVIII.

172. *Par deux points donnés mener à un même point de la circonférence d'un cercle donné deux droites telles, que la corde de l'arc qu'elles interceptent soit parallèle à la droite qui joint ces deux points donnés.*

L'origine des axes rectangulaires étant placée à l'un des points donnés, A (fig. 130), et la droite AB, qui joint les points donnés, prise pour axe des x, si a et b sont les coordonnées du centre O du cercle donné, et r son rayon, l'équation de ce cercle sera

$$(x-a)^2+(y-b)^2=r^2.$$

Soient α, β, les coordonnées du point M où la sécante AP rencontre le cercle; ce point étant sur la circonférence, ses coördonnées satisferont à l'équation

$$[1] \qquad (\alpha - a)^2 + (\beta - b)^2 = r^2.$$

On a d'ailleurs, à cause du parallélisme des droites MN et AB,

$$\frac{AP}{PM} = \frac{AB}{MN},$$

d'où

$$\frac{AP}{AP - PM} = \frac{AB}{AB - MN}$$

et

$$\frac{AP}{AM} = \frac{AB}{AB - MN};$$

et, multipliant les deux termes du premier rapport par AM,

$$\frac{AP \cdot AM}{\overline{AM}^2} = \frac{AB}{AB - MN}.$$

Or,

$$AP \cdot AM = \overline{AT}^2 = t^2, \quad \overline{AM}^2 = \alpha^2 + \beta^2,$$
$$AB - MN = AB - 2MG = d - 2(a - \alpha):$$

donc

$$\frac{t^2}{\alpha^2 + \beta^2} = \frac{d}{d - 2(a - \alpha)},$$

et enfin

$$[2] \qquad \alpha^2 + \beta^2 = \frac{t^2}{d}[d - 2(a - \alpha)],$$

équation d'un second cercle, dont les intersections avec le cercle [1] détermineront les points M cherchés.

L'équation [1] est celle du cercle donné; l'équation [2] prend la forme

$$\beta^2 + \left(\alpha - \frac{t^2}{d}\right)^2 = \left(\frac{t^2}{d}\right)^2 + t^2 - 2a\frac{t^2}{d},$$

et, à cause de $t^2 = a^2 + b^2 - r^2$,

$$\beta^2 + \left(\alpha - \frac{t^2}{d}\right) = \left(a - \frac{t^2}{d}\right)^2 + b^2 - r^2:$$

le centre de ce second cercle est donc à une distance $\frac{t^2}{d}$ du point A, origine, sur la droite AB, et il a pour rayon la tangente menée de ce centre au cercle donné.

De là cette construction :

Prenez sur AB, à partir du point A, AI tel, que

$$AB : AT :: AT : AI;$$

de ce point comme centre, et d'un rayon égal à la tangente IM, décrivez un arc de cercle, qui coupe le cercle donné en deux points M et M'. Les sécantes du point A, AMP et AP'M', détermineront les sécantes BNP, BP'N', telles, que MN et M'N' seront parallèles à AB.

On peut se dispenser de décrire l'arc du cercle, les points M et M' étant déterminés par les tangentes IM, IM'.

Deuxième solution. On a encore

$$\frac{AM}{AP} = \frac{BN}{BP},$$

ou, multipliant les deux termes du premier rapport par AP, et ceux du second par BP,

$$\frac{AM \cdot AP}{\overline{AP}^2} = \frac{BN \cdot BP}{\overline{BP}^2}.$$

Or

$$AM.AP = \overline{AT}^2 = t^2, \quad BN.BP = \overline{BT'}^2 = t'^2:$$

donc

$$\frac{t}{t'} = \frac{AP}{BP}.$$

Le point de concours P des deux sécantes AP, BP, est donc tel, que ses distances aux points donnés sont dans le même rapport que les tangentes menées de ces points au cercle donné.

Ce lieu géométrique, comme on le verra plus bas, est un cercle qui a son centre sur la ligne qui joint les points donnés A et B, et pour diamètre la distance entre les deux points de la droite AB tels, que le rapport de leurs distances aux points A et B soit égal au rapport des tangentes AT et BT'. Les points communs à ce cercle et au cercle donné seront les points de concours P et P' des sécantes.

Si les points A et B étaient intérieurs au cercle, la première construction serait modifiée, ainsi que la seconde, en ce que les tangentes seraient remplacées par les demi-cordes passant par ces points perpendiculairement au rayon qui les joint au centre.

TROISIÈME SOLUTION. — Enfin, il est facile de voir que ce problème revient à faire passer par deux points A et B un cercle tangent au cercle donné O; les points de tangence deviennent les points de concours des sécantes. En effet, les points de tangence étant des centres de similitude, les rayons vecteurs sont proportionnels, et les cordes des arcs interceptés, parallèles.

Au reste, ce problème n'est qu'un cas particulier du problème général auquel donne lieu la question suivante.

PROBLÈME XCIX.

173. *Par deux points donnés on mène à un même point de la circonférence donnée deux sécantes qui la coupent chacune en un second point : déterminer la corde de jonction de ces points.*

L'origine des axes rectangulaires étant au centre du cercle donné, et (a, b), (a', b'), (α, β), étant les coordonnées des deux points donnés A et B (fig. 131) et du point de concours P des sécantes AMP, BMP, les équations de ces sécantes seront

$$\text{AP,} \qquad (Y-\beta)=\frac{\beta-b}{\alpha-a}(X-\alpha),$$

$$\text{BP,} \qquad (Y-\beta)=\frac{\beta-b'}{\alpha-a'}(X-\alpha).$$

En exprimant par les mêmes coordonnées courantes que ces droites ont au moins un point commun avec le cercle donné, dont l'équation est

$$[1] \qquad X^2+Y^2=r^2,$$

et, de plus, le point P, (α, β), étant sur la circonférence, on aura la relation

$$[2] \qquad \alpha^2+\beta^2=r^2.$$

Or, l'ensemble des droites AP, BP, peut s'exprimer par le produit de leurs équations mises sous la forme

$$\frac{Y-\beta}{X-\alpha}-\frac{\beta-b}{\alpha-a}=0,$$

$$\frac{Y-\beta}{X-\alpha}-\frac{\beta-b'}{\alpha-a'}=0,$$

lequel produit sera

$$\left(\frac{Y-\beta}{X-\alpha}\right)^2(\alpha-a)(\alpha-a')-\left(\frac{Y-\beta}{X-\alpha}\right)[(\alpha-a)(\beta-b')+(\alpha-a')(\beta-b)]$$
$$+(\beta-b)(\beta-b')=0;$$

et à cause des équations [1] et [2], qui donnent

$$\frac{Y-\beta}{X-\alpha}=-\left(\frac{X+\alpha}{Y+\beta}\right),$$

l'équation précédente devient

$$\left(\frac{X+\alpha}{Y+\beta}\right)^2(\alpha-a)(\alpha-a')+\left(\frac{X+\alpha}{Y+\beta}\right)[(\alpha-a)(\beta-b')+(\alpha-a')(\beta-b)]$$
$$+(\beta-b)(\beta-b')=0.$$

Chassant les dénominateurs, on obtient

[A] $(Y-\beta)^2(\alpha-a)(\alpha-a')-(X-\alpha)(Y-\beta)[(\alpha-a)(\beta-b')+(\alpha-a')(\beta-b)]$
$+(X-\alpha)^2(\beta-b)(\beta-b')=0,$

[B] $(X+\alpha)^2(\alpha-a)(\alpha-a')+(X+\alpha)(Y+\beta)[(\alpha-a)(\beta-b')+(\alpha-a')(\beta-b)]$
$+(Y+\beta)^2(\beta-b)(\beta-b')=0.$

Ajoutant maintenant terme à terme les équations [A] et [B], et réduisant en vertu des équations [1] et [2], on trouve

$$(\alpha-a)(\alpha-a')(r^2+\alpha X-\beta Y)+[(\alpha-a)(\beta-b')+(\alpha-a')(\beta-b)](\beta X+\alpha Y)$$
$$+(\beta-b)(\beta-b')(r^2+\beta Y-\alpha X)=0,$$

équation du premier degré en X et Y, qui représente la droite de jonction des points M et N.

Séparant les variables, pour donner à cette équation la forme ordinaire aux équations de lignes droites, on obtiendra, toute réduction faite,

$$[C]\quad \left.\begin{array}{l}[(r^2 - aa' + bb')\beta + (ab' + a'b)\alpha - (b + b')r^2]\,Y\\ +[(r^2 + aa' - bb')\alpha + (ab' + a'b)\beta - (a + a')r^2]\,X\\ +[(r^2 + aa' + bb') \;-\; (a + a')\alpha - (b + b')\beta\,]\,r^2\end{array}\right\} = 0.$$

Telle est l'équation de la droite MN, qui sera entièrement déterminée par ses coefficients, lorsque le point de concours des sécantes, P, (α, β), est donné.

Mais si l'on particularise *a priori* quelque condition à laquelle cette droite doive satisfaire, le point P n'aura plus sur la circonférence que des positions déterminées par la nature même de cette condition.

Avant d'entrer dans cette question, on pourra donner à l'équation [C] une forme plus simple en supposant l'axe des x parallèle à la droite qui joint les points donnés. Dans ce cas $b' = b$, et l'équation, résolue par rapport à Y, devient

$$[F]\quad Y = \left\{\begin{array}{l}\dfrac{(a + a')r^2 - (r^2 + aa' - b^2)\alpha - b(a + a')\beta}{(r^2 - aa' + b^2)\beta + b(a + a')\alpha - 2br^2}\,X\\[2ex] + \dfrac{2b\beta + (a + a')\alpha - (r^2 + aa' + b^2)}{(r^2 - aa' + b^2)\beta + b(a + a')\alpha - 2br^2}\,r^2.\end{array}\right.$$

174. 1° Si l'on veut que la corde de jonction MN soit parallèle à la ligne des points donnés, c'est-à-dire à l'axe des x, l'équation

$$[a]\qquad (a + a')r^2 - (r^2 + aa' - b^2)\alpha - b(a + a')\beta = 0$$

servira à déterminer le point de concours des sécantes sur la circonférence.

Cette équation [a] peut se mettre sous la forme

$$b\beta + \left[a' - \left(\frac{a'^2 + b^2 - r^2}{a + a'}\right)\right]\alpha - r^2 = 0;$$

et sous cette forme elle représente la polaire d'un point de la droite AB, facile à déterminer.

En effet, du point H on prendra HA' = HA = a (fig. 132); sur la demi-circonférence décrite sur BA' = $a' + a$ on portera BT = BT', et, abaissant la perpendiculaire TI, on aura

$$HI = HB - IB = a' - \frac{a'^2 + b'^2 - r^2}{a + a'}.$$

Du point I, on mènera les tangentes IP, IP′; la polaire sera PP′, et les points de concours des sécantes cherchées seront P et P′ : en effet, si l'on mène APM, BPN, et AM′P′, BN′P′, les droites MN, M′N′, seront parallèles à AB.

Lorsque le point B est intérieur au cercle, l'équation de la polaire, mise sous la forme

$$b\beta + \left[a' + \frac{r^2 - (a'^2 + b'^2)}{a + a'}\right]\alpha - r^2 = 0,$$

donne lieu à une construction analogue à la précédente (fig. 133).

175. 2° La corde de jonction perpendiculaire à la droite des points donnés.

Cette condition sera exprimée par l'équation

$$[b] \qquad (r^2 - aa' + b^2)\beta + b(a + a')\alpha - 2br^2 = 0,$$

qui devient

$$\left[b - \left(\frac{[a'^2 + b^2 - r^2] - a'[a' - a]}{2b}\right)\right]\beta + \left(\frac{a + a'}{2}\right)\alpha - r^2 = 0,$$

et représente la polaire du point dont les coordonnées sont

$$y = b - \left[\frac{(a'^2 + b^2 - r^2) - a'(a' - a)}{2b}\right],$$

$$x = \frac{a + a'}{2}.$$

176. 3° La corde de jonction passant par le centre du cercle donné.

L'équation de condition

$$[c] \qquad 2b\beta + (a + a')\alpha - (r^2 + aa' + b^2) = 0,$$

si l'on y remplace r^2 par sa valeur $\alpha^2 + \beta^2$, devient

$$\alpha^2 + \beta^2 + aa' + b^2 - 2b\beta - (a + a')\alpha = 0,$$

et, toute réduction faite,

$$\left(\alpha - \frac{a + a'}{2}\right)^2 + (\beta - b)^2 = \left(\frac{a' - a}{2}\right)^2,$$

équation d'un cercle décrit sur AB comme diamètre (fig. 134). Les points d'intersection de ce cercle et du cercle donné seront les points de concours des sécantes APM, BPN, et AM′P′, BP′N′, telles, que les cordes de jonction MN, M′N′, passent par le centre O du cercle donné.

177. 4° La corde de jonction parallèle à une droite donnée.

Si A représente la tangente de l'angle que la droite donnée fait avec la droite AB, l'équation qui déterminera α et β sera

$$[d] \qquad \frac{(a+a')r^2-(r^2+aa'-b^2)\alpha-b(a+a')\beta}{(r^2-aa'+b^2)\beta+b(a+a')\alpha-2br^2}=\mathrm{A};$$

d'où l'on tire, toute réduction faite,

$$\left\{b+\frac{a'(a'-a)-(a'^2+b^2-r^2)}{\left(b+\frac{a}{\mathrm{A}}\right)+\left(b+\frac{a'}{\mathrm{A}}\right)}\right\}\beta$$
$$+\left\{\frac{\left(b+\frac{a'}{\mathrm{A}}\right)(a+a')-\left(\frac{a'^2+b^2-r^2}{\mathrm{A}}\right)}{\left(b+\frac{a}{\mathrm{A}}\right)+\left(b+\frac{a'}{\mathrm{A}}\right)}\right\}\alpha-r^2=0,$$

équation de la polaire du point dont les coefficients de β et de α sont les coordonnées.

178. 5° La corde de jonction passant par un troisième point donné C (fig. 135).

L'équation [C] (n° 173) prend la forme symétrique

$$\left.\begin{aligned}&\mathrm{Y}[b(b'\beta+a'\alpha-r^2)+b'(b\beta+a\alpha-r^2)-\beta(bb'+aa'-r^2)]\\+&\mathrm{X}[a(b'\beta+a'\alpha-r^2)+a'(b\beta+a\alpha-r^2)-\alpha(bb'+aa'-r^2)]\\-&r^2[\ (b'\beta+a'\alpha-r^2)+\quad(b\beta+a\alpha-r^2)-\quad(bb'+aa'-r^2)]\end{aligned}\right\}=0,$$

d'où

$$(b\mathrm{Y}+a\mathrm{X}-r^2)(b'\beta+a'\alpha-r^2)+(b'\mathrm{Y}+a'\mathrm{X}-r^2)(b\beta+a\alpha-r^2)$$
$$-(\beta\mathrm{Y}+\alpha\mathrm{X}-r^2)(bb'+aa'-r^2)=0.$$

Si le troisième point donné C a pour coordonnées a'', b'', l'équation précédente, dans laquelle on fera $\mathrm{X}=a''$, $\mathrm{Y}=b''$, deviendra, toute réduction faite,

$$\left.\begin{aligned}&\beta[b(b'b''+a'a''-r^2)+b'(bb''+aa''-r^2)-b''(bb'+aa'-r^2)]\\+&\alpha[a(b'b''+a'a''-r^2)+a'(bb''+aa''-r^2)-a''(bb'+aa'-r^2)]\\-&r^2[\ (b'b''+a'a''-r^2)+\quad(bb''+aa''-r^2)-\quad(bb'+aa'-r^2)]\end{aligned}\right\}=0.$$

Cette équation finale se simplifie si l'on remarque que, la polaire du point B, (a', b'), ayant pour équation

$$b'y + a'x - r^2 = 0,$$

l'expression de la longueur de la perpendiculaire Cp, abaissée sur elle du point C, (a'', b''), sera

$$Cp = \frac{b'b'' + a'a'' - r^2}{\sqrt{a'^2 + b'^2}}.$$

De même

$$Cq = \frac{bb'' + aa'' - r^2}{\sqrt{a^2 + b^2}}$$

représentera la longueur de la perpendiculaire abaissée du point C sur la polaire du point A, (a, b), comme

$$Br = \frac{bb' + aa' - r^2}{\sqrt{a^2 + b^2}}$$

est la distance du point B à la polaire du point A.

Donc, si l'on désigne Cp, Cq, Br, par k, k', k'',

$$OA = \sqrt{a^2 + b^2}, \quad OB = \sqrt{a'^2 + b'^2}, \text{ par } d,\ d',$$

l'équation précédente deviendra

$$\left.\begin{array}{l} \beta\ [bd'k + b'dk' - b''dk''] \\ + \alpha\ [ad'k + a'dk' - a''dk''] \\ - r^2 [\ d'k + \ \ dk' - \ \ dk''] \end{array}\right\} = 0;$$

et faisant $d'k = dl$, le facteur d s'évanouit, et l'on a

$$\beta \left[\frac{bl + b'k' - b''k''}{l + k' - k''}\right] + \alpha \left[\frac{al + a'k' - a''k''}{l + k' - k''}\right] - r^2 = 0,$$

équation qui représente la polaire du point dont les coefficients de α et β sont les coordonnées.

L'intersection de cette droite et du cercle donné déterminera les points de concours des sécantes du problème.

179. La recherche des polaires des numéros précédents donnant lieu à des constructions peu élégantes, on préférera les solutions purement géométriques qui suivent :

PROBLÈME C.

Par deux points donnés mener à un même point de la circonférence d'un cercle donné deux sécantes telles, que la corde de l'arc intercepté soit parallèle à une droite donnée.

Soit supposé trouvé le point de concours P (fig. 136) des sécantes AP, BP, telles, que la corde MN soit parallèle à la droite donnée RS.

Si l'on mène NH parallèle à AB, et HM prolongée jusqu'à sa rencontre avec AB au point I, on aura les deux triangles AMI et APB semblables, et la proportion

$$AM : AB :: AI : AP,$$

d'où

$$AI = \frac{AM \cdot AP}{AB} = \frac{\overline{AT}^2}{AB},$$

et le problème est ramené à mener par le point I, déterminé par la valeur précédente de AI, une sécante telle, que la partie comprise dans le cercle donné O soit d'une longueur déterminée. En effet, si, par un point quelconque N' de la circonférence, on mène deux cordes N'H', N'M', respectivement parallèles à AB et RS, les angles N et N' seront égaux et la corde H'M' = HM.

PROBLÈME CI.

Par deux points donnés mener à un même point de la circonférence d'un cercle donné deux sécantes telles, que la corde de l'arc intercepté passe par un troisième point donné.

Soit P le point de concours des sécantes AP, BP, et la corde MN passant par le troisième point C (fig. 137). Si l'on mène NH parallèle à AB, et HMI, les triangles semblables AMI, APB, donneront la proportion

$$AI : AM :: AP : AB,$$

qui déterminera

$$AI = \frac{AM \cdot AP}{AB} = \frac{\overline{AT}^2}{AB},$$

et par conséquent le point I. Il n'y aura plus qu'à mener par les points I et C des sécantes IM, CM, en un même point M de la circonférence, et telles, que la corde NH soit parallèle à une droite donnée AB.

Si le point C était sur la droite AB (fig. 138), après avoir déterminé le point I comme précédemment, on mènerait par les points I et C des sécantes IM, CM, telles, que la corde HN fût parallèle à IC.

On peut énoncer différemment le problème qui précède, en disant : *Inscrire dans un cercle un triangle dont chacun des côtés passe par un point donné*, et appliquer la solution à ce problème général : *Inscrire dans un cercle un polygone dont chacun des côtés passe par un point donné.*

PROBLÈME CII.

180. *Étant donnés un cercle et une droite, trouver un point tel, que toute sécante y soit divisée par le cercle et la droite en deux segments dont le produit soit constant; déterminer ce produit.*

La solution de ce problème dépend de cette question : Par un point donné mener une sécante qui soit divisée par la circonférence et la droite données en deux segments dont le produit soit une surface donnée.

L'origine des coordonnées rectangulaires étant au centre du cercle donné, et l'axe des x perpendiculaire à la droite donnée, les équations du cercle et de la droite seront

$$[1] \qquad y^2 + x^2 = r^2,$$

$$[2] \qquad x = d.$$

Le point donné ayant pour coordonnées a, b, la sécante passant par ce point aura pour équation

$$[3] \qquad y - b = \mathrm{A}(x - a).$$

La distance du point donné à la circonférence sera représentée par

$$\mathrm{D}_1 = \sqrt{(y_1 - b)^2 + (x_1 - a)^2};$$

et, en vertu de l'équation [3],

$$\mathrm{D}_1 = (x_1 - a)\sqrt{1 + \mathrm{A}^2}.$$

De même le segment compris entre le point donné et la droite aura pour expression

$$D_2 = \sqrt{(b-y_2)^2+(a-x_2)^2};$$

y_2, x_2, étant les coordonnées du point d'intersection de la droite $x_2 = d$, et de la sécante $y_2 - b = A(x_2 - a)$; ces équations donnent $b - y_2 = A(a-d)$, $a - x_2 = a - d$; et par conséquent $D_2 = (a-d)\sqrt{1+A^2}$. Si donc l^2 représente la surface donnée, l'énoncé du problème $D_1D_2 = l^2$ donnera l'équation

$$[4] \qquad (x_1 - a)(a-d)(1+A^2) = l^2;$$

dans laquelle il ne reste plus qu'à substituer la valeur de x_1 provenant de la combinaison des équations $x_1^2 + y_1^2 = r^2$, $y_1 - b = A(x_1 - a)$. On trouve facilement

$$x_1 = \frac{A(Aa-b) \pm \sqrt{r^2(1+A^2)-(Aa-b)^2}}{1+A^2},$$

et de là

$$x_1 - a = -\left[\frac{(Ab+a) \mp \sqrt{r^2(1+A^2)-(Aa-b)^2}}{1+A^2}\right].$$

L'équation [4] devient par la substitution de cette valeur, et toute réduction faite,

$$[d-a]\left([Ab+a] \mp \sqrt{r^2[1+A^2]-[Aa-b]^2}\right) = l^2.$$

Isolant le radical, et élevant au carré, on obtiendra l'équation, ordonnée par rapport à A,

$$[F] \quad (a^2+b^2-r^2)(d-a)^2A^2 - 2(d-a)bl^2A + (d-a)^2(a+b^2-r^2) + l^2[l^2-2(d-a)a] = 0.$$

Cette équation donnera généralement les deux valeurs de A qui satisfont à l'énoncé de la question.

Cette question n'a plus qu'une solution, si $a^2+b^2-r^2=0$, c'est-à-dire si le point donné est sur la circonférence du cercle donné; dans ce cas, la seule valeur de A,

$$A = \frac{l^2 - 2(d-a)a}{2(d-a)b},$$

devient, si l'on fait $l^2 = 2(d-a)K$,

$$A = \frac{k-a}{b}.$$

Enfin, pour résoudre le problème proposé, A sera indéterminé si l'on a à la fois dans l'équation [F]

$$a^2 + b^2 - r^2 = 0,$$
$$b = 0,$$
$$l^2 - 2(d-a)a = 0.$$

On tire de ces équations

$$a = \pm r$$

et

$$l^2 = \pm 2r(d \mp r).$$

Le point cherché est donc à l'intersection de la circonférence donnée par le diamètre perpendiculaire à la droite donnée, et le produit constant est égal au diamètre multiplié par la distance de la circonférence à la droite donnée (fig. 139).

PROBLÈME CIII.

181. *Étant donnés un cercle et un point, on peut toujours déterminer un second point tel, que les droites menées de ces deux points à un même point de la circonférence soient dans un rapport constant; déterminer ce rapport.*

On résoudra d'abord ce problème :

Étant donnés deux points, A et B, déterminer sur la circonférence d'un cercle donné O un point M tel, que le rapport des droites AM et BM soit constant et donné (fig. 140).

Soit le centre du cercle pris pour origine des axes rectangulaires, l'axe des x passant par le point A.

Soient $OA = d$,

a, b, les coordonnées du point B,

$\frac{m}{n}$ le rapport donné :

la condition du problème sera évidemment exprimée par

$$[1] \qquad \frac{\sqrt{(d-x)^2 + y^2}}{\sqrt{(a-x)^2 + (b-y)^2}} = \frac{m}{n}.$$

La combinaison de cette équation et de celle du cercle

$$[2] \qquad x^2 + y^2 = r^2$$

déterminera le point cherché.

Or l'équation [1] est le lieu géométrique des points tels, que leurs distances à deux points donnés soient dans un rapport constant et donné (voir plus bas ce problème, quatrième section). L'intersection de ce cercle (lieu géométrique) et du cercle donné fera connaître le point demandé.

L'équation [1], simplifiée au moyen de l'équation [2], devient

$$\frac{\sqrt{d^2 - 2dx + r^2}}{\sqrt{(a^2 + b^2) - 2ax - 2by + r^2}} = \frac{m}{n};$$

et, développant,

$$[3] \quad 2b\frac{m^2}{n^2}y - 2\left(d - a\frac{m^2}{n^2}\right)x + d^2 - (a^2 + b^2)\frac{m^2}{n^2} + r^2 - r^2\frac{m^2}{n^2} = 0,$$

équation d'une ligne droite, corde d'intersection des deux cercles. Au reste, cette équation pouvant se construire *a priori*, le problème est résolu par l'intersection du cercle [2] et de la droite [3].

Mais, pour revenir à la première question, puisque la position du point (x, y) sur la circonférence est quelconque, il faut que cette équation [3] soit satisfaite indépendamment d'aucune valeur de ces coordonnées. Les coefficients de y et de x et le terme tout connu doivent donc être nuls, ce qui donne les trois équations

$$[A] \qquad b = 0,$$

$$[B] \qquad d - a\frac{m^2}{n^2} = 0,$$

$$[C] \qquad d^2 - (a^2 + b^2)\frac{m^2}{n^2} + r^2 - r^2\frac{m^2}{n^2} = 0,$$

qui serviront à déterminer les coordonnées a et b des points B, ainsi que le rapport $\frac{m}{n}$.

En vertu de l'équation [A], l'équation [C] simplifiée donne

$$\frac{m^2}{n^2} = \frac{r^2 + d^2}{r^2 + a^2},$$

et par conséquent l'équation [B] devient

$$d - a\frac{r^2 + d^2}{r^2 + a^2} = 0;$$

d'où

$$[D] \qquad (a-d)(ad-r^2) = 0,$$

équation satisfaite par $a-d=0$ (solution étrangère, puisque le point B cherché doit être nécessairement distinct de A), ou par

$$ad - r^2 = 0,$$

d'où

$$a = \frac{r^2}{d},$$

et par suite

$$\frac{m}{n} = \frac{d}{r}:$$

Donc, en résumé, le point cherché est le pôle conjugué du point A, et le rapport constant est égal au rapport entre la distance de ce point au centre et le rayon.

PROBLÈME CIV.

182. *Étant donnés un cercle et une droite, trouver la position d'un point tel, que, si l'on mène par ce point une sécante quelconque, la partie comprise entre ce point et le point de section de la sécante avec la droite donnée soit moyenne proportionnelle entre la sécante entière et sa partie extérieure.*

La solution de ce problème dépend de celui-ci :

Par un point donné M (fig. 141) *mener une sécante* EMDC *telle, que la distance* MC *soit moyenne proportionnelle entre* CD *et* CE.

Soient $x^2 + y^2 = r^2$ l'équation du cercle ; l'origine des axes rectangulaires au centre, et l'axe des x perpendiculaire à la droite PQ; $x=d$, $d=OG$; α, β, les coordonnées du point donné, et par conséquent l'équation de la sécante

$$y - \beta = A(x - \alpha).$$

Cette sécante rencontre la droite donnée en un point C, dont les coordonnées seront déterminées par la combinaison des équations

$$\begin{aligned} y_1-\beta&=A(x_1-\alpha), \\ x_1&=d, \end{aligned} \quad \left| \quad \begin{aligned} x_1&=d, \\ y_1&=\beta+A(d-\alpha)=Ad-(A\alpha-\beta); \end{aligned} \right.$$

d'où l'on tire

$$\begin{aligned} x_1-\alpha&=d-\alpha, \\ y_1-\beta&=A(d-\alpha), \end{aligned}$$

et la distance

$$MC=\sqrt{(x_1-\alpha)^2+(y_1-\beta)^2}=(d-\alpha)\sqrt{1+A^2}.$$

Cette même sécante coupe le cercle en deux points, dont les coordonnées sont données par l'élimination entre les équations

$$\begin{aligned} x_2^2+y_2^2&=r^2, \\ (y_2-\beta)&=A(x_2-\alpha). \end{aligned}$$

On obtient facilement

$$[A] \quad \left\{ \begin{aligned} x_2&=\frac{A(A\alpha-\beta)\pm\sqrt{r^2(1+A^2)-(A\alpha-\beta)^2}}{1+A^2}, \\ y_2&=\frac{-(A\alpha-\beta)\pm A\sqrt{r^2(1+A^2)-(A\alpha-\beta)^2}}{1+A^2}. \end{aligned} \right.$$

Si la sécante entière, comprise entre le point C, (x_1, y), et l'un des points de section de la sécante et du cercle, est exprimée par

$$\sqrt{(x_1-x_2)^2+(y_1-y_2)^2},$$

la partie extérieure le sera par

$$\sqrt{(x_1-x_3)^2+(y_1-y_3)^2},$$

les valeurs x_2, y_2, et x_3, y_3, étant rassemblées dans les expressions générales [A].

On trouvera par la substitution

$$\sqrt{(x_1-x_2)^2+(y_1-y_2)^2} = \frac{d(1+A^2)-A(A\alpha-\beta)-\sqrt{r^2(1+A^2)-(A\alpha-\beta)^2}}{\sqrt{1+A^2}},$$

$$\sqrt{(x_1-x_3)^2+(y_1-y_3)^2} = \frac{d(1+A^2)-A(A\alpha-\beta)+\sqrt{r^2(1+A^2)-(A\alpha-\beta)^2}}{\sqrt{1+A^2}}.$$

Or on doit avoir, d'après l'énoncé,

$$(x_1-\alpha)^2+(y_1-\beta)^2=\sqrt{(x_1-x_2)^2+(y_1-y_2)^2}.\sqrt{(x_1-x_3)^2+(y_1-y_3)^2};$$

substituant pour $(x_1-\alpha)^2+(y_1-\beta)^2$, etc., leurs valeurs, on trouvera

$$(d-\alpha)^2(1+A^2)^2=[d(1+A^2)-A(A\alpha-\beta)]^2-[r^2(1+A^2)-(A\alpha-\beta)^2];$$

développant les calculs, réduisant et ordonnant,

$$[F] \qquad 2\beta(d-\alpha)A+\beta^2-(d-\alpha)^2+(d^2-r^2)=0.$$

Telle est l'équation qui résoudrait le second problème; mais puisque la proposition énoncée dans le premier doit être vraie pour toutes les sécantes qui passent par le point M, il faut que l'équation [F] soit satisfaite indépendamment d'aucune valeur de A : donc

$$[1] \qquad \beta(d-\alpha)=0,$$

$$[2] \qquad \beta^2-(d-\alpha)^2+(d^2-r^2)=0.$$

L'équation [1] est satisfaite soit par $\beta=0$, soit par $(d-\alpha)=0$.

1° Si $\beta=0$, l'équation [2] donne

$$d-\alpha=\pm\sqrt{(d^2-r^2)}:$$

ce qui indique que le point cherché est sur la droite OGX, à une distance du point G égale à $\pm\sqrt{d^2-r^2}$, que l'on construit facilement en portant en M_1 et M_2 la longueur de la tangente GT.

2° Si $d-\alpha=0$, l'équation [2] devient

$$\beta=\pm\sqrt{r^2-d^2},$$

seconde solution, particulière au cas où la droite donnée coupe le cercle donné, et qui place le point cherché à l'intersection du cercle et de la droite. En effet, pour ce point, l'une des parties de la sécante étant nulle, la condition de l'énoncé est satisfaite.

On arrive plus rapidement au même résultat en prenant pour inconnue du problème l'ordonnée du point C, où la sécante demandée doit rencontrer la ligne donnée.

En effet, le produit de la sécante entière CE par sa partie extérieure CD étant égal au carré de la tangente CS, menée du point C, dont les coordonnées sont (d, y), on a tout de suite l'équation

$$(d-\alpha)^2+(y-\beta)^2=d^2+y^2-r^2,$$

et, toute réduction faite,

$$(d-\alpha)^2-2\beta y+\beta^2-(d^2-r^2)=0;$$

et, puisque y est arbitraire,

$$\beta=0,$$
$$\beta^2+(d-\alpha)^2-(d^2-r^2)=0;$$

d'où

$$d-\alpha=\pm\sqrt{d^2-r^2},$$

même résultat que précédemment, mais débarrassé d'une solution insignifiante.

On peut voir par cet exemple combien le choix de l'inconnue influe sur la simplicité des calculs.

PROBLÈME CV.

183. *Étant donné un point* A *sur un diamètre donné d'un cercle donné* O (fig. 142), *on peut toujours déterminer un autre point* D *tel, que si par le premier point* A *on mène une sécante quelconque* EAC, *les angles* CDA *et* EDA *soient constamment égaux entre eux.*

Il sera facile de trouver la solution de cette question si l'on résout le problème suivant :

Étant donnés deux points A *et* D *sur un diamètre donné d'un cercle donné* O, *mener par le point* A *une sécante telle, que les angles* CDA *et* EDA *soient égaux.*

Le diamètre donné est pris pour axe des x, et, l'origine des axes rectangulaires étant placée au centre du cercle donné, l'équation de ce cercle sera

$$x^2+y^2=r^2.$$

Soient $OA=d$, $OD=\alpha$; x_1, y_1, et x_2, y_2, les coordonnées des points C et E, où la sécante passant par A coupe le cercle : les équations des lignes CD et DE seront

$$\text{CD,}\qquad \chi-y_1=\frac{-y_1}{\alpha-x_1}(\xi-x_1),$$

$$\text{DE,}\qquad \chi-y_2=\frac{-y_2}{\alpha-x_2}(\xi-x_2);$$

et puisque, d'après l'énoncé, les angles CDA et EDA doivent être égaux, l'équation du problème sera

$$-\left[\frac{y_1}{\alpha-x_1}\right]+\left[\frac{-y_2}{\alpha-x_2}\right]=0,$$

ou

[A] $$\frac{y_1}{x_1-\alpha}+\frac{y_2}{x_2-\alpha}=0,$$

dans laquelle il faut substituer à la place des x_1, y_1, et x_2, y_2, leurs valeurs tirées des équations

$$x^2+y^2=r^2,$$

cercle donné;

$$y=\mathrm{A}(x-d),$$

sécante cherchée.

On obtient par l'élimination

$$x=\frac{\mathrm{A}^2d\pm\sqrt{r^2(1+\mathrm{A}^2)-\mathrm{A}^2d^2}}{1+\mathrm{A}^2},$$

$$y=\frac{-\mathrm{A}d\pm\mathrm{A}\sqrt{r^2(1+\mathrm{A}^2)-\mathrm{A}^2d^2}}{1+\mathrm{A}^2};$$

et, séparant les valeurs,

$$x_1=\frac{\mathrm{A}^2d+\sqrt{r^2(1+\mathrm{A}^2)-\mathrm{A}^2d^2}}{1+\mathrm{A}^2},\qquad y_1=\frac{-\mathrm{A}d+\mathrm{A}\sqrt{r^2(1+\mathrm{A}^2)-\mathrm{A}^2d^2}}{1+\mathrm{A}^2};$$

$$x_2=\frac{\mathrm{A}^2d-\sqrt{r^2(1+\mathrm{A}^2)-\mathrm{A}^2d^2}}{1+\mathrm{A}^2},\qquad y_2=\frac{-\mathrm{A}d-\mathrm{A}\sqrt{r^2(1+\mathrm{A}^2)-\mathrm{A}^2d^2}}{1+\mathrm{A}^2};$$

et par conséquent

$$(x_1-\alpha)=\frac{\mathrm{A}^2d-\alpha(1+\mathrm{A}^2)+\sqrt{r^2(1+\mathrm{A}^2)-\mathrm{A}^2d^2}}{1+\mathrm{A}^2},$$

$$(x_2-\alpha)=\frac{\mathrm{A}^2d-\alpha(1+\mathrm{A}^2)-\sqrt{r^2(1+\mathrm{A}^2)-\mathrm{A}^2d^2}}{1+\mathrm{A}^2}.$$

L'équation [A], par la substitution des valeurs y_1, y_2, $x_1-\alpha$, $x_2-\alpha$, deviendra, toute réduction faite,

[F] $$(1+\mathrm{A}^2)(r^2-\alpha d)=0.$$

Cette équation finale résout à la fois les deux problèmes.

En effet, s'il s'agit de déterminer A, on a la relation

$$1 + A^2 = 0,$$

qui indique que les deux directions des sécantes qui résolvent le second problème sont perpendiculaires entre elles, et leur angle divisé en deux parties égales par le diamètre donné. Il suffira donc de mener par le point A deux sécantes AC, AC', faisant d'un côté et d'autre du diamètre des angles de 50°.

Quant au premier problème, on voit que l'équation [F] est satisfaite, quel que soit A, par la relation

$$r^2 - \alpha d = 0;$$

d'où

$$\alpha = \frac{r^2}{d}:$$

le point D est donc le pôle conjugué du point A. On le déterminera, comme on l'a vu précédemment, en menant d'un point quelconque I de la droite AI, perpendiculaire à OA, les deux tangentes IT, IT', et joignant T'T jusqu'à sa rencontre en D avec OAD; ou bien en menant par le point A deux sécantes quelconques VAU, V'AU', joignant U'U, V'V; et, de leur point de rencontre G, abaissant GD perpendiculaire sur OAD.

QUATRIÈME SECTION.

LIEUX GÉOMÉTRIQUES.

PROBLÈME CVI.

184. *D'un point donné on mène des droites à une ligne droite donnée, et l'on partage ces distances en deux parties qui soient dans un rapport donné : trouver le lieu géométrique des points de division.*

L'origine des axes rectangulaires étant au point donné A, on prendra pour axe des x la droite AP perpendiculaire à la droite donnée MN (fig. 143).

Soit $AP = d$: l'équation de la droite MN sera

$$[1] \qquad x = d,$$

et, si (α, β) représentent les coordonnées d'un des points de division I, l'équation de la sécante AIB sera

$$[2] \qquad y = \frac{\beta}{\alpha} x,$$

et l'on aura

$$AI = D_1 = \sqrt{\alpha^2 + \beta^2};$$

de plus,

$$D_2 = IB = \sqrt{(x - \alpha)^2 + (y - \beta)^2}$$
$$= \sqrt{(d - \alpha)^2 + \frac{\beta^2}{\alpha^2}(d - \alpha)^2} = \frac{d - \alpha}{\alpha}\sqrt{\alpha^2 + \beta^2} :$$

si donc $\frac{m}{n}$ exprime le rapport donné, l'énoncé

$$\frac{D_1}{D_2} = \frac{m}{n}$$

deviendra, toute réduction faite,

$$\frac{\alpha}{d-\alpha}=\frac{m}{n},$$

équation d'une ligne droite perpendiculaire à l'axe des x, et parallèle par conséquent à la droite donnée, passant par le point où la distance $d=\text{AP}$ est divisée en deux parties qui soient entre elles dans le rapport donné.

PROBLÈME CVII.

185. *D'un point donné on mène à un cercle donné des sécantes, que l'on divise en deux parties dans un rapport donné : trouver le lieu géométrique des points de division.*

On placera l'origine au point donné A, en prenant pour axe des x la droite AO qui le joint avec le centre du cercle donné (fig. 144).

Soient $\text{AO}=d$, α et β les coordonnées du point de division I sur une sécante quelconque AB, et enfin x, y, les coordonnées du point de rencontre de la sécante et du cercle.

Les équations du cercle et de la sécante seront

$$[1] \qquad y^2+(x-d)^2=r^2,$$

$$[2] \qquad y=\frac{\beta}{\alpha}x.$$

Or, d'après l'énoncé,

$$[3] \qquad \frac{\sqrt{\alpha^2+\beta^2}}{\sqrt{(x-\alpha)^2+(y-\beta)^2}}=\frac{m}{n},$$

rapport donné.

x et y étant fournies par les équations [1] et [2], on obtient par une simple élimination

$$x=\alpha\left\{\frac{\alpha d\pm\sqrt{r^2(\alpha^2+\beta^2)-d^2\beta^2}}{\alpha^2+\beta^2}\right\},$$

$$y=\beta\left\{\frac{\alpha d\pm\sqrt{r^2(\alpha^2+\beta^2)-d^2\beta^2}}{\alpha^2+\beta^2}\right\};$$

d'où

$$(x-\alpha)=\alpha\left\{\frac{\alpha d-(\alpha^2+\beta^2)\pm\sqrt{r^2(\alpha^2+\beta^2)-d^2\beta^2}}{\alpha^2+\beta^2}\right\},$$

$$(y-\beta)=\beta\left\{\frac{\alpha d-(\alpha^2+\beta^2)\pm\sqrt{r^2(\alpha^2+\beta^2)-d^2\beta^2}}{\alpha^2+\beta^2}\right\},$$

et par conséquent l'équation du problème [3] deviendra par la substitution de ces valeurs

$$\frac{\sqrt{\alpha^2+\beta^2}}{\left[\dfrac{\alpha d-(\alpha^2+\beta^2)\pm\sqrt{r^2(\alpha^2+\beta^2)-d^2\beta^2}}{\sqrt{\alpha^2+\beta^2}}\right]}=\frac{m}{n};$$

réduisant, isolant le radical, élevant au carré, puis effaçant $(\alpha^2+\beta^2)$, facteur commun à tous les termes du résultat, on aura

$$(\alpha^2+\beta^2)\left(1+\frac{m}{n}\right)^2-2\frac{m}{n}\left(1+\frac{m}{n}\right)d\alpha+\frac{m^2}{n^2}d^2-\frac{m^2}{n^2}r^2=0;$$

expression qui prend la forme

$$\left(\alpha-\frac{m}{m+n}d\right)^2+\beta^2=\left(\frac{m}{m+n}r\right)^2,$$

équation d'un cercle dont le centre est sur l'axe des x, à une distance du point A égale à $\frac{m}{m+n}d$, et dont le rayon est égal à $\frac{m}{m+n}r$.

De là cette construction :

Joignez le point donné avec le centre du cercle donné; divisez cette distance AO en deux parties qui soient entre elles dans le rapport donné : le point de division C sera le centre du cercle, lieu géométrique cherché. On déterminera le rayon en menant par le point donné une sécante AB au cercle donné, le rayon OB, et, par le point C, CI parallèle à OB : CI sera le rayon.

Ces deux problèmes sont renfermés dans cet énoncé :

D'un point fixe on mène dans toutes les directions des rayons vecteurs que l'on divise en deux parties dans un rapport donné, si les points extrêmes des rayons vecteurs sont 1° sur une même ligne droite donnée, 2° sur une circonférence donnée : déterminer le lieu géométrique des points de division.

Dans cette question, comme dans toute autre de ce genre, on se servira avec avantage des coordonnées polaires.

1° Soit l'origine au point donné, et pour ligne fixe la droite perpendiculaire à la droite donnée, dont l'équation sera

[1] $$r\cos v = d,$$

d représentant la distance du point à la droite.

Soient r le rayon vecteur entier, r' la distance du point fixe au point de division : l'énoncé de la question

$$\frac{r'}{r-r'}=\frac{m}{n}$$

devient

$$\frac{r'}{r}=\frac{m}{m+n},$$

et, à cause de l'équation [1],

$$r'\cos v=\frac{m}{m+n}d,$$

équation d'une droite perpendiculaire à la ligne fixe, à une distance du point fixe égale à $\frac{m}{m+n}d$.

2° La ligne fixe passant par le centre du cercle donné, l'équation de ce cercle sera

[2] $$r^2-2dr\cos v+d^2-R^2=0;$$

substituant la valeur de r tirée de cette équation dans l'équation de condition

$$\frac{r'}{r}=\frac{m}{m+n},$$

on trouvera

$$\frac{r'}{d\cos v\pm\sqrt{R^2-d^2\sin^2 v}}=\frac{n}{m+n};$$

d'où

$$r'^2-2\frac{m}{m+n}dr'\cos v+\left[\frac{m}{m+n}d\right]^2-\left[\frac{m}{m+n}R\right]^2=0,$$

équation d'un cercle dont le centre est à une distance du point fixe égale à $\frac{m}{m+n}d$, et le rayon égal à $\frac{m}{m+n}R$, même résultat que précédemment.

PROBLÈME CVIII.

186. *D'un point fixe donné on mène des couples de rayons vecteurs, dont l'angle est constamment égal à un angle donné, et dont le rapport des longueurs est aussi donné : si l'extrémité d'un des rayons vecteurs décrit une ligne droite, quel sera le lieu géométrique des extrémités de l'autre?*

L'origine des axes est placée au point fixe donné A (fig. 145), et pour axe des x on a pris AP, perpendiculaire à la droite donnée PQ.

L'équation de cette droite sera

$$x = d, \qquad [1]$$

d étant la distance AP du point fixe à la droite donnée.

Soient x, y, et α, β, les coordonnées des points extrêmes des rayons vecteurs : leurs équations seront de la forme

$$y = kx, \qquad [2]$$

$$\beta = k'\alpha; \qquad [3]$$

et enfin, d'après l'énoncé,

$$\frac{\sqrt{\alpha^2 + \beta^2}}{\sqrt{x^2 + y^2}} = \frac{m}{n}, \qquad [4]$$

rapport donné;

$$\frac{k' - k}{1 + kk'} = \mathrm{A}, \qquad [5]$$

tangente de l'angle donné.

On aura donc pour éliminer x, y, k et k', les cinq équations précédentes, et l'on obtiendra pour équation finale en α, β, l'équation du lieu géométrique cherché.

D'abord, en vertu des équations [2] et [3], l'équation [5] devient

$$y(\mathrm{A}\beta + \alpha) = x(\beta - \alpha),$$

et, à cause de l'équation [1],

$$y = \left[\frac{\beta - \mathrm{A}\alpha}{\mathrm{A}\beta + \alpha}\right] d;$$

par conséquent

$$\sqrt{x^2+y^2}=\sqrt{d^2+\left[\left(\frac{\beta-A\alpha}{A\beta+\alpha}\right)d\right]^2}=\frac{d}{A\beta+\alpha}\sqrt{\alpha^2+\beta^2}\sqrt{1+A^2}:$$

l'équation [4], par la substitution de cette valeur, devient donc, toute réduction faite,

$$A\beta+\alpha=\frac{m}{n}d\sqrt{1+A^2},$$

équation d'une ligne droite, lieu géométrique cherché.

Pour déterminer sa position, on mettra l'équation précédente sous la forme

$$\text{[F]} \qquad \beta=-\frac{1}{A}\alpha+\frac{\left[\frac{m}{n}d\right]}{\left[\frac{A}{\sqrt{1+A^2}}\right]}.$$

Cette ligne est donc perpendiculaire à toute droite qui fait avec l'axe des x un angle dont la tangente est A, c'est-à-dire l'angle donné.

De plus, soit $\beta=A\alpha$ l'équation du rayon vecteur AL tel, que LAP = l'angle donné, et par conséquent perpendiculaire à la droite [F]; on trouvera sans peine

$$AL=\frac{m}{n}d,$$

d'où résulte cette construction :

Par le point fixe donné A abaissez la perpendiculaire AP sur la droite donnée PQ que décrit l'extrémité de l'un des rayons vecteurs; par le même point A menez une droite AL qui fasse avec cette perpendiculaire un angle LAP égal à l'angle donné, et prenez $AL=\frac{m}{n}d$, et par ce point L ainsi déterminé, menez SR, perpendiculaire à AL, qui sera le lieu géométrique demandé.

On serait arrivé plus promptement au même résultat en observant que, pour $\beta=0$, l'équation [F] donne

$$AG=\alpha=\frac{\left(\frac{m}{n}d\right)}{\left(\frac{1}{\sqrt{1+A^2}}\right)}=\frac{\frac{m}{n}d}{\text{cos de l'angle donné}}.$$

PROBLÈME CIX.

187. *Les données étant les mêmes, si l'extrémité d'un rayon vecteur de chaque couple décrit un cercle, quelle ligne décrira l'extrémité de l'autre ?*

L'origine des coordonnées rectangulaires étant au point fixe, et l'axe des x passant par le centre du cercle donné, que décrit l'extrémité de l'un des rayons vecteurs, les conditions du problème seront exprimées par les équations suivantes :

[1] $y = kx$, rayon vecteur dont l'extrémité décrit le cercle donné.

[2] $\beta = k'\alpha$, second rayon vecteur qui décrit le lieu géométrique cherché.

[3] $\dfrac{\sqrt{\alpha^2+\beta^2}}{\sqrt{x^2+y^2}} = \dfrac{m}{n}$ le rapport des rayons vecteurs égal au rapport donné.

[4] $y^2+(x-d)^2=r^2$, cercle décrit par le premier rayon vecteur ; $d = \text{AO}$ (fig. 146).

[5] $\dfrac{k'-k}{1+kk'} = \text{A}$; l'angle des rayons vecteurs constant et égal à l'angle donné dont la tangente est A.

On a donc encore cinq équations pour quatre inconnues; l'équation finale sera le lieu géométrique cherché.

Substituant dans l'équation [5] les valeurs de k et k' tirées des équations [1] et [2], on trouvera, comme au numéro précédent,

$$[6] \qquad y = \left(\frac{\beta - \text{A}\alpha}{\text{A}\beta+\alpha}\right)^2 x;$$

élevant au carré, et substituant dans l'équation [4], on obtiendra

$$\left(\frac{\beta - \text{A}\alpha}{\text{A}\beta+\alpha}\right)^2 x^2 + x^2 - 2dx + d^2 - r^2 = 0;$$

d'où

$$x = (\text{A}\beta+\alpha)\left\{\frac{(\text{A}\beta+\alpha)d \pm \sqrt{r^2[(\text{A}\beta+\alpha)^2+(\beta-\text{A}\alpha)^2]-(\beta-\text{A}\alpha)^2 d^2}}{(\text{A}\beta+\alpha)^2+(\beta-\text{A}\alpha)^2}\right\},$$

et l'équation [6] deviendra

$$y=(\beta-\mathrm{A}\alpha)\left\{\frac{(\mathrm{A}\beta+\alpha)d\pm\sqrt{r^2[(\mathrm{A}\beta+\alpha)^2+(\beta-\mathrm{A}\alpha)^2]-(\beta-\mathrm{A}\alpha)^2d^2}}{(\mathrm{A}\beta+\alpha)^2+(\beta-\mathrm{A}\alpha)^2}\right\}:$$

par conséquent

$$\sqrt{x^2+y^2}=\frac{(\mathrm{A}\beta+\alpha)\,d\pm\sqrt{r^2[(\mathrm{A}\beta+\alpha)^2+(\beta-\mathrm{A}\alpha)^2]-(\beta-\mathrm{A}\alpha)^2d^2}}{\sqrt{(\mathrm{A}\beta+\alpha)^2+(\beta-\mathrm{A}\alpha)^2}};$$

substituant dans l'équation [3], on aura l'équation finale cherchée

$$\frac{\sqrt{\alpha^2+\beta^2}}{\left\{\dfrac{(\mathrm{A}\beta+\alpha)d\pm\sqrt{r^2[(\mathrm{A}\beta+\alpha)^2+(\beta-\mathrm{A}\alpha)^2]-(\beta-\mathrm{A}\alpha)^2d^2}}{\sqrt{(\mathrm{A}\beta+\alpha)^2+(\beta-\mathrm{A}\alpha)^2}}\right\}}=\frac{m}{n}.$$

Cette équation se simplifie si l'on observe que

$$(\mathrm{A}\beta+\alpha)^2+(\beta-\mathrm{A}\alpha)^2=(\alpha^2+\beta^2)(1+\mathrm{A}^2);$$

substituant, isolant le radical, et élevant au carré, on obtiendra

$$(\alpha^2+\beta^2)^2(1+\mathrm{A}^2)-2\frac{m}{n}\sqrt{1+\mathrm{A}^2}(\alpha^2+\beta^2)(\mathrm{A}\beta+\alpha)d+\frac{m^2}{n^2}(\alpha^2+\beta^2)(1+\mathrm{A}^2)d^2$$
$$=\frac{m^2}{n^2}r^2(1+\mathrm{A}^2)(\alpha^2+\beta^2).$$

Effaçant le facteur commun $(\alpha^2+\beta^2)$, et divisant tous les termes par $(1+\mathrm{A}^2)$, on aura

$$\alpha^2+\beta^2-2\frac{m}{n}\frac{\mathrm{A}\beta+\alpha}{\sqrt{1+\mathrm{A}^2}}d+\frac{m^2}{n^2}(d^2-r^2)=0,$$

équation d'un cercle, lieu géométrique cherché.

Pour déterminer le centre et le rayon de ce cercle, on observera que l'équation précédente peut se mettre sous la forme

$$\left(\beta-\frac{m}{n}\frac{\mathrm{A}}{\sqrt{1+\mathrm{A}^2}}d\right)^2+\left(\alpha-\frac{m}{n}\frac{1}{\sqrt{1+\mathrm{A}^2}}d\right)^2=\left(\frac{m}{n}r\right)^2;$$

d'où il suit que ce cercle a pour coordonnées du centre

$$\beta_c=\frac{m}{n}\frac{\mathrm{A}}{\sqrt{1+\mathrm{A}^2}}d,$$

$$\alpha_c=\frac{m}{n}\frac{\mathrm{A}}{\sqrt{1+\mathrm{A}^2}}d,$$

et pour rayon

$$\rho = \frac{m}{n} r.$$

On tire des premières valeurs

$$\frac{\beta_c}{\alpha_c} = A$$

et

$$\sqrt{\beta_c^2 + \alpha_c^2} = \frac{m}{n} d :$$

le centre est donc sur une ligne droite passant par l'origine A, et faisant l'angle donné avec AO, et de plus à une distance du point fixe exprimée par $\frac{m}{n}$ AO.

De là cette construction :

Joignez le point donné A et le centre du cercle donné que décrivent les extrémités des premiers rayons vecteurs. Par le même point A menez AC telle, que CAO = l'angle donné, et prenez AC telle, que $\frac{AC}{AO} = \frac{m}{n}$: le point C sera le centre du cercle cherché; de ce point comme centre, et avec un rayon qui soit au rayon du cercle donné dans le rapport donné, décrivez un cercle, qui sera le lieu géométrique demandé.

PROBLÈME CX.

188. *D'un point fixe on mène des rayons vecteurs, sur chacun desquels on prend deux points tels, que le produit de leurs distances respectives au point fixe soit constant et donné. Si les points les plus rapprochés du point fixe sont sur une ligne droite donnée, quel sera le lieu géométrique des autres points?*

L'origine est au point fixe A, et l'axe des x est perpendiculaire à la droite PQ (fig. 147) dont l'équation est,

$$[1] \qquad x = d, \qquad AP = d.$$

(x, y), (α, β), étant les coordonnées des points pris sur chaque rayon vecteur, l'équation de condition sera

$$[2] \qquad \sqrt{x^2 + y^2}\sqrt{\alpha^2 + \beta^2} = m^2;$$

et enfin on aura

$$[3] \qquad \frac{\beta}{\alpha} = \frac{y}{x},$$

pour exprimer que les deux points sont sur le même rayon vecteur. De l'équation [3] on tire

$$\frac{x^2+y^2}{x^2} = \frac{\alpha^2+\beta^2}{\alpha^2},$$

d'où

$$\sqrt{x^2+y^2} = \frac{x}{\alpha}\sqrt{\alpha^2+\beta^2};$$

et, à cause de l'équation [1],

$$\sqrt{x^2+y^2} = \frac{d}{\alpha}\sqrt{\alpha^2+\beta^2}:$$

de sorte que l'équation [2] deviendra

$$\frac{d}{\alpha}\sqrt{\alpha^2+\beta^2}\sqrt{\alpha^2+\beta^2} = m^2,$$

et

$$\alpha^2+\beta^2-\frac{m^2}{d}\alpha = 0,$$

équation d'un cercle, lieu géométrique cherché.

On voit facilement que ce cercle passe par l'origine, et que son diamètre est égal à $\frac{m^2}{d}$; on peut donc le construire ainsi qu'il suit :

Du point fixe A menez APX perpendiculaire à la droite PQ des premiers points; de ce même point, et d'un rayon AM $= m$, côté du carré donné, décrivez un arc de cercle, qui coupe PQ en deux points M et M′, et par M menez MD perpendiculaire à AM, AD sera le diamètre du cercle cherché.

189. Lorsque, par une condition nouvelle, les points sont assujettis à se trouver sur une ligne quelconque donnée, l'intersection du lieu géométrique et de la ligne donnée par condition détermine les points cherchés, et le problème n'est plus indéterminé.

S'il s'agissait, par exemple, de mener par un point donné A une sécante à deux lignes données PQ, RS, telles, que le produit des rayons vecteurs AU, AV, fût égal à une surface donnée, l'intersection du cercle, lieu géométrique trouvé au numéro précédent, et de l'autre droite RV, déterminerait la direction de la sécante cherchée AUV, AV'U'.

PROBLÈME CXI.

190. *Les données étant les mêmes, si les premiers points sont sur une circonférence donnée, sur quelle ligne se trouveront les seconds?*

L'origine étant toujours au point fixe, et l'axe des x passant par le centre du cercle donné, les équations du problème seront les mêmes que dans le n° **188**, à l'exception de la première, qui sera remplacée par

$$[1] \qquad y^2 + (x - d)^2 = r^2,$$

équation du cercle donné.

On aura donc pour éliminer x et y, outre cette équation [1], les équations

$$[2] \qquad \sqrt{x^2 + y^2}\sqrt{\alpha^2 + \beta^2} = m^2,$$

$$[3] \qquad \frac{y}{x} = \frac{\beta}{\alpha}.$$

De cette dernière on tire

$$y = \frac{\beta}{\alpha} x,$$

et la première devient

$$x^2(\alpha^2 + \beta^2) - 2\alpha^2 dx + \alpha^2(d^2 - r^2) = 0,$$

d'où

$$x = \alpha\left[\frac{\alpha d \pm \sqrt{r^2(\alpha^2 + \beta^2) - d^2\beta^2}}{\alpha^2 + \beta^2}\right]$$

et

$$y = \beta\left[\frac{\alpha d \pm \sqrt{r^2(\alpha^2 + \beta^2) - d^2\beta^2}}{\alpha^2 + \beta^2}\right];$$

par conséquent

$$\sqrt{x^2+y^2}=\frac{\alpha d\pm\sqrt{r^2(\alpha^2+\beta^2)-d^2\beta^2}}{\sqrt{\alpha^2+\beta^2}}.$$

Substituant dans l'équation [2], on aura

$$\alpha d\pm\sqrt{r^2(\alpha^2+\beta^2)-d^2\beta^2}=m^2,$$

et, toute réduction faite,

$$\text{[F]}\qquad \alpha^2+\beta^2-2\,\frac{m^2}{d^2-r^2}\,d\alpha+\frac{m^4}{d^2-r^2}=0,$$

équation d'un cercle, lieu géométrique cherché.

Cependant si le cercle donné passait par le point fixe, comme alors $d=r$, l'équation [F] donnerait

$$\alpha=\frac{m^2}{2r}.$$

Le lieu géométrique serait une droite perpendiculaire à l'axe des x, à une distance du point fixe déterminée par la troisième proportionnelle au diamètre du cercle donné et au côté du carré représentant le produit constant des rayons vecteurs.

Si le cercle donné ne passe pas par le point fixe, le lieu géométrique est un cercle représenté par l'équation [F], qui prend la forme

$$\left(\alpha-\frac{m^2}{d^2-r^2}\,d\right)^2+\beta^2=\left(r\,\frac{m^2}{d^2-r^2}\right)^2;$$

et si l'on fait $m^2=(d+r)\,k$, ce qui change le carré donné en un rectangle équivalent dont l'un des côtés est $(d+r)$, l'équation du cercle deviendra

$$\left(\alpha-\frac{k}{d-r}\,d\right)^2+\beta^2=\left(r\,\frac{k}{d-r}\right)^2.$$

Ce cercle, d'ailleurs facile à construire directement, est le lieu géométrique des points pris sur les rayons vecteurs menés du point fixe à la circonférence donnée, tels, que leur distance au point fixe soit au rayon vecteur total dans le rapport de k à $(d-r)$.

De là cette construction :

Du point A (fig. 148) menez AOX; cherchez une longueur $\mathrm{AH}=k$ telle que $\mathrm{AD}\,.\,\mathrm{AH}=m^2$; décrivez le cercle, lieu géométrique des points tels que AI : AB :: AH : AC; ce cercle sera le lieu géométrique demandé.

Au lieu de faire $\frac{m^2}{d+r}=k$, on aurait pu faire $\frac{m^2}{d-r}=k'$, et l'on aurait trouvé une construction analogue, qui aurait donné le même cercle.

PROBLÈME CXIII.

191. *D'un point fixé donné on mène des couples de rayons vecteurs, dont l'angle est constamment égal à un angle donné et le produit à une surface donnée; si l'extrémité des premiers décrit 1° une ligne droite; 2° une circonférence donnée, quelle ligne décrira l'extrémité des seconds?*

1° En employant le même système d'axes rectangulaires, on aura les équations

[1] $x=d,$ ligne droite donnée;

[2] $\sqrt{x^2+y^2}\sqrt{\alpha^2+\beta^2}=m^2,$ surface donnée;

[3] $\frac{k'-k}{1+kk'}=\text{A},$ tangente de l'angle donné,

k' et k étant les tangentes des angles que font avec l'axe des x les rayons vecteurs

[4] $y=kx,$

[5] $\beta=k'\alpha.$

En vertu des équations [5] et [4], l'équation [3] donne

$$y=\left[\frac{\beta-\text{A}\alpha}{\text{A}\beta+\alpha}\right]x,$$

et, à cause de l'équation [1],

$$y=\left[\frac{\beta-\text{A}\alpha}{\text{A}\beta+\alpha}\right]d,$$

d'où, enfin,

$$\sqrt{x^2+y^2}=\sqrt{d^2+\left[\frac{\beta-\text{A}\alpha}{\text{A}\beta+\alpha}\right]^2d^2}=\frac{d}{\text{A}\beta+\alpha}\sqrt{\alpha^2+\beta^2}\sqrt{1-\text{A}^2};$$

et l'équation [2] devient, par la substitution de cette valeur,

$$\alpha^2+\beta^2-\frac{m^2}{d}\frac{1}{\sqrt{1+A^2}}\alpha-\frac{m^2}{d}\frac{A}{\sqrt{1+A^2}}\beta=0,$$

équation d'un cercle dont la circonférence passe par l'origine.

Cette équation prend la forme

$$\left[\alpha-\frac{1}{2}\left(\frac{m^2}{d}\frac{1}{\sqrt{1+A^2}}\right)\right]^2+\left[\beta-\frac{1}{2}\left(\frac{m^2}{d}\frac{A}{\sqrt{1+A^2}}\right)\right]^2=\left(\frac{1}{2}\frac{m^2}{d}\right)^2:$$

le diamètre est donc une troisième proportionnelle à d et m.

De plus, les coordonnées du centre

$$\beta_c=\frac{1}{2}\left[\frac{m^2}{d}\frac{A}{\sqrt{1+A^2}}\right],$$

$$\alpha_c=\frac{1}{2}\left[\frac{m^2}{d}\frac{1}{\sqrt{1+A^2}}\right],$$

donnent

$$\frac{\beta_c}{\alpha_c}=A:$$

le diamètre passant par l'origine fait donc avec l'axe des x l'angle donné.

De là cette construction :

Du point fixe A (fig. 149) menez AP perpendiculaire à la ligne donnée PQ, et AP'D telle, que DAP = l'angle donné. Prenez AP' = AP = d, élevez la perpendiculaire P'MK, et prenez AM = m, et menez MD perpendiculaire à AM, jusqu'à sa rencontre avec AP'D en D : AD sera le diamètre du cercle, lieu géométrique demandé.

192. 2° Pour le second cas, il suffit de remplacer l'équation [1] par

$$y^2+(x-d)^2=r^2,$$

équation du cercle que décrivent les extrémités des premiers rayons vecteurs.

On a trouvé (nº **187**)

$$\sqrt{x^2+y^2}=\frac{(\mathrm{A}\beta+\alpha)d\pm\sqrt{r^2[(\mathrm{A}\beta+\alpha)^2+(\beta-\mathrm{A}\alpha)^2]-(\beta-\mathrm{A}\alpha)^2d^2}}{\sqrt{(\mathrm{A}\beta+\alpha)^2+(\beta-\mathrm{A}\alpha)^2}},$$

et, à cause de

$$\sqrt{(\mathrm{A}\beta+\alpha)^2+(\beta-\mathrm{A}\alpha)^2}=\sqrt{\alpha^2+\beta^2}\sqrt{1+\mathrm{A}^2},$$

$$\sqrt{x^2+y^2}=\frac{(\mathrm{A}\beta+\alpha)d\pm\sqrt{r^2(\alpha^2+\beta^2)(1+\mathrm{A}^2)-(\beta-\mathrm{A}\alpha)^2d^2}}{\sqrt{\alpha^2+\beta^2}\sqrt{1+\mathrm{A}^2}};$$

par conséquent l'équation de condition

$$\sqrt{x^2+y^2}\sqrt{\alpha^2+\beta^2}=m^2,$$

deviendra, après une première réduction,

$$\frac{(\mathrm{A}\beta+\alpha)d\pm\sqrt{r^2(\alpha^2+\beta^2)(1+\mathrm{A}^2)-(\beta-\mathrm{A}\alpha)^2d^2}}{\sqrt{1+\mathrm{A}^2}}=m^2.$$

Isolant le radical et élevant au carré, on obtient, toutes réductions faites,

$$[\mathrm{F}]\qquad (d^2-r^2)(\alpha^2+\beta^2)-2\frac{m^2d}{\sqrt{1+\mathrm{A}^2}}(\mathrm{A}\beta+\alpha)+m^4=0,$$

et enfin

$$\alpha^2+\beta^2-2\frac{m^2d}{d^2-r^2}\frac{1}{\sqrt{1+\mathrm{A}^2}}\alpha-2\frac{m^2d}{d^2-r^2}\frac{\mathrm{A}}{\sqrt{1+\mathrm{A}^2}}\beta+\frac{m^4}{d^2-r^2}=0,$$

équation d'un cercle, qui peut se mettre sous la forme,

$$\left(\alpha-\frac{m^2d}{d^2-r^2}\frac{1}{\sqrt{1+\mathrm{A}^2}}\right)^2+\left(\beta-\frac{m^2d}{d^2-r^2}\frac{\mathrm{A}}{\sqrt{1+\mathrm{A}^2}}\right)^2=\left(\frac{m^2r}{d^2-r^2}\right)^2;$$

et, si l'on fait $\dfrac{m^2}{d+r}=k$,

$$\left(\alpha-\frac{k}{d-r}\frac{1}{\sqrt{1+\mathrm{A}^2}}d\right)^2+\left(\beta-\frac{k}{d-r}\frac{\mathrm{A}}{\sqrt{1+\mathrm{A}^2}}d\right)=\left(\frac{k}{d-r}r\right)^2.$$

Si l'on se reporte au nº **187**, on reconnaîtra dans cette équation le lieu géométrique des seconds rayons vecteurs, quand les premiers décrivent une circonférence, et que le rapport de ces rayons vecteurs est constant et égal à $\frac{k}{d-r}$.

193. Si $d=r$, c'est-à-dire si le point fixe est sur la circonférence donnée, l'équation [F] devient

$$[G] \qquad (A\beta+\alpha)=\frac{1}{2}\frac{m^2}{r}\sqrt{1+A^2},$$

équation d'une ligne droite perpendiculaire à toutes les droites qui font l'angle donné avec l'axe des x. Si du point fixe on mène une droite inclinée de cette manière sur cet axe, cette droite aura pour équation

$$[H] \qquad \beta-A\alpha=0;$$

élevant [G] et [H] au carré et ajoutant, on trouvera

$$(A\beta+\alpha)^2+(\beta-A\alpha)^2=\left(\frac{m^2}{2r}\right)^2(1+A^2),$$

et, réduction faite,

$$\sqrt{\alpha^2+\beta^2}=\frac{m^2}{2r},$$

ce qui achèvera de déterminer la droite, lieu géométrique dans ce cas particulier.

On mènera par le point fixe une droite faisant l'angle donné avec celle qui le joint au centre du cercle donné; on prendra sur cette droite une longueur égale à $\frac{m^2}{2r}$, et par ce point extrême on mènera une perpendiculaire à la droite, cette perpendiculaire sera le lieu géométrique demandé.

PROBLÈME CXIII.

194. *Trouver le lieu géométrique des points d'où la ligne qui joint deux points donnés est vue constamment sous un même angle donné. (L'angle de vision d'une ligne est l'angle que forment les rayons vecteurs menés du point de l'œil aux points extrêmes de cette ligne).*

En général, soient p, q, et p', q', les coordonnées rectangulaires des points donnés.

Les équations des droites menées de chacun de ces points seront de la forme

$$[1] \qquad \begin{cases} y-q=k(x-p), \\ y-q'=k'(x-p'). \end{cases}$$

Si t représente la tangente de l'angle donné A, on aura, d'après la formule connue,

$$[2] \qquad \frac{k'-k}{1+kk'}=t;$$

substituant les valeurs de k et k' tirées des équations [1], on obtiendra

$$x^2+y^2-\left[(p+p')+\left(\frac{q-q'}{t}\right)\right]x-\left[(q+q')-\left(\frac{p-p'}{t}\right)\right]y$$
$$+pp'+qq'-\frac{pq'}{t}+\frac{qp'}{t}=0.$$

Cette équation d'un cercle, lieu géométrique demandé, peut se mettre sous la forme

$$[S] \qquad \begin{cases} \left\{x-\frac{1}{2}\left[(p+p')+\left(\frac{q-q'}{t}\right)\right]\right\}^2 \\ +\left\{y-\frac{1}{2}\left[(q+q')-\left(\frac{p-p'}{t}\right)\right]\right\}^2 \\ =\dfrac{\frac{1}{4}[(p-p')^2+(q-q')^2]}{\left(\frac{t^2}{1+t^2}\right)}. \end{cases}$$

Nous engageons le lecteur à faire le calcul, en complétant les carrés des binômes en x et en y.

On reconnaît facilement que le centre de ce cercle a pour coordonnées

$$\beta=\frac{1}{2}\left[(q+q')-\left(\frac{p-p'}{t}\right)\right],$$
$$\alpha=\frac{1}{2}\left[(p+p')+\left(\frac{q-q'}{t}\right)\right],$$

et que le rayon

$$\rho=\frac{1}{2}\frac{\sqrt{(p-p')^2+(q-q')^2}}{\frac{t}{\sqrt{1+t^2}}}.$$

On tire des deux premières valeurs

$$\frac{\beta-\frac{1}{2}(q+q')}{\alpha-\frac{1}{2}(p+p')}=-\frac{1}{\left(\frac{q-q'}{p-p'}\right)}$$

ou

$$[\beta-\frac{1}{2}(q+q')]=-\frac{1}{\left(\frac{q-q'}{p-p'}\right)}\left[\alpha-\frac{1}{2}(p+p')\right],$$

équation d'une ligne droite perpendiculaire sur le milieu de la ligne qui joint les points donnés.

Quant à la troisième valeur, on voit sans peine que, si d exprime la distance des points donnés, elle devient

$$\rho=\frac{\left(\frac{d}{2}\right)}{\sin A}:$$

le rayon du cercle est donc l'hypoténuse d'un triangle rectangle dont la moitié de la distance est le côté de l'angle droit opposé à l'angle donné A.

De là la construction connue (fig. 150).

195. Telle est l'équation [S] la plus générale du segment capable d'un angle donné décrit sur une longueur donnée. Nous l'avons donnée dans toute sa généralité, tant à cause de son utilité dans toutes les questions du genre de celles qui composent ce recueil, que comme exercice de calcul algébrique.

Il sera facile de résoudre le problème :

Déterminer un point d'où deux longueurs données sont vues sous un même angle donné, ou chacune sous un angle donné.

Enfin, dans le cas où trois longueurs données forment un triangle, on peut assigner le point d'où ces côtés sont vus sous le même angle, qui a dans ce cas une valeur déterminée. Il est évident qu'il a pour valeur $\frac{400^0}{3}$, et que par conséquent ce point est au point de concours des trois segments capables de l'angle $\frac{400^0}{3}$ décrits sur chaque côté et dans l'intérieur du triangle.

PROBLÈME CXIV.

196. *Trouver le lieu géométrique des points d'où deux cercles donnés soient vus sous le même angle (L'angle de vision d'un cercle est l'angle formé par les deux tangentes menées au cercle du point de l'œil).*

Soient, en général, $(x-a)^2+(y-b)^2=r^2$ l'équation d'un cercle, $y-\beta=A(x-\alpha)$ l'équation d'une droite quelconque menée du point dont les coordonnées sont (α, β).

On a vu (n° **43**) que la condition de tangence du cercle et de la droite est exprimée par la relation

$$r^2(1+A^2)-[A(a-\alpha)-(b-\beta)]^2=0;$$

développant et ordonnant par rapport à A,

$$[r^2-(a-\alpha)^2]A^2+2(a-\alpha)(b-\beta)A+r^2-(b-\beta)^2=0,$$

et par conséquent les tangentes au cercle font, avec la ligne prise pour axe des x, des angles dont les tangentes sont exprimées par la double valeur

$$\left.\begin{matrix}A_1\\A_2\end{matrix}\right\}=\frac{-(a-\alpha)(b-\beta)\pm r\sqrt{(a-\alpha)^2+(b-\beta)^2-r^2}}{r^2-(a-\alpha)^2}.$$

Or, en désignant par φ l'angle des deux tangentes, on aura évidemment

$$\operatorname{tang}\varphi=\frac{A_1-A_2}{1+A_1A_2}.$$

On tire des valeurs précédentes

$$A_1-A_2=\frac{2r}{r^2-(a-\alpha)^2}\sqrt{(a-\alpha)^2+(b-\beta)^2-r^2},$$

et de l'équation qui les a données

$$A_1A_2=\frac{r^2-(b-\beta)^2}{r^2-(a-\alpha)^2}:$$

par conséquent,

$$\tang \varphi = -\frac{\frac{2r}{r^2-(a-\alpha)^2}\sqrt{(a-\alpha)^2+(b-\beta)^2-r^2}}{1+\frac{r^2-(b-\beta)^2}{r^2-(a-\alpha)^2}},$$

et, toute réduction faite,

$$\tang \varphi = -\frac{2r\sqrt{(a-\alpha)^2+(b-\beta)^2-r^2}}{[(a-\alpha)^2+(b-\beta)^2-r^2]-r^2},$$

Telle est en général l'expression de la tangente de l'angle que font entre elles les deux tangentes menées au cercle du point (α, β).

Il est évident que pour un second cercle dont l'équation serait

$$(x-a')^2+(y-b')^2=r'^2$$

on aurait de même

$$\tang \varphi' = -\frac{2r'\sqrt{(a'-\alpha)^2+(b'-\beta)^2-r'^2}}{[(a'-\alpha)^2+(b'-\beta)^2-r'^2]-r'^2};$$

égalant ces deux valeurs, l'équation résultante en α et β sera l'équation du lieu géométrique cherché : donc

$$\frac{2r\sqrt{(a-\alpha)^2+(b-\beta)^2-r^2}}{[(a-\alpha)^2+(b-\beta)^2-r^2]-r^2}=\frac{2r'\sqrt{(a'-\alpha)^2+(b'-\beta)^2-r'^2}}{[(a'-\alpha)^2+(b'-\beta)^2-r'^2]-r'^2}.$$

Cette équation se simplifie rapidement, si, après avoir fait disparaître le facteur commun 2, on divise les deux termes de chaque fraction par le numérateur.

On trouve en effet

$$\frac{1}{\frac{\sqrt{(a-\alpha)^2+(b-\beta)^2-r^2}}{r}-\frac{r}{\sqrt{(a-\alpha)^2+(b-\beta)^2-r^2}}}$$

$$=\frac{1}{\frac{\sqrt{(a'-\alpha)^2+(b'-\beta)^2-r'^2}}{r'}-\frac{r'}{\sqrt{(a'-\alpha)^2+(b'-\beta)^2-r'^2}}};$$

égalant les dénominateurs, transposant et réduisant,

$$\left.\begin{array}{l}\left[r'\sqrt{(a-\alpha)^2+(b-\beta)^2-r^2}-r\sqrt{(a'-\alpha)^2+(b'-\beta)^2-r'^2}\right]\\ \times\left[\dfrac{1}{rr'}+\dfrac{1}{\sqrt{(a-\alpha)^2+(b-\beta)^2-r^2}\sqrt{(a'-\alpha)^2+(b'-\beta)^2-r'^2}}\right]\end{array}\right\}=0.$$

Cette équation ne pouvant être satisfaite que par

$$r'\sqrt{(a-\alpha)^2+(b-\beta)^2-r^2}-r\sqrt{(a'-\alpha)^2+(b'-\beta)^2-r'^2}=0,$$

on en tire facilement les deux relations

$$[\mathrm{T}] \qquad \frac{\sqrt{(a-\alpha)^2+(b-\beta)^2-r^2}}{\sqrt{(a'-\alpha)^2+(b'-\beta)^2-r'^2}}=\frac{r}{r'},$$

$$[\mathrm{D}] \qquad \frac{\sqrt{(a-\alpha)^2+(b-\beta)^2}}{\sqrt{(a'-\alpha)^2+(b'-\beta)^2}}=\frac{r}{r'}.$$

L'équation [T] exprime que les tangentes menées du point (α,β) aux deux cercles doivent être dans le rapport des rayons;

Et l'équation [D], que les distances de ce point aux centres doivent être dans le même rapport.

Ce qui est d'ailleurs évident : car, si les angles T_1MT_2, $T'_1MT'_2$ (fig. 151), doivent être égaux, leurs moitiés T_1MO_1, T'_1MO', le seront aussi, et par conséquent les triangles T_1MO, T'_1MO', seront semblables.

197. La question est donc ramenée à ce nouveau problème :

PROBLÈME CXV.

Trouver le lieu géométrique des points tels, que le rapport de leurs distances respectives à deux points donnés soit constant et donné.

Il suffira pour résoudre ce problème de développer l'équation D; mais avant on pourra la simplifier en plaçant l'origine des axes rectangulaires au centre du premier cercle, l'axe des x passant par le centre du second. Alors si l'on fait $a'=d$, et qu'on substitue outre cette valeur celles de

$$a=0,$$
$$b=0,$$
$$b'=0,$$

l'équation D deviendra

$$\frac{\sqrt{\alpha^2+\beta^2}}{\sqrt{(d-\alpha)^2+\beta^2}}=\frac{r}{r'};$$

élevant au carré et réduisant, on trouvera

$$(\alpha^2+\beta^2)(r^2-r'^2)-2dr^2\alpha+d^2r^2=0,$$

équation d'un cercle, qui prend la forme

$$\left(\alpha-\frac{r^2}{r^2-r'^2}d\right)^2+\beta^2=d^2\frac{r^2r'^2}{(r^2-r'^2)^2},$$

et enfin

$$\left(\alpha-\frac{r}{r-r'}\cdot\frac{r}{r+r'}d\right)^2+\beta^2=\left(\frac{r}{r-r'}\cdot\frac{r'}{r+r'}d\right)^2.$$

Le centre est donc sur la ligne des points donnés; on le déterminera, ainsi que le rayon, en observant que

$$\frac{r}{r-r'}\cdot\frac{r}{r+r'}d=\frac{\frac{r}{r-r'}d+\frac{r}{r+r'}d}{2}$$

et

$$\frac{r}{r-r'}\cdot\frac{r'}{r+r'}d=\frac{\frac{r}{r-r'}d=\frac{r}{r+r'}d}{2},$$

et que $\frac{r}{r-r'}d$ et $\frac{r}{r+r'}d$ expriment les distances OP′ et OP des points tels, que leurs distances aux points donnés O et O′ soient entre elles dans le rapport de r à r'.

Les deux transformations précédentes font voir que PP′ est le diamètre du cercle, lieu géométrique demandé.

Donc, chercher les deux points P et P′ tels, que

$$\frac{OP}{PO'}=\frac{r}{r'},\quad \frac{OP'}{O'P'}=\frac{r}{r'},$$

et décrire sur PP′, comme diamètre, un cercle qui sera le lieu géométrique des points d'où les deux cercles donnés seront vus sous le même angle, et en général tels, que le rapport de leurs distances aux points O et O′ sera constant et égal à $\frac{r}{r'}$.

PROBLÈME CXVI.

198. *Étant données deux droites quelconques dans un plan, trouver le lieu géométrique des points tels, que menant de chacun d'eux des couples de droites aux deux lignes données, chacune sous un angle constant et donné, le rapport de ces distances soit égal à un rapport constant et donné.*

Les deux lignes données OX, OY (fig. 152), étant prises pour axe, soient α et β les coordonnées d'un point quelconque M des points cherchés, a_1 et a_2 les rapports des sinus des angles que les droites menées de ce point font chacune avec les axes; quantités différentes entre elles, puisque les angles sont supposés inégaux pour un même couple, mais quantités connues et constantes, puisque les angles que chacune des droites fait avec les axes sont constants et donnés : les équations du couple du point M seront donc

$$\text{MP}, \qquad (y_1 - \beta) = a_1(x_1 - \alpha),$$
$$\text{MQ}, \qquad (y_2 - \beta) = a_2(x_2 - \alpha);$$

Les coordonnées du point P seront données par la combinaison des équations

$$[\text{A}] \qquad \begin{cases} \text{MP}, & (y_1 - \beta) = a_1(x_1 - \alpha), \\ \text{OPY}, & x_1 = 0; \end{cases}$$

comme celles du point Q par la combinaison des équations

$$[\text{B}] \qquad \begin{cases} \text{MQ}, & (y_2 - \beta) = a_2(x_2 - \alpha), \\ \text{OQX}, & y_2 = 0; \end{cases}$$

et, d'après la formule connue, en aura

$$\text{MP} = \sqrt{(x_1 - \alpha)^2 + (y_1 - \beta)^2 - 2(x_1 - \alpha)(y_1 - \beta)\cos \text{A}},$$
$$\text{MQ} = \sqrt{(\alpha - x_2)^2 + (\beta - y_2)^2 - 2(\alpha - x_2)(\beta - y_2)\cos \text{A}},$$

A représentant l'angle des axes ou des droites données.

Les équations [A] donnent $x_1 = 0$, $y_1 = (\beta - a_1\alpha)$; d'où $(x_1 - \alpha) = -\alpha$, $(y_1 - \beta) = -a_1\alpha$; par conséquent

$$\text{MP} = -\alpha\sqrt{1 + a_1^2 - 2a_1 \cos \text{A}},$$

et par une transformation très-simple des lignes trigonométriques

$$MP = -\alpha\sqrt{(a_1 - \cos A)^2 + \sin^2 A}.$$

De même les équations [B] donnent $y_2 = 0$, $x_2 = \alpha - \frac{\beta}{a_2}$; d'où $(\beta - y_2) = \beta$, $(\alpha - x_2) = \frac{\beta}{a_2}$; et, substituant dans l'expression de MQ, on obtient, toute réduction faite,

$$MQ = \frac{\beta}{a_2}\sqrt{(a_2 - \cos A)^2 + \sin^2 A}.$$

Si donc $\frac{m}{n}$ est le rapport donné, on aura pour équation finale

$$[F] \quad \beta\frac{m}{n}\frac{\sqrt{(a_2 - \cos A)_2 + \sin^2 A}}{a_2} = -\alpha\sqrt{(a_1 - \cos A)^2 + \sin^2 A}.$$

Le lieu géométrique cherché est donc une droite qui passe par le point de concours des droites données.

Reste à déterminer la direction de cette droite.

Première méthode. L'équation [F], par l'introduction d'un facteur arbitraire d, prend la forme

$$\beta\frac{m}{n}d\frac{\sqrt{(a_2 - \cos A)^2 + \sin^2 A}}{a_2} = -\alpha d\sqrt{(a_1 - \cos A)^2 + \sin^2 A},$$

et celle de $l_2\beta = -l_1\alpha$, en faisant pour abréger

$$\frac{m}{n}d\frac{\sqrt{(a_2 - \cos A)^2 + \sin^2 A}}{a_2} = l_2,$$

$$d\sqrt{(a_1 - \cos A)^2 + \sin^2 A} = l_1.$$

Par un point D de l'axe des y, tel, que $OD = d$, si l'on mène les deux droites DE, DF, faisant avec chacune des droites l'angle donné, les équations de ces droites seront

$$\text{DE,} \qquad (\chi_1 - d) = a_1\xi_1,$$

$$\text{DF,} \qquad (\chi_2 - d) = a_2\xi_2;$$

et chacune d'elles rencontrant les axes en des points D, E, F, dont les coordonnées sont,

pour D, $\quad \chi_1 = d,\ \xi_1 = 0, \quad$ et $\quad \chi_2 = d,\ \xi_2 = 0,$

pour E, $\chi'_1=0,\ \xi'_1=-\frac{d}{a_1}$,

pour F, $\chi'_2=0,\ \xi'_2=-\frac{d}{a_2}$,

les longueurs des parties comprises DE et DF seront exprimées par

$$DE=\sqrt{(\chi_1-\chi'_1)^2+(\xi_1-\xi'_1)^2-2(\chi_1-\chi'_1)(\xi_1-\xi'_1)\cos A}$$
$$=\frac{d\sqrt{(a_1-\cos A)^2+\sin^2 A}}{a_1},$$

$$DF=\sqrt{(\chi_2-\chi'_2)^2+(\xi_2-\xi'_2)^2-2(\chi_2-\chi'_2)(\xi_2-\xi'_2)\cos A}$$
$$=\frac{d\sqrt{(a_2-\cos A)^2+\sin^2 A}}{a_2}.$$

Si l'on cherche maintenant les coordonnées du point où la droite, lieu géométrique demandé, est rencontrée par l'une des droites DE ou DF, DE par exemple, il faudra combiner les équations

$$l_2\beta=-l_1\alpha,$$
$$\beta-d=a_1\alpha;$$

d'où l'on tire

$$\alpha=-\frac{dl_2}{l_1+a_1l_2} \quad \text{et} \quad \beta=\frac{dl_1}{l_1+a_1l_2},$$

coordonnées du point I.

La distance IE, dont les coordonnées des points extrêmes sont,

pour I, $\alpha=-\frac{dl_2}{l_1+a_1l_2},\quad \beta=\frac{dl_1}{l_1+a_1l_2}$;

pour E, $\alpha'=-\frac{d}{a_1},\quad \beta'=0$,

aura pour expression

$$IE=\sqrt{(\alpha-\alpha')^2+(\beta-\beta')^2-2(\alpha-\alpha')(\beta-\beta')\cos A},$$

et, à cause de

$$\alpha-\alpha'=\frac{dl_1}{a_1(l_1+a_1l_2)},\quad \beta-\beta'=\frac{dl_1}{(l_1+a_1l_2)},$$

$$IE=\frac{dl_1}{l_1+a_1l_2}\cdot\frac{\sqrt{(a_1-\cos A)^2+\sin^2 A}}{a_1}.$$

Rétablissant, dans cette valeur, les valeurs de l_1 et l_2

$$l_1 = d\sqrt{(a_1 - \cos A)^2 + \sin^2 A},$$

$$l_2 = \frac{m}{n} d\sqrt{(a_2 - \cos A)^2 + \sin^2 A},$$

après avoir divisé les deux termes de la fraction, multiplicateur du radical, par a_1, on trouvera

$$IE = \frac{\dfrac{d\sqrt{(a_1 - \cos A)^2 + \sin^2 A}}{a_1} \cdot \dfrac{d\sqrt{(a_1 - \cos A)^2 + \sin^2 A}}{a_1}}{\dfrac{d\sqrt{(a_1 - \cos A)^2 + \sin^2 A}}{a_1} + \dfrac{m}{n} d \dfrac{\sqrt{(a_2 - \cos A)^2 + \sin^2 A}}{a_2}};$$

enfin, substituant à la place des radicaux leurs valeurs

$$\frac{d\sqrt{(a_1 - \cos A)^2 + \sin^2 A}}{a_1} = DE,$$

$$\frac{d\sqrt{(a_2 - \cos A)^2 + \sin^2 A}}{a_2} = DF,$$

on aura

$$IE = \frac{\overline{DE}^2}{DE + \dfrac{m}{n} DF}.$$

De ce résultat on déduit la construction suivante :

Par un point quelconque de l'une des droites, par D de la droite OY par exemple, menez DE, DF, sous l'inclinaison donnée respectivement pour chacune des sécantes ; prenez sur le prolongement de DE une longueur DH, telle que $\frac{DH}{DF} = \frac{m}{n}$; cherchez ensuite une troisième proportionnelle aux longueurs EH et ED : cette troisième proportionnelle, portée sur EI, déterminera la direction de la droite à construire, puisqu'elle doit passer en outre par le point de concours des droites données OY, OX.

Deuxième méthode. L'équation finale [F], mise sous la forme

$$\beta m \frac{\sqrt{(a_2 - \cos A)^2 + \sin^2 A}}{a_1} = -n\alpha\sqrt{(a_1 - \cos A)^2 + \sin^2 A},$$

est satisfaite par les valeurs

$$\alpha = m\frac{\sqrt{(a_2-\cos A)^2+\sin^2 A}}{a_2},$$

$$\beta = -n\sqrt{(a_1-\cos A)^2+\sin^2 A}.$$

Or, ces valeurs sont faciles à déterminer. En effet, si d'un point M, pris sur l'axe des y, et tel, que $OM = m$, on mène une sécante MM', qui fasse avec OY l'angle constant des sécantes menées à cet axe, cette droite MM' aura pour équation

$$y_2 - m = a_2 x_2,$$

et elle rencontrera l'axe des x en un point M', dont les coordonnées seront

$$x'_2 = -\frac{m}{a_2}, \quad y'_2 = 0;$$

d'ailleurs celles du point M sont

$$x_2 = 0, \quad y_2 = m,$$

et par suite

$$(x_2 - x'_2) = \frac{m}{a_2}, \quad (y_2 - y'_2) = m :$$

de sorte que la partie comprise MM' aura pour valeur

$$MM' = \sqrt{(x_2-x'_2)^2+(y_2-y'_2)^2-2(x_2-x'_2)(y_2-y'_2)\cos A}$$
$$= m\frac{\sqrt{(a_2-\cos A)^2+\sin^2 A}}{a_2}.$$

De même, si du point N, pris sur l'axe des x, et tel, que $ON = n$, on mène une droite NN', qui fasse avec OX l'angle constant que les sécantes doivent faire avec cet axe, l'équation de cette droite sera

$$y_1 = a_1(x_1 - n),$$

et l'on trouvera pour coordonnées des points N et N',

pour N, $\quad x'_1 = n, \quad y'_1 = 0;$

pour N', $\quad x_1 = 0, \quad y_1 = -a_1 n;$

d'où

$$(x_1 - x'_1) = -n,$$

$$(y_1 - y'_1) = -a_1 n,$$

et par conséquent

$$\begin{aligned} NN' &= \sqrt{(x_1 - x'_1)^2 + (y_1 - y'_1)^2 - 2(x_1 - x'_1)(y_1 - y'_1)\cos A} \\ &= -n\sqrt{(a_1 - \cos A)^2 + \sin^2 A}: \end{aligned}$$

donc

$$\alpha = MM', \quad \beta = NN'.$$

De là cette nouvelle construction :

Cherchez les longueurs MM', NN', d'après la méthode indiquée ci-dessus; à partir du point de concours, et sur l'axe des x, prenez $OA = MM'$, $OB = NN'$, et menez AH' et BH' réciproquement parallèles à ces axes : la droite cherchée passera par le point H'; le lieu géométrique sera donc OH'.

Troisième méthode. Les équations

$$\alpha = m\frac{\sqrt{(a_2 - \cos A)^2 + \sin^2 A}}{a_2},$$

$$\beta = -n\sqrt{(a_1 - \cos A)^2 + \sin^2 A},$$

sont celles de deux droites parallèles aux axes.

Si de l'origine on mène à ces parallèles des droites sous l'inclinaison donnée, les distances de l'origine au point où chacune de ces droites rencontrera la parallèle correspondante seront exprimées par

$$D_1 = \sqrt{\alpha_1^2 + \beta_1^2 - 2\alpha_1\beta_1\cos A},$$

$$D_2 = \sqrt{\alpha_2 + \beta_2 - 2\alpha_2\beta_2\cos A}.$$

Les valeurs de α_1, β_1, et α_2, β_2 sont données par la combinaison des équations

$\alpha_1 = m\dfrac{\sqrt{(a_2 - \cos A)^2 + \sin^2 A}}{a_2}$,	$\beta_2 = -n\sqrt{(a_1 - \cos A)^2 + \sin^2 A}$,
$\beta_1 = a_1\alpha_1$;	$\beta_2 = a_2\alpha_2$;

d'où l'on tire sans difficulté

$$D_1 = \sqrt{\alpha_1^2 + \beta_1^2 - 2\alpha_1\beta_1 \cos A}$$
$$= m\frac{\sqrt{(a_2 - \cos A)^2 + \sin^2 A}}{a_2}\sqrt{(a_1 - \cos A)^2 + \sin^2 A},$$
$$D_2 = \sqrt{\alpha_2^2 + \beta_2^2 - 2\alpha_2\beta_2 \cos A}$$
$$= -n\sqrt{(a_1 - \cos A)^2 + \sin^2 A}\frac{\sqrt{(a_2 - \cos A)^2 + \sin^2 A}}{a_2},$$

et par conséquent

$$\frac{-D_1}{D_2} = \frac{m}{n}.$$

De là cette troisième construction, plus simple que les précédentes :

Menez du point de concours des droites données deux lignes OL_1, OL_2 (fig. 153), respectivement sous les inclinaisons données, et prenez dans des directions opposées l'une à l'autre OL_1 et OL_2, telles, que $OL_1 : OL_2 :: m : n$, de telle sorte que, l'une des longueurs étant arbitraire, l'autre sera déterminée par cette proportion ; et par les points L_1 et L_2 menez les parallèles L_1I, L_2I, respectivement parallèles aux axes. Ces parallèles se rencontreront en un point I, qui déterminera le lieu géométrique OIG.

On peut d'ailleurs prendre, pour plus de simplicité, $OL_1 = m$, $OL_2 = n$.

Les trois solutions qu'on vient de trouver ne répondent qu'au cas particulier où les points cherchés doivent se trouver dans l'angle des droites données. Il est facile de voir qu'il existe une autre ligne, passant toujours par le point de concours, mais extérieurement par rapport à l'angle des droites, qui jouit de la propriété demandée. Cette ligne se trouvera par une autre combinaison de signes dans les valeurs données par l'analyse. Ainsi, dans la troisième solution, au lieu de prendre OL_1 dans une direction opposée, on peut prendre OL'_1 dans le même sens que OL_2, et la parallèle L'_1I' déterminera, par sa rencontre avec $L_2I'I$, le point I', par lequel passera la droite OI', lieu géométrique demandé.

Si les angles donnés sont droits, le problème se change en celui-ci :

Étant données deux droites, déterminer les points tels, que leurs distances à chacune d'elles soient dans un rapport donné.

La solution ne diffère en rien des précédentes, qui sont indépendantes des valeurs particulières de a_1 et a_2.

Enfin on résoudra, sans difficulté, par l'intersection de deux lieux géométriques faciles à déterminer le problème déterminé suivant :

Étant données trois droites dans un plan, trouver sur ce plan un point tel, que menant de ce point à chacune des droites des sécantes, chacune sous une inclinaison donnée, les distances du point aux droites données, comptées sur les sécantes, soient entre elles dans le rapport de :: m : n : p.

Et, comme cas particulier,

Étant données trois droites dans un plan, déterminer nn point tel, que ses distances aux droites, soient dans le rapport de trois longueurs ou de trois nombres donnés.

PROBLÈME CXVII.

199. *Étant données trois droites qui se coupent en un même point, trouver le lieu géométrique des points tels, que si l'on mène de chacun de ces points, sous une inclinaison donnée, des sécantes aux lignes droites données, le produit de la distance entre ce point et la première droite par une longueur donnée, soit égal à la somme des produits des distances du même point à chacune des deux autres, chacune de ces distances multipliée par une longueur donnée.*

Soient les droites données AY, AO, AX (fig. 154), dont les deux extrêmes sont prises pour axes des coordonnées, généralement obliques.

Soit M un des points cherchés : la condition du problème sera exprimée par

$$[1] \qquad MN.l = MO.m + MP.n$$

l, m et n, étant les longueurs données.

Ils s'agit de rendre analytiquement cette condition.

Or, a étant le rapport des sinus des angles que chaque sécante doit faire avec les lignes AX et AY, quantité connue, puisque l'inclinaison de ces sécantes sur l'une quelconque des trois droites est donnée, l'équation de la sécante passant par le point M, (α, β), sera

$$\text{MP,}\qquad y-\beta=a(x-\alpha).$$

Les coordonnées du point N seront données par la combinaison des équations

$$\begin{aligned}&\text{MP,}\qquad y_1-\beta=a(x_1-\alpha),\\&\text{AY,}\qquad x_1=0;\end{aligned}$$

d'où l'on tire

$$\begin{aligned}&x_1=0, &&\text{et}\quad (\alpha-x_1)=\alpha,\\&y_1=\beta-a\alpha, &&(\beta-y_1)=a\alpha,\end{aligned}$$

et, par conséquent,

$$\begin{aligned}\text{MN}&=\sqrt{(\alpha-x_1)^2+(\beta-y_1)^2-2(\alpha-x_1)(y-\beta_1)\cos\text{A}}\\&=\alpha\sqrt{(a-\cos\text{A})^2+\sin^2\text{A}}.\end{aligned}$$

Les coordonnées du point O seront données par l'élimination entre les équations

$$\begin{aligned}&\text{MP,}\qquad y_2-\beta=a(x_2-\alpha),\\&\text{AO,}\qquad y_2=kx_2,\end{aligned}$$

k étant le rapport des sinus des angles que AO fait avec les deux autres droites. On obtient

$$\begin{aligned}&x_2=\frac{\beta-a\alpha}{k-a}, &&\text{et}\quad (\alpha-x_2)=\frac{k\alpha-\beta}{k-a},\\&y_2=k\left(\frac{\beta-a\alpha}{k-a}\right); &&(\beta-y_2)=a\left(\frac{k\alpha-\beta}{k-a}\right);\end{aligned}$$

d'où

$$\begin{aligned}\text{MO}&=\sqrt{(\alpha-x_2)^2+(\beta-y_2)^2-2(\alpha-x_2)(\beta-y_2)\cos\text{A}}\\&=\frac{k\alpha-\beta}{k-a}\sqrt{(a-\cos\text{A})^2+\sin^2\text{A}}.\end{aligned}$$

Enfin les coordonnées du point P sont déterminées par l'ensemble des équations

$$\begin{aligned}&\text{MP,}\qquad y_3-6=a(x_3-\alpha),\\&\qquad\qquad y_3=0;\end{aligned}$$

d'où

$$x_3 = \frac{a\alpha - \beta}{a}, \quad \text{et} \quad (\alpha - x_3) = \frac{\beta}{a},$$

$$y_3 = 0; \qquad (\beta - y_3) = \beta:$$

de sorte que

$$\begin{aligned} \mathrm{MP} &= \sqrt{(\alpha - x_3)^2 + (\beta - y_3)^2 - 2(\alpha - x_3)(\beta - y_3)\cos \mathrm{A}} \\ &= \frac{\beta}{a}\sqrt{(a - \cos \mathrm{A})^2 + \sin^2 \mathrm{A}}. \end{aligned}$$

Substituant ces valeurs de MN, MO, MP, dans l'équation de condition [1], on obtient après avoir supprimé le facteur commun

$$\sqrt{(a - \cos \mathrm{A})^2 + \sin^2 \mathrm{A}},$$

$$l\alpha = m\left(\frac{k\alpha - \beta}{k - a}\right) + n\frac{\beta}{a};$$

et, toute réduction faite,

$$[\mathrm{F}] \qquad \mathrm{AM}, \qquad \beta = a\frac{mk - l(k-a)}{ma - n(k-a)}\alpha.$$

Le lieu géométrique est donc une ligne droite passant par l'origine, c'est-à-dire par le point de concours des trois droites données.

Pour déterminer la direction de cette droite, soit pris un point quelconque P' sur l'axe des x, $\mathrm{AP'} = d$, et par ce point soit menée, sous l'inclinaison donnée, la droite P'M', dont l'équation sera

$$\mathrm{P'M'}, \qquad \beta = a(\alpha - d).$$

On obtiendra les coordonnées du point M' de rencontre des droites P'M' et AM en combinant leurs équations, ce qui donnera

$$\alpha = d\frac{ma - n(k-a)}{[l - (m+n)](k-a)},$$

$$\beta = ad\frac{mk - l(k-a)}{[l - (m+n)](k-a)}.$$

Les coordonées du point N' sont données par les équations

$$P'M', \qquad \beta_1 = a(\alpha_1 - d),$$
$$AY, \qquad \alpha_1 = 0;$$

d'où $\alpha_1 = 0$, $\beta_1 = -ad$, et par conséquent

$$\alpha - \alpha_1 = d\,\frac{ma - n(k-a)}{[l-(m+n)](k-a)},$$
$$\beta - \beta_1 = ad\left(\frac{ma - n(k-a)}{[l-(m+n)](k-a)}\right),$$

et de là

$$M'N' = \sqrt{(\alpha-\alpha_1)^2 + (\beta-\beta_1)^2 - 2(\alpha-\alpha_1)(\beta-\beta_1)\cos A}$$
$$= d\,\frac{ma - n(k-a)}{[l-(m+n)](k-a)}\sqrt{(a-\cos A)^2 + \sin^2 A}.$$

On a de même pour déterminer les coordonnées du point O'

$$P'M', \qquad \beta_2 = a(\alpha_2 - d),$$
$$AO, \qquad \beta_2 = k\alpha_2;$$

d'où

$$\alpha_2 = -\frac{ad}{k-a}, \quad \beta_2 = -\frac{kad}{k-a}, \text{ et}$$

$$(\alpha_1 - \alpha_2) = \frac{ad}{k-a},$$
$$(\beta_1 - \beta_2) = a\left(\frac{ad}{k-a}\right);$$

partant

$$N'O' = \sqrt{(\alpha_1-\alpha_2)^2 + (\beta_1-\beta_2)^2 - 2(\alpha_1-\alpha_2)(\beta_1-\beta_2)\cos A}$$
$$= \frac{ad}{k-a}\sqrt{(a-\cos A)^2 + \sin^2 A}.$$

Enfin, pour déterminer la longueur N'P', on a

coordonnées du point N', $\alpha_1 = 0$, $\beta_1 = -ad$;

— du point P', $\alpha_3 = d$, $\beta_3 = 0$;

d'où

$$(\alpha_1-\alpha_3)=-d,\ (\beta_1-\beta_3)=-ad,$$

et

$$\begin{aligned}N'P'&=\sqrt{(\alpha_1-\alpha_3)^2+(\beta_1-\beta_3)^2-2(\alpha_1-\alpha_3)(\beta_1-\beta_3)\cos A}\\&=-d\sqrt{(a-\cos A)^2+\sin^2 A}.\end{aligned}$$

Mais la valeur de M'N' peut se mettre sous la forme

$$M'N'=\frac{m\left[\frac{a}{k-a}d\sqrt{(a-\cos A)^2+\sin^2 A}\right]+n\left[-d\sqrt{(a-\cos A)^2+\sin^2 A}\right]}{l-(m+n)},$$

d'où l'on tire, eu égard aux valeurs de N'O' et N'P',

$$M'N'=\frac{m.N'O'+n.N'P'}{l-(m+n)};$$

et, si l'on fait

$$n.\frac{N'P'}{N'O'}=p,$$

$$M'N'=N'O'\frac{(m+p)}{l-(m+n)}.$$

De là cette construction :

D'un point quelconque P' de AX menez, sous l'inclinaison donnée, la ligne indéfinie P'M'.

Sur une droite indéfinie portez $RU=l$, $UT=m$, $TS=n$; portez, de T en K, $TK=p$ tel, que N'O' : N'P' :: TS : TK; alors $RS=l-(m+n)$ et $KU=m+p$; enfin prenez, sur P'M', N'M' tel, que RS : KU :: N'O' : M'N'. La droite qui joint le point de concours A des droites données et le point M', ainsi déterminé, est le lieu géométrique demandé.

PROBLÈME CXVIII.

200. *Étant données quatre droites qui concourent en un même point, trouver le lieu géométrique des points tels, que, menant sous une inclinaison donnée, de chacun de ces points, une sécante qui coupe les quatre droites, la somme des produits des distances entre le point d'où part la sécante et le point où elle rencontre les deux premières, chacune multipliée par une longueur donnée, soit égale* *à la somme des produits des deux autres distances par des longueurs aussi données.*

Les droites extrêmes étant prises pour axes, si M (α,β) (fig. 155) est un point du lieu géométrique cherché, et que l'angle MDX soit l'inclinaison constante et donnée, l'énoncé de la question sera exprimé par

$$[1] \qquad l.MA + m.MB = n.MC + p.MD,$$

l, m, n et p, étant les longueurs données.

Il s'agit d'exprimer les distances MA, MB, MC, MD, en fonction des constantes du problème.

Les lignes données OY sont représentées par $x=0$,
OB — $y=kx$,
OC — $y=k'x$,
OX — $y=0$;

et la sécante passant par le point M est représentée par

$$y-\beta=a(x-\alpha),$$

a exprimant, pour ce système d'axes, le rapport des sinus des angles que chaque sécante fait avec eux; quantité constante d'après l'énoncé, et d'ailleurs facile à déterminer, connaissant l'angle des axes et l'inclinaison des sécantes sur l'un d'eux. Au reste, dans ce problème, comme dans le précédent, on n'aura pas besoin de déterminer la valeur de a.

α et β sont, comme on l'a dit, les coordonnées du point M.

x_1 et y_1, coordonnées du point A, seront déterminées par les équations

$$\text{MD}, \qquad y_1-\beta=a(x_1-\alpha),$$
$$\text{OAY}, \qquad x_1=0,$$

qui donnent

$$x_1=0,\ y_1=\beta-a\alpha;$$

d'où

$$(\alpha-x_1)=\alpha,\ (\beta-y_1)=a\alpha;$$

et par conséquent

$$\begin{aligned}\text{MA} &= \sqrt{(\alpha-x_1)^2+(\beta-y_1)^2-2(\alpha-x_1)(\beta-y_1)\cos A} \\ &= \alpha\sqrt{(a-\cos A)^2+\sin^2 A}.\end{aligned}$$

Des équations

$$\text{MD,}\qquad y_2-\beta=a(x_2-\alpha),$$
$$\text{OB,}\qquad y_2=kx_2,$$

on tire

$$x_2=\frac{\beta-a\alpha}{k-a},\quad y_2=k\left(\frac{\beta-a\alpha}{k-a}\right),$$

et

$$(\alpha-x_2)=\left(\frac{k\alpha-\beta}{k-a}\right),\quad (\beta-y_2)=a\left(\frac{k\alpha-\beta}{k-a}\right);$$

d'où

$$\text{MB}=\sqrt{(\alpha-x_2)^2+(\beta-y_2)^2-2(\alpha-x_2)(\beta-y_2)\cos\text{A}}$$
$$=\frac{k\alpha-\beta}{k-a}\sqrt{(a-\cos\text{A})^2+\sin^2\text{A}}.$$

Les équations

$$\text{MD,}\qquad y_3-\beta=a(x_3-\alpha),$$
$$\text{OC,}\qquad y_3=k'x_3,$$

donnent

$$x_3=\frac{\beta-a\alpha}{k'-a},\quad y_3=k'\left(\frac{\beta-a\alpha}{k'-a}\right),$$

et

$$(\alpha-x_3)=\frac{k'\alpha-\beta}{k'-a},\quad (\beta-y_3)=a\left(\frac{k'\alpha-\beta}{k'-a}\right);$$

donc

$$\text{MC}=\sqrt{(\alpha-x_3)^2+(\beta-y_3)^2-2(\alpha-x_3)(\beta-y_3)\cos\text{A}}$$
$$=\frac{k'\alpha-\beta}{k'-a}\sqrt{(a-\cos\text{A})^2+\sin^2\text{A}}.$$

Enfin les équations

$$\text{MD,}\qquad y_4-\beta=a(x_4-\alpha),$$
$$\text{ODX,}\qquad y_4=0,$$

donnent

$$x_4=\frac{a\alpha-\beta}{a},\quad y_4=0;$$

d'où

$$(\alpha - x_4) = \frac{\beta}{a}, \quad (\beta - y_4) = \beta,$$

et

$$\begin{aligned} MD &= \sqrt{(\alpha - x_4)^2 + (\beta - y_4)^2 - 2(\alpha - x_4)(\beta - y_4)\cos A} \\ &= \frac{\beta}{a}\sqrt{(a - \cos A)^2 + \sin^2 A}; \end{aligned}$$

substituant ces quatre valeurs dans l'équation [1], on obtiendra, toute réduction faite,

$$l\alpha + m\left(\frac{k\alpha - \beta}{k - a}\right) = n\left(\frac{k'\alpha - \beta}{k' - a}\right) + p\frac{\beta}{a},$$

et enfin

$$[F] \quad \beta = \alpha a\left[\frac{m(k' - a)k + [l(k' - a) - nk'](k - a)}{m(k' - a)a - [na - p(k' - a)](k - a)}\right].$$

Le lieu géométrique cherché est donc une ligne droite passant par le point de concours des quatre droites données.

Pour déterminer la direction de cette droite on emploiera, comme précédemment, une sécante auxiliaire, passant par un point déterminé et parallèle à toutes les sécantes du problème.

Soit KL cette sécante, passant par le point K, dont les coordonnées sont $(d, 0)$, son équation sera

$$\beta = a(\alpha - d),$$

et les valeurs de α et β résultant de l'élimination entre cette équation et l'équation [F] seront les coordonnés du point de rencontre L de ces deux droites.

On trouve, en égalant les valeurs de β, et supprimant le facteur commun a,

$$\alpha - d = \frac{m(k' - a)k + [l(k' - a) - nk'](k - a)}{m(k' - a)a - [na - p(k' - a)](k - a)}\alpha;$$

d'où

$$\alpha = d\left[\frac{m(k' - a)a + [p(k' - a) - na](k - a)}{(k - a)(k' - a)[(p + n) - (l + m)]}\right];$$

substituant cette valeur dans l'équation [F], on obtient tout de suite

$$\beta = ad\left[\frac{m(k'-a)k+[l(k'-a)-nk'](k-a)}{(k-a)(k'-a)[(p+n)-(l+m)]}\right]:$$

telles sont les valeurs des coordonnées du point L.

Pour trouver celles du point G, on combinera les équations

$$\text{KL,}\qquad \beta_1 = a(\alpha_1 - d).$$
$$\text{OHY,}\qquad \alpha_1 = 0,$$

dont on tirera

$$\alpha_1 = 0$$
$$\beta_1 = -ad,$$

et par conséquent

$$(\alpha-\alpha_1) = d\left[\frac{m(k'-a)a+[p(k'-a)-na](k-a)}{(k-a)(k'-a)[(p+n)-(l+m)]}\right],$$

$$(\beta-\beta_1) = ad\left[\frac{m(k'-a)k+[l(k'-a)-nk'](k-a)}{(k-a)(k'-a)[(p+n)-(l+m)]}\right]+ad;$$

et, toute réduction faite,

$$\beta-\beta_1 = ad\left[\frac{m(k'-a)a+[p(k'-a)-na](k-a)}{(k-a)(k'-a)[(p+n)-(l+m)}\right]:$$

on aura donc, pour la distance LG,

$$\text{LG} = \sqrt{(\alpha-\alpha_1)^2+(\beta-\beta_1)^2-2(\alpha-\alpha_1)(\beta-\beta_1)\cos\text{A}}$$
$$= d\left[\frac{m(k'-a)a+[p(k'-a)-na](k-a)}{(k-a)(k'-a)[(p+n)-(l+m)}\right]\sqrt{(a-\cos\text{A})^2+\sin^2\text{A}}.$$

Des équations

$$\text{KL,}\qquad \beta_2 = a(\alpha_2 - d),$$
$$\text{OB,}\qquad \beta_2 = k\alpha_2,$$

on tire

$$\alpha_2 = -\frac{ad}{k-a},\qquad \beta_2 = -\frac{ad}{k-a};$$

et

$$(\alpha_1-\alpha_2) = \frac{ad}{k-a},\qquad (\beta_1-\beta_2) = a\,\frac{ad}{k-a}:$$

par conséquent

$$GH = \sqrt{(\alpha_1 - \alpha_2)^2 + (\beta_1 - \beta_2)^2 - 2(\alpha_1 - \alpha_2)(\beta_1 - \beta_2)\cos A}$$
$$= \frac{ad}{k-a}\sqrt{(a - \cos A)^2 + \sin^2 A}.$$

Les équations

$$KL, \qquad \beta_3 = a(\alpha_3 - d),$$
$$OC, \qquad \beta_3 = k'\alpha_3,$$

donnent

$$\alpha_3 = -\frac{ad}{k'-a}, \qquad \beta_3 = -\frac{k'ad}{k'-a},$$

d'où

$$(\alpha_1 - \alpha_3) = \frac{ad}{k'-a}, \quad (\beta_1 - \beta_3) = a\frac{ad}{k'-a},$$

et

$$GI = \sqrt{(\alpha_1 - \alpha_3)^2 + (\beta_1 - \beta_3)^2 - 2(\alpha_1 - \alpha_3)(\beta_1 - \beta_3)\cos A}$$
$$= \frac{ad}{k'-a}\sqrt{(a - \cos A)^2 + \sin^2 A}.$$

Enfin, à cause de

$$\alpha_4 = d,$$
$$\beta_4 = 0,$$

coordonnées du point K, on a

$$(\alpha_1 - \alpha_4) = -d,$$
$$(\beta_1 - \beta_4) = -ad,$$

et

$$GK = \sqrt{(\alpha_1 - \alpha_4)^2 + (\beta_1 - \beta_4)^2 - 2(\alpha_1 - \alpha_4)(\beta_1 - \beta_4)\cos A}$$
$$= -d\sqrt{(a - \cos A)^2 + \sin^2 A}.$$

Or, la valeur de LG, après avoir divisé les deux termes de la fraction par $(k-a)(k'-a)$, et faisant

$$\sqrt{(a - \cos A)^2 + \sin^2 A} = r,$$

prend la forme

$$LG = \frac{n\dfrac{ad}{k'-a}r + p(-dr) - m\dfrac{ad}{k-a}r}{(l+m)-(n+p)};$$

et, eu égard aux valeurs de GI, GK et GH,

$$LG = \frac{n.GI + p.GK - m.GH}{(l+m)-(n+p)};$$

enfin,

$$LG = \frac{GI}{(l+m)-(n+p)}\left[n + p\frac{GK}{GI} - m\frac{GH}{GI}\right].$$

Pour construire cette valeur, on prendra sur une ligne indéfinie $RS = l$, $ST = m$, et, en revenant, $TU = n$, $UV = p$: alors $RV = (l+m)-(n+p)$.

A partir du point T on portera

$$TX = m\frac{GH}{GI} = ST\frac{GH}{GI},$$

et, à partir du point U,

$$UY = p\frac{GK}{GI} = UV\frac{GK}{GI}:$$

alors

$$YX = YU + UT - TX = p\frac{GK}{GI} + n - m\frac{GH}{GI},$$

et par conséquent

$$LG = \frac{GI.YX}{RV},$$

quatrième proportionnelle, facile à trouver comme les précédentes.

Donc, par un point quelconque K de la droite donnée OX, menez sous l'inclinaison donnée la ligne KIHG, que vous prolongerez d'une quantité GL, déterminée comme on vient de le voir; la ligne OLM sera le lieu géométrique demandé.

PROBLÈME CXIX.

201. *Trouver le lieu géométrique des points* M *tels, que, menant de chacun de ces points, sous des inclinaisons données, deux sécantes* MB, MC (fig. 156), *les segments* OB *et* AC, *comptés à partir de deux points donnés* O *et* A *sur une ligne donnée* OX, *soient dans le rapport donné* $\frac{m}{n}$.

La ligne donnée OX étant prise pour axe des x, et l'origine des coordonnées rectangulaires placée au point donné O, les équations des sécantes menées par le point M (α, β) seront

$$\text{MB}, \qquad y_1 - \beta = a_1 (x_1 - \alpha),$$
$$\text{MC}, \qquad y_2 - \beta = a_2 (x_2 - \alpha),$$

a_1 et a_2 représentant les tangentes des angles donnés MBX, MCX.

Si l'on fait dans ces équations $y_1 = 0$, $y_2 = 0$, on trouvera

$$x_1 = \text{OB} = \frac{a_1\alpha - \beta}{a_1},$$

$$x_2 = \text{OC} = \frac{a_2\alpha - \beta}{a_2};$$

Si donc d exprime la distance des deux points donnés, le segment AC sera égal à

$$\text{AC} = d - \left(\frac{a_2\alpha - \beta}{a_2}\right),$$

et l'on aura pour équation du problème

$$\frac{\dfrac{a_1\alpha - \beta}{a_1}}{d - \left(\dfrac{a_2\alpha - \beta}{a_2}\right)} = \frac{m}{n};$$

d'où l'on tire

$$[\text{F}] \qquad (m+n)\alpha - \left(\frac{1}{a_2} m + \frac{1}{a_1} n\right)\beta = md:$$

le lieu géométrique est une ligne droite.

Si l'on fait $\beta = 0$ dans l'équation [F], on trouve

$$\alpha = \frac{m}{m+n} d:$$

la droite coupe l'axe des X en un point tel, que le rapport de ses distances aux deux points donnés est égal au rapport donné.

Pour avoir un autre point de cette droite, on supposera menées des points donnés O et A, et sous les inclinaisons données, les droites OP et AP, dont les équations seront

$$\text{OP}, \qquad y = a_1 x,$$
$$\text{AP}, \qquad y = a_2(x - d).$$

Ces deux droites, n'étant pas généralement parallèles, se rencontreront en un point P, dont les coordonnées sont

$$x = -\frac{a_2 d}{a_1 - a_2},$$

$$y = -\frac{a_1 a_2 d}{a_1 - a_2}.$$

Or il est facile de voir que ces valeurs, substituées à α et β dans l'équation [F], satisfont à cette équation. On trouve en effet

$$-(m+n)\frac{a_2}{a_1 - a_2} + m\frac{a_1}{a_1 - a_2} + n\frac{a_2}{a_1 - a_2} = m,$$

équation évidemment identique.

Donc, on divisera la distance des points donnés en deux segments qui soient dans le rapport donné; par chacun des deux points donnés on mènera une droite faisant avec la droite des deux points un angle égal à l'angle donné, et, joignant le point de division de la distance avec le point de rencontre des deux droites, on aura la droite, lieu géométrique demandé.

Si $a_1 = a_2$, les sécantes MB, MC, se confondent, et l'équation [F] devient

$$\beta = a_1\left(\alpha - \frac{m}{m+n}d\right),$$

équation d'une droite, très-facile à construire.

Enfin, si $a_1 = \infty$, on a $\alpha = \frac{m}{m+n}d$, équation d'une perpendiculaire à la droite des deux points donnés, au point où leur distance est divisée dans le rapport donné.

PROBLÈME CXX.

202. *Étant donnés un point et une droite, trouver le lieu géométrique des points tels, que le carré de leur distance au point soit équivalent au rectangle de leur distance à la droite et d'une longueur donnée.*

On prendra pour axe des y la droite donnée, et pour axe des x la droite passant par le point donné et perpendiculaire à cette droite.

L'équation du problème sera évidemment

$$\beta^2+(\alpha-d)^2=l\alpha,$$

car $OA=d$, $MA=\sqrt{\beta^2+(\alpha-d)^2}$, $MP=\alpha$, et $l=$longueur donnée (fig. 157).

L'équation précédente peut se mettre sous la forme

$$\beta^2+\left[\alpha-\left(d+\frac{l}{2}\right)\right]^2=\left(d+\frac{l}{2}\right)^2-d^2,$$

équation d'un cercle dont le centre est sur l'axe des x, et que l'on construira ainsi qu'il suit :

On prendra $AC=\frac{1}{2}l$, et le point C sera le centre du cercle, lieu géométrique; sur OC, comme diamètre, on décrira une demi-circonférence, sur laquelle on portera $OI=OA=d$: et CI sera le rayon.

On aurait pu proposer le problème plus généralement, en substituant à l'équivalence des surfaces leur rapport donné $\frac{m}{n}$. L'équation finale dans ce cas général

$$\beta^2+\left\{\alpha-\left(d+\frac{\frac{m}{n}l}{2}\right)\right\}^2=\left(d+\frac{\frac{m}{n}l}{2}\right)^2-d^2$$

aurait donné une construction analogue à la précédente.

PROBLÈME CXXI.

203. *Étant donnés deux points, quel est le lieu géométrique des points tels, que le rapport de l'excès du carré de leur distance à l'un des points donnés sur une surface donnée, au carré de leur distance à l'autre point, soit égal à un rapport constant et donné?*

La ligne qui joint les points donnés A et B (fig. 158) est prise pour axe des abscisses, et l'origine des coordonnées rectangulaires est placée à l'un des points donnés, au point A.

Soit M, (α, β), un des points cherchés, l^2 le carré équivalent à la surface donnée, et $\frac{m}{n}$ le rapport constant : l'énoncé de la question

$$\frac{\overline{AM}^2-l^2}{\overline{BM}^2}=\frac{m}{n}$$

sera exprimé analytiquement par l'équation

$$\frac{\alpha^2+\beta^2-l^2}{(\alpha-d)^2+\beta^2}=\frac{m}{n},$$

$d=\text{AB}$, distance entre les deux points donnés.

On obtient, en développant,

$$[\text{A}] \quad (m-n)\alpha^2+(m-n)\beta^2-2md\alpha+md^2+nl^2=0,$$

équation d'un cercle, dont il reste à déterminer le centre et le rayon.

L'équation [A] reçoit la forme

$$\beta^2+\alpha^2-2\frac{m}{m-n}d\alpha+\frac{m^2}{(m-n)^2}d^2-\frac{m^2}{(m-n)^2}d^2+\frac{m}{m-n}d^2$$
$$+\frac{n}{m-n}l^2=0;$$

et à cause de

$$\frac{md^2}{m-n}-\frac{m^2d^3}{(m-n)^2}=-\frac{mnd^2}{(m-n)^2},$$

$$\beta^2+\left[\alpha-\frac{m}{m-n}d\right]^2-\frac{mnd^2}{(m-n)^2}+\frac{nl^2}{m-n}=0;$$

enfin, comme on peut toujours faire $l^2=kd$,

$$[\text{F}] \quad \beta^2+\left[\alpha-\frac{m}{m-n}d\right]^2=\frac{n}{m-n}d\left[\frac{m}{m-n}d-k\right]:$$

le centre du cercle, lieu géométrique cherché, est donc sur la ligne qui joint les points donnés, à une distance du point A égale à $\frac{m}{m-n}d$, et son rayon une moyenne proportionnelle à $\frac{n}{m-n}d$ et $\left[\frac{m}{m-n}d-k\right]$, ce qui fournit cette construction :

Cherchez sur le prolongement de AB un point O tel, que AO : BO :: $m:n$, le point O sera le centre du cercle, lieu géométrique. On a en effet

$$\text{AO}=\frac{m}{m-n}d$$

et

$$BO = \frac{n}{m-n}d.$$

Transformez le carré donné $ADEF = l^2$ en un réctangle dont $AB = d$ soit l'un des côtés; portez l'autre côté $AH = k$ en AC : alors $CO = AO - AC = \left[\frac{m}{m-n}d - k\right]$. Sur CO décrivez une demi-circonférence; élevez la perpendiculaire BI, et du point O comme centre et d'un rayon $OI = \sqrt{CO.BO} = \sqrt{\frac{n}{n-d}\left[\frac{m}{m-n}d-k\right]}$, décrivez la circonférence, qui sera le lieu géométrique demandé.

204. Si $m = n$, l'équation [A] donne

$$\alpha = \frac{md^2 + ml^2}{2md} = \frac{d^2 + l^2}{2d},$$

et, à cause de $l^2 = kd$,

$$\alpha = \frac{d+k}{2},$$

équation de la droite PQ, perpendiculaire sur le milieu de BC. Cette condition, $m = n$, introduite dans l'énoncé général, le change en ce cas particulier :

Trouver le lieu géométrique des points tels, que l'excès du carré de leur distance à l'un des deux points donnés sur une surface donnée soit équivalent au carré de leur distance à l'autre.

Ou, trouver le lieu géométrique des points tels, que la différence des carrés de leurs distances respectives à deux points donnés soit une surface donnée.

205. Si de plus $l^2 = 0$, d'où $k = 0$, $\alpha = \frac{d}{2}$ est la perpendiculaire élevée sur le milieu de la ligne qui joint les deux points donnés, lieu géométrique des points dont les carrés des distances respectives aux points donnés, ou les distances elles-mêmes, soient égales.

206. Enfin, si $l^2 = 0$, et si m est différent de n, ce qui correspond à l'énoncé :

Trouver le lieu géométrique des points tels, que le rapport des carrés de leurs distances respectives à deux points donnés soit égal à un rapport constant $\frac{m}{n}$,

l'équation [F], qui devient

$$\beta^2+\left[\alpha-\frac{m}{m-n}d\right]^2=\frac{m}{m-n}d\cdot\frac{n}{m-n}d,$$

est l'équation d'un cercle dont le centre est toujours au point O, mais dont le rayon est une moyenne proportionnelle entre AO et BO, c'est-à-dire OI'.

Nous avons toujours supposé $m>n$; il est facile de voir quel changement amène dans les constructions le cas contraire de $m<n$.

PROBLÈME CXXII.

207. *Étant donnés deux points, trouver le lieu géométrique des points tels, que le rapport de l'excès d'une surface donnée sur le carré de la distance de chacun d'eux à l'un des points donnés, au carré de sa distance à l'autre, soit égal à un rapport constant et donné* (fig. 159).

Les axes étant disposés et l'origine située comme au problème précédent, on aura, en se servant des mêmes notations,

$$\frac{l^2-(\alpha^2+\beta^2)}{(\alpha-d)^2+\beta^2}=\frac{m}{n};$$

d'où l'on tire

$$\beta^2+\alpha^2-2\frac{m}{m+n}d\alpha+\frac{m^2}{(m+n)^2}d^2-\frac{m^2}{(m+n)^2}d^2+\frac{m}{m+n}d^2$$
$$-\frac{n}{m+n}l^2=0;$$

et à cause de

$$\frac{m}{m+n}-\frac{m^2}{(m+n)^2}=\frac{mn}{(m+n)^2},$$

$$\beta^2+\left[\alpha-\frac{m}{m+n}d\right]^2=\frac{n}{m+n}\left[l^2-\frac{m}{m+n}d^2\right];$$

enfin, posant $l^2=kd$,

$$[F]\quad \beta^2+\left[\alpha-\frac{m}{m+n}d\right]^2=\frac{n}{m+n}d\left[k-\frac{m}{m+n}d\right],$$

équation d'un cercle, qui se construit de la manière suivante:

Divisez $AB = d$, distance des points donnés, en deux segments qui soient dans le rapport donné : le point de division O sera le centre :

$$AO = \frac{m}{m+n} d,$$

$$BO = \frac{n}{m+n} d.$$

Changez la surface donnée $ALRT = l^2$ en un rectangle dont AB soit l'un des côtés, et portez l'autre côté, $AG = k$, en AD ; alors $DO = \left[k - \frac{m}{m+n} d\right]$, et OI, moyenne proportionnelle entre DO et BO, sera le rayon du cercle, lieu géométrique demandé.

208. Si $m = n$, l'équation finale [F] devient

$$\beta^2 + \left[\alpha - \frac{1}{2} d\right] = \frac{1}{2} d \left[k - \frac{1}{2} d\right],$$

et le cercle qui a son centre au point H, milieu de AB, et pour rayon HI', moyenne proportionnelle entre $HB = \frac{1}{2} d$ et $HD = AD - BH = k - \frac{1}{2} d$, résout le problème suivant :

Trouver le lieu géométrique des points tels, que la somme des carrés de leurs distances à deux points donnés soit constamment égale à une surface donnée.

FIN.

TABLE DES MATIÈRES.

(La lettre P désigne les problèmes, et la lettre T les théorèmes.)

1re SECTION. — DISTANCES ET DROITES.

2e SECTION. — DROITES ET CIRCONFÉRENCES.

3e SECTION. — POLYGONES.

4ᵉ SECTION. — LIEUX GÉOMÉTRIQUES.

FIN DE LA TABLE DES MATIÈRES.

Ch. Lahure, imprimeur du Sénat et de la Cour de Cassation,
rue de Vaugirard, 9, près de l'Odéon.

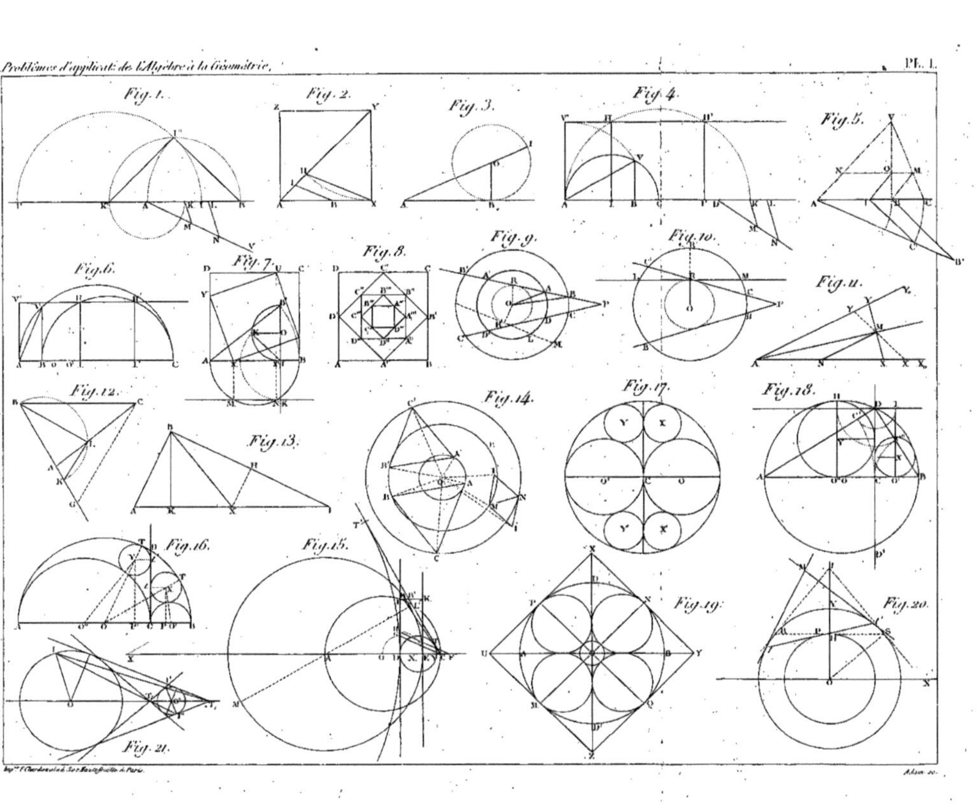
Problèmes d'applicat. de l'Algèbre à la Géométrie,
Pl. I.
Fig. 1.
Fig. 2.
Fig. 3.
Fig. 4.
Fig. 5.
Fig. 6.
Fig. 7.
Fig. 8.
Fig. 9.
Fig. 10.
Fig. 11.
Fig. 12.
Fig. 13.
Fig. 14.
Fig. 15.
Fig. 16.
Fig. 17.
Fig. 18.
Fig. 19.
Fig. 20.
Fig. 21.

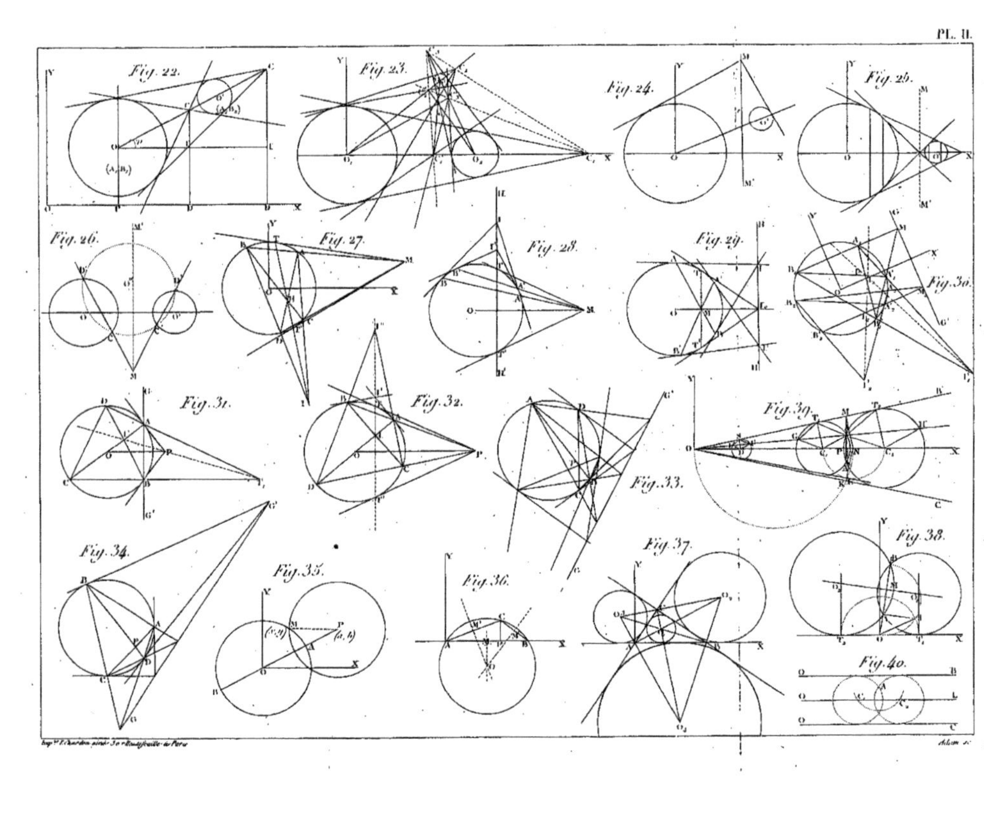
PL. II.
Fig. 22.
Fig. 23.
Fig. 24.
Fig. 25.
Fig. 26.
Fig. 27.
Fig. 28.
Fig. 29.
Fig. 30.
Fig. 31.
Fig. 32.
Fig. 33.
Fig. 34.
Fig. 35.
Fig. 36.
Fig. 37.
Fig. 38.
Fig. 39.
Fig. 40.

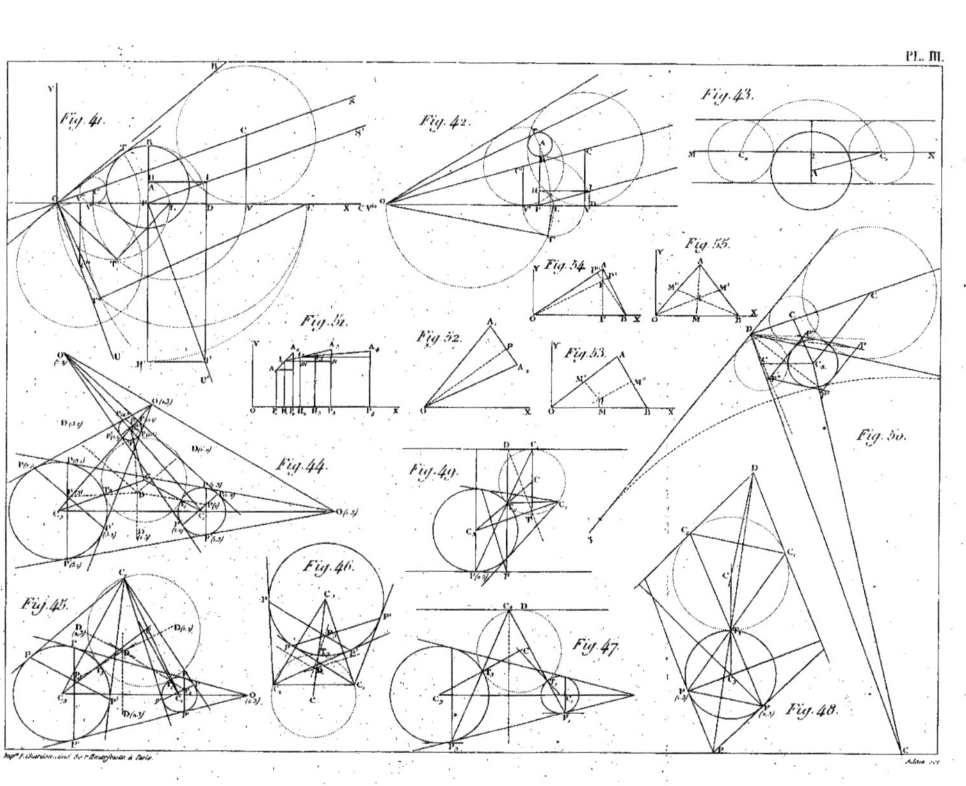

PL. III.
Fig. 41.
Fig. 42.
Fig. 43.
Fig. 44.
Fig. 45.
Fig. 46.
Fig. 47.
Fig. 48.
Fig. 49.
Fig. 50.
Fig. 51.
Fig. 52.
Fig. 53.
Fig. 54.
Fig. 55.

PL. IV.

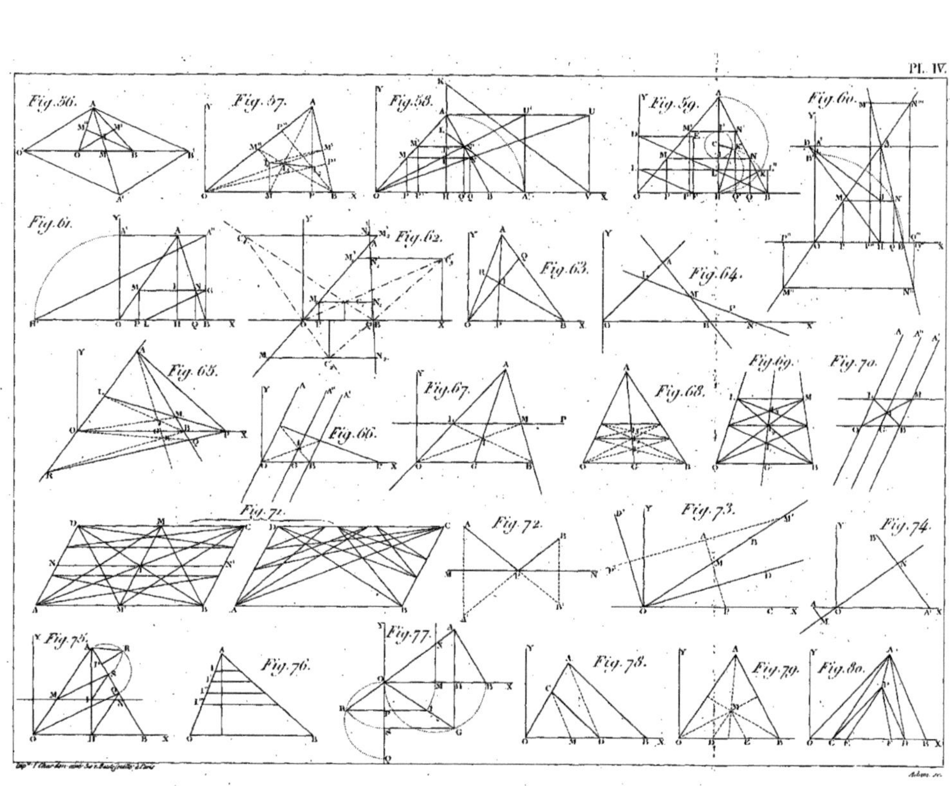

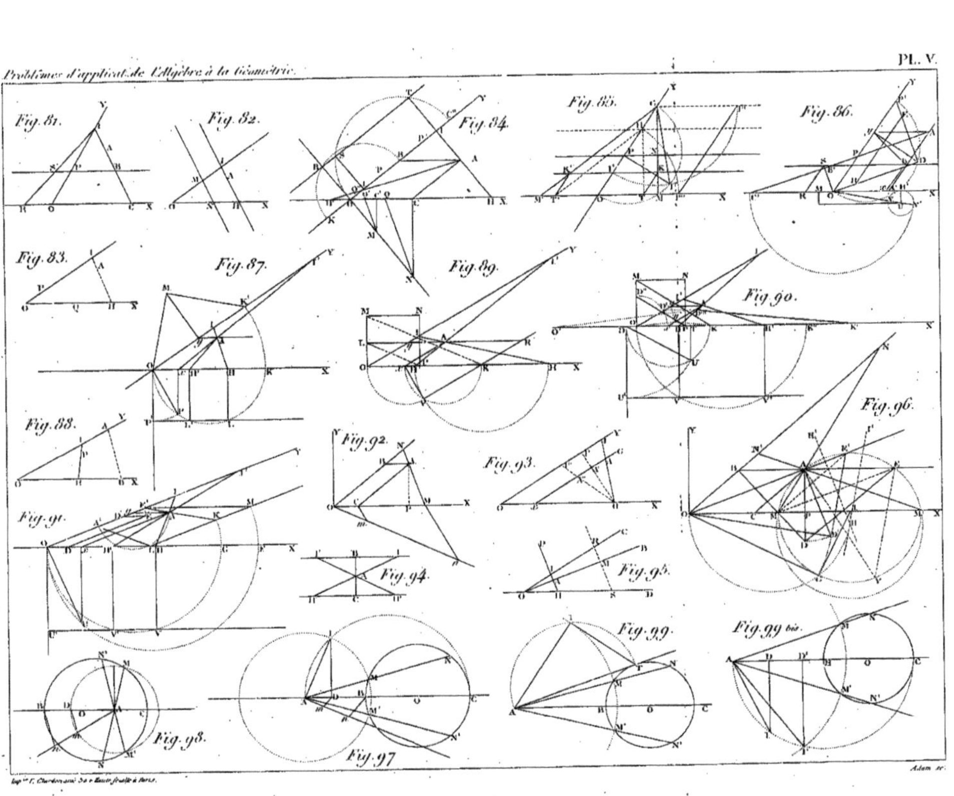
Fig. 81.
Fig. 82.
Fig. 83.
Fig. 84.
Fig. 85.
Fig. 86.
Fig. 87.
Fig. 88.
Fig. 89.
Fig. 90.
Fig. 91.
Fig. 92.
Fig. 93.
Fig. 94.
Fig. 95.
Fig. 96.
Fig. 97
Fig. 98.
Fig. 99.
Fig. 99 bis.
Adam sc.

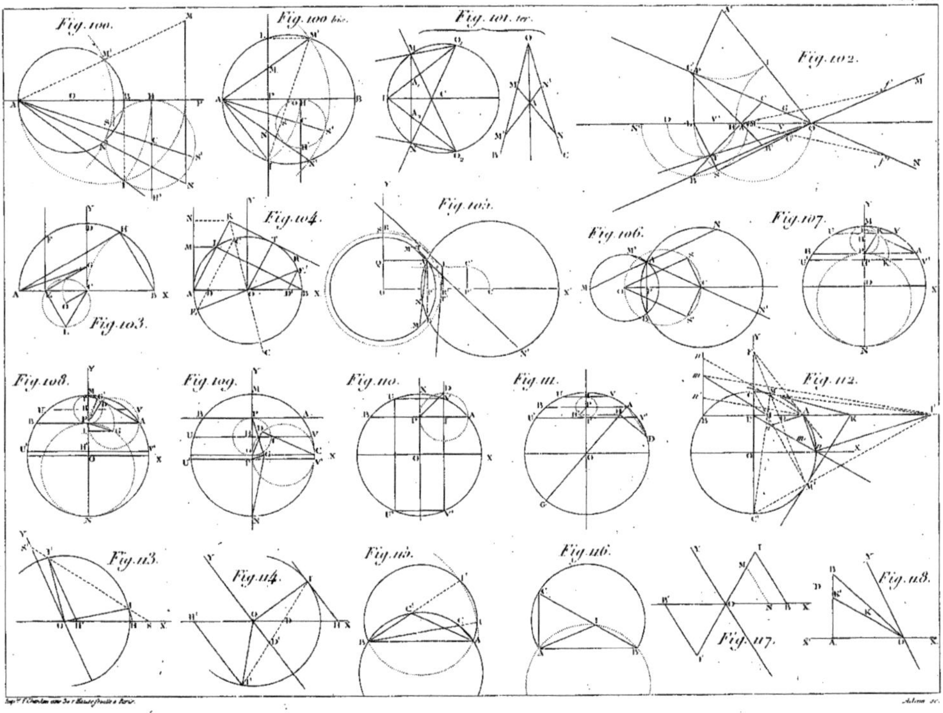

Fig. 100.

Fig. 100 bis.

Fig. 101. ter.

Fig. 102.

Fig. 103.

Fig. 104.

Fig. 105.

Fig. 106.

Fig. 107.

Fig. 108.

Fig. 109.

Fig. 110.

Fig. 111.

Fig. 112.

Fig. 113.

Fig. 114.

Fig. 115.

Fig. 116.

Fig. 117.

Fig. 118.

Imp.ie V. Chardon aîné 30 r. Hautefeuille à Paris.

Adam sc.

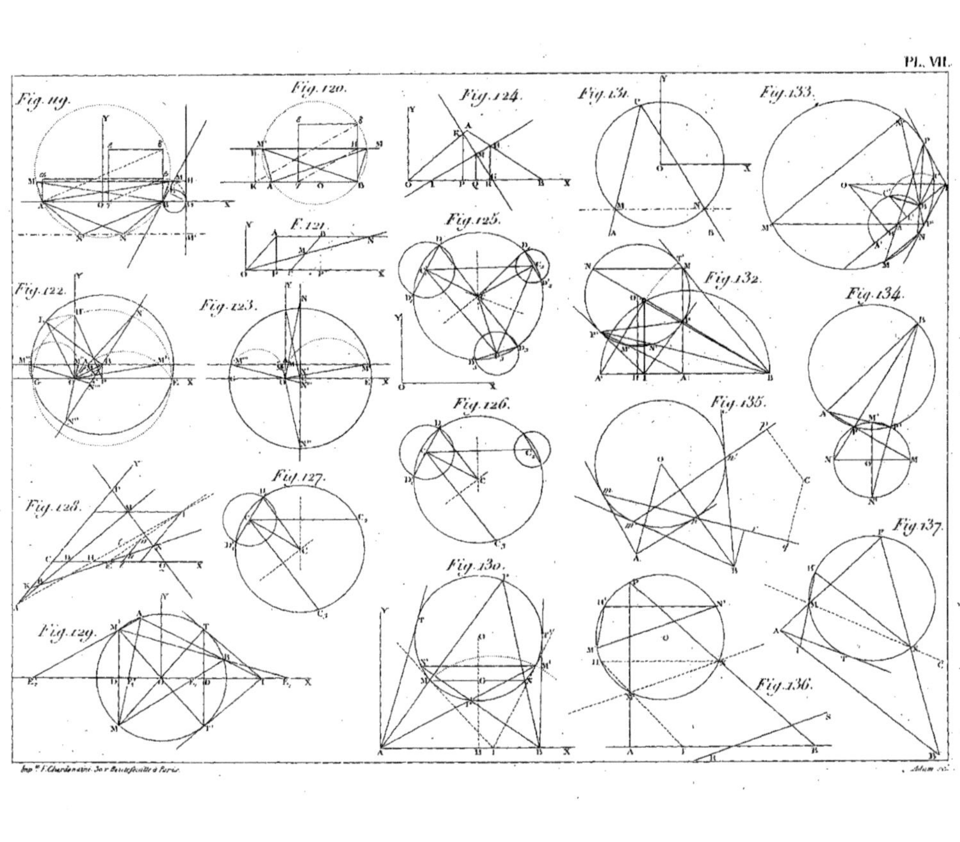

Imp. F. Chardon aîné, 30 r. Hautefeuille à Paris. Adam sc.

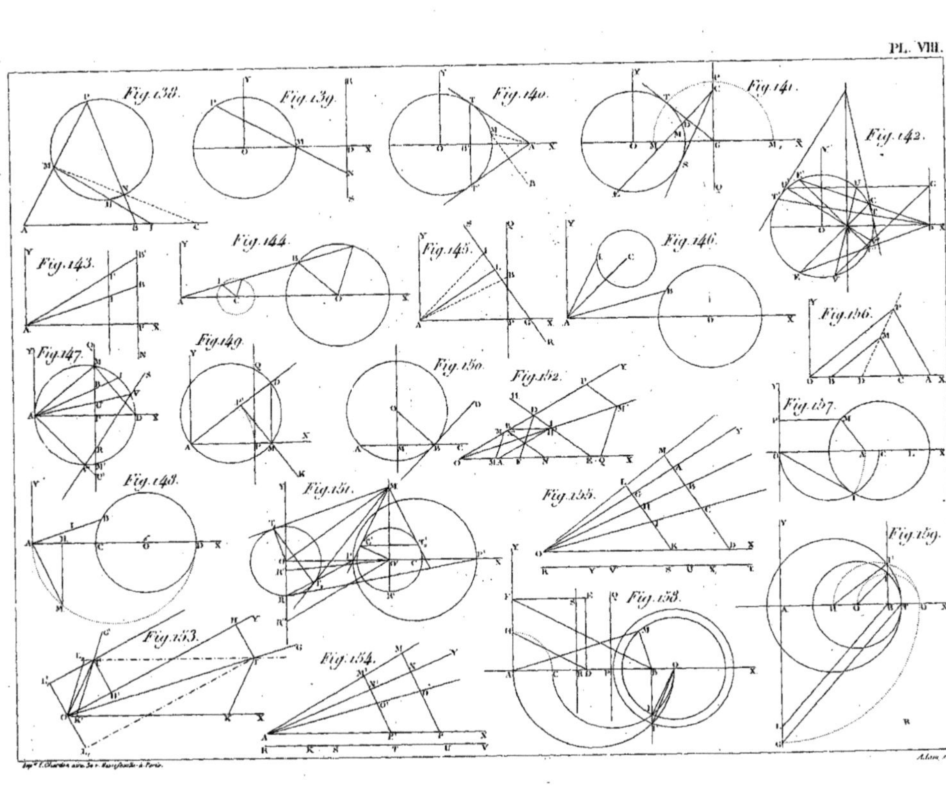
Fig. 138.
Fig. 139.
Fig. 140.
Fig. 141.
Fig. 142.
Fig. 143.
Fig. 144.
Fig. 145.
Fig. 146.
Fig. 147.
Fig. 148.
Fig. 149.
Fig. 150.
Fig. 151.
Fig. 152.
Fig. 153.
Fig. 154.
Fig. 155.
Fig. 156.
Fig. 157.
Fig. 158.
Fig. 159.

www.ingramcontent.com/pod-product-compliance
Ingram Content Group UK Ltd.
Pitfield, Milton Keynes, MK11 3LW, UK
UKHW020439200726
13857UKWH00002B/485